加快建设金融强国
推动经济高质量发展

王　辉　张学勇 ◎ 主　编
彭俞超　陈妮娜 ◎ 副主编

人民日报出版社
北　京

图书在版编目（CIP）数据

加快建设金融强国 推动经济高质量发展 / 王辉，张学勇主编. -- 北京：人民日报出版社，2025. 5.

-- ISBN 978-7-5115-8755-8

Ⅰ. F832

中国国家版本馆CIP数据核字第20253YF712号

书　　名：**加快建设金融强国 推动经济高质量发展**
JIAKUAI JIANSHE JINRONG QIANGGUO　TUIDONG JINGJI
GAOZHILIANG FAZHAN

主　　编：王　辉　张学勇

责任编辑：蒋菊平
版式设计：九章文化

出版发行：**人民日报**出版社

社　　址：北京金台西路2号
邮政编码：100733
发行热线：（010）65369509　65369527　65369846　65369512
邮购热线：（010）65369530　65363527
编辑热线：（010）65369528
网　　址：www.peopledailypress.com
经　　销：新华书店
印　　刷：三河市中晟雅豪印务有限公司
法律顾问：北京科宇律师事务所　（010）83622312

开　　本：710mm×1000mm　1/16
字　　数：295千字
印　　张：23.25
版次印次：2025年6月第1版　2025年6月第1次印刷

书　　号：ISBN 978-7-5115-8755-8
定　　价：68.00元

本书编委会

主　　编：王　辉　张学勇

副 主 编：彭俞超　陈妮娜

成　　员（按姓氏笔画排序）：

丁　娜　王曰涵　王　忏　王雅琦　史建平

朱一峰　朱菲菲　刘向丽　刘　勇　杜涣程

李　健　吴　锴　应展宇　张　宁　张礼卿

张碧琼　罗卓笔　贾玉革　郭田勇　郭俊杰

郭豫媚　陶坤玉　魏　旭

　　金融，是国之大者，是国民经济的血脉，关系中国式现代化建设全局。在当今经济发展的新格局下，建设金融强国已成为时代赋予的重大历史使命。财经高校作为金融人才培养与金融理论创新的重要阵地，肩负着为金融强国建设提供智力支持和人才保障的重任。在新时代新征程中，财经高校必须坚定扎根中国大地办大学，以高质量党建引领学校高质量发展，用习近平新时代中国特色社会主义思想指导办学治校、凝聚思想共识、强化使命担当，进一步突出财经学科的中国特色，服务金融高质量发展和金融供给侧结构性改革，努力让更多人享受到中国经济高质量发展的红利。

　　中央财经大学始终坚守"立德树人、财经报国"的使命担当，为国家培养了大量优秀的财经人才。一直以来，中央财经大学注重学科建设与国家战略需求的紧密对接，积极探索目标导向、需求导向的学科建设新机制，以教育改革新成效赋能教育强国建设。

在金融人才培养方面，中央财经大学坚持实施新时代立德树人工程，构建固本铸魂的思想政治教育体系，用习近平新时代中国特色社会主义思想凝心铸魂，打牢学生成长成才的思想基础。同时，中央财经大学还注重发挥财经学科优势，加强与头部企业的协同攻关，提高科技成果转化效能，推动学科专业交叉融合以及人工智能跨学科学习。在课程建设上，中央财经大学找准课程建设的关键点和要害处，联通古今、融通中外，守正创新推动课程内涵式发展，构建全面覆盖、类型丰富、层次递进、相互支撑的课程思政体系。此外，中央财经大学还积极拓展国际交流与合作，致力于提升我国财经高等教育的国际影响力、竞争力和话语权，为财经教育的国际化发展提供了宝贵经验。

《加快建设金融强国 推动经济高质量发展》一书由三十余位专家学者历时两年完成，是深入学习贯彻党的二十大、二十届三中全会精神以及习近平总书记关于金融工作重要论述的成果，汇聚了中央财经大学服务金融强国建设的集体智慧与创新结晶。该书立足中国式现代化发展实践，聚焦"六个强大"，围绕金融人才队伍建设、现代中央银行制度与人民币国际化、金融机构建设与高水平对外开放、金融监管与风险防范，以及绿色金融转型、科技金融融合、金融服务实体经济等关键领域，探索构建兼具系统性、前瞻性和实践性的金融强国理论框架，为推动经济高质量发展提供理论支撑与实践指引。

全书架构体现系统性思维，通过五大战略支点展开论述：首篇聚焦党建引领下的育人机制创新，研究中国金融自主知识体系构建，深入探讨了如何构建金融人才培养的新生态。第二篇着眼于建设强大的中央银行与强大的货币，深入研究了现代中央银行货币政策目标体系，探讨了稳慎扎实推进人民币国际化的路径，为建设强大的中央银行与强大的货币提供了理论支持和政策建议。第三篇剖析了建设强大的金融机构与高水平对外开放的路径，探讨了金融机构发展的关键在于提升多方综合实力，研究了如何深化金融体制改革以推动多层次资本市场发展，并对统筹开放与安全视角下的风险防范进行了专门探讨。第四篇着力研究如何构建金融安全"防火墙"体系，探讨了基于机器学习的系统性风险预警、地方政府债务风险防范与化解等内容。第五篇分析金融推动经济高质量发展的关键举措，研究了如何充分释放居民消费潜力，探讨了金融科技发展程度与服务实体经济效能的关系，探究了国家经济金融安全与经济高质量均衡发展的路径，提出了缓解科技型企业融资难、促进中小微企业成长的策略，以及分析了如何做好绿色金融大文章，促进经济社会可持续发展。

2026年是"十五五"开局之年，本书的出版既是对中国特色金融发展道路的理论诠释，更是对金融强国建设实践的系统回应。期待这一研究成果，为构建现代中央银行制度、完善金融监管体系、推进金融双向开放提供智力支持，为培育新时代金融人才、发展数字金融新质生产力贡献方案。中央财经大学将继续发挥学科集群优势，深化"政产学研用"协同创新，在服务国家金融强国战略建设中彰显高等教育的使命担当。

面向未来，金融强国建设既要把握技术变革的时代机遇，更要坚守金融为民的价值本源。坚信在党的全面领导下，通过持续深化金融供给侧结构性改革，完善资本市场基础制度，强化金融法治保障，我们必将走出一条中国特色金融发展之路。中央财经大学将始终与国家金融事业发展同频共振，以更高质量的人才培养、更具前瞻性的理论研究、更富建设性的政策建议，为建设社会主义现代化金融强国作出新的更大贡献。

中央财经大学党委书记　吴国生

2025 年 5 月

目 录
Contents

第一篇　高质量党建引领金融人才培养

一、把握好财经高校服务强国复兴伟业的着力点 / 003

二、发挥高校培育金融人才龙头作用　切实服务金融强国建设战略
需要 / 012

三、打造新时代高质量金融学教材的几点思考 / 022

四、加快建设金融强国的人才支撑体系 / 032

五、加快构建金融自主知识体系的探索与实践 / 043

六、教师党支部书记"双带头人"培育机制研究 / 052

七、新时代高校党建"双创"背景下基层党支部对标争先的实践
经验 / 060

八、代际冲突视域下新时代大学生党员理想信念教育机制探析 / 070

九、以基层党建为引领的学院治理体系和治理能力提升研究 / 077

十、中国式现代化进程中金融伦理的价值向度与道德遵循 / 085

第二篇　建设强大的中央银行与强大的货币

十一、现代中央银行货币政策目标体系研究 / 097

十二、货币政策要更加注重做好跨周期和逆周期调节 / 109

十三、稳慎扎实推进人民币国际化：发展历程与路径探析 / 117

十四、建设强大的货币：职能视角的表现、差距与路径 / 132

第三篇　建设强大的金融机构与高水平对外开放

十五、强大的金融机构：内在要求与实现路径 / 145

十六、打造强大金融机构　助力金融强国建设 / 155

十七、金融体制改革深化中的中国多层次资本市场建设 / 167

十八、趋利避害规范程序化交易　增强资本市场内在稳定性 / 181

十九、金融高水平对外开放：畅通金融双循环路径与机制 / 193

二十、金融高水平对外开放：统筹开放与安全视角下的风险防范 / 208

第四篇　建设强大的金融监管与维护金融安全

二十一、现代金融监管体制改革助力金融稳定 / 219

二十二、以稳定宏观杠杆率为抓手的守住不发生系统性风险底线研究 / 231

二十三、金融科技与金融风险防范 / 240

二十四、地方政府债务风险特点及监管研究 / 254

二十五、防范大公司个体风险引发的A股市场风险 / 266

二十六、大数据视角下新时代金融风险管理与监管研究 / 275

第五篇　金融推动经济高质量发展

二十七、充分释放居民消费潜力 / 289

二十八、金融科技发展程度与服务实体经济效能——基于机构
　　　　视角 / 301

二十九、基于国家经济金融安全下的高质量均衡发展研究 / 315

三十、"专精特新"政策对中小企业高质量发展的影响研究 / 331

三十一、缓解科技型企业融资难的策略研究 / 342

三十二、做好绿色金融大文章　促进经济社会可持续发展 / 349

第一篇

高质量党建引领
金融人才培养

一、把握好财经高校服务强国复兴伟业的着力点

2024年召开的全国教育大会，是在以中国式现代化推进强国建设、民族复兴伟业的关键时期召开的一次重要会议，把我们党对中国特色社会主义教育事业发展规律的认识提升到了新高度，进一步对建设中国特色、世界一流的大学和优势学科提出明确要求，为落实教育强国作为建设中国式现代化、实现中华民族伟大复兴的重要先导任务作出新的战略部署。作为高等教育的重要组成部分，财经高校要回答好"教育强国建设，高等财经教育何为"的时代命题，积极探索中国高等财经教育创新发展之路，落实全国教育大会精神，全面实施新时代立德树人工程，加快教育赋能新质生产力发展，传承好财经报国光荣传统。

（一）擦亮"中央"本色：坚守好财经报国的精神根基

新起点上，要把握好教育的政治属性、人民属性、战略属性的实践要求，全面贯彻党的教育方针，高校必须讲好党领导教育改革发展的历程，持续完善党的创新理论铸魂育人机制。

一是坚守好"为国家管好钱袋子"的初心。新中国成立以来，中国共产党在解决经济建设人才缺口难题的过程中建立起财经高等教育体系，在

本文作者为中央财经大学党委书记吴国生研究员，原载于《中国高等教育》2024年第24期。

建立新中国金融秩序中培养了一批承担管理城市、统一财经、恢复发展国民经济任务的财经干部队伍，锻造了"为人民事业而立功"的革命气魄，基于"为国聚财、为民理财"形成了丰富的社会主义财经高等教育理论与思想。改革开放以来，财经高校不断完善国家战略需求牵引的学科调整机制和人才培养模式，致力于培养经济社会发展的开拓者、改革者、推动者和建设者。要营造平稳健康经济环境、管理好各类社会财富、有道德地运用市场资源的目标，财经类高校要有更充足的教育底气、更丰厚的学术积淀、更过硬的育人本领、更强大的文化生态，坚守"立德树人、财经报国"的使命担当。

二是担负好"教育强国、金融强国"的新时代使命。"建成教育强国是近代以来中华民族梦寐以求的美好愿望，是实现以中国式现代化全面推进强国建设、民族复兴伟业的先导任务、坚实基础、战略支撑，必须朝着既定目标扎实迈进。"作为改革开放的建设者、受益者、助力者和新时代非凡历程的亲历者、参与者、讲授者，财经高校在长期发展中形成了教育教学改革内生性演化的特色特质，要进一步探索目标导向、需求导向的学科建设新机制，以教育改革新成效赋能教育强国建设。金融是国民经济的血脉，关系中国式现代化建设全局。社会主义现代化强国必定是一个金融强国。从富国裕民到强国富民，以经世济民为己任的财经高校，是建设金融强国的高校"主力军"，要坚定扎根中国大地办大学，以高质量党建引领学校高质量发展，用中央精神指导办学治校，以学习重要指示凝聚思想共识、强化使命担当，进一步突出财经学科的中国特色，服务金融高质量发展和金融供给侧结构性改革，努力让广大人民群众都享受到中国经济高质量发展的红利。

（二）紧扣"大学"本质：书写好教育强国的高校答卷

强起来的一代，不仅要掌握经济社会发展所需要的科学文化知识，更要坚定共产主义远大理想和中国特色社会主义信念。朝着建成教育强国战略目标扎实迈进，财经高校要更加注意正确处理支撑国家战略和满足民生需求、知识学习和全面发展、培养人才和满足社会需要、规范有序和激发活力、扎根中国大地和借鉴国际经验等重大关系，建设自强卓越的财经高等教育体系。

一是把握伟大斗争的阶段性特点，强化为党育人、为国育才的坚定信念。面对复杂多变、矛盾新生的国内外形势和民族复兴伟业的战略机遇，高校要保持敢于斗争、敢于胜利的胆识意志，坚定以马克思主义为指导，坚定社会主义办学方向，围绕"培养什么人、怎样培养人、为谁培养人"这一教育的根本问题，实施新时代立德树人工程。紧扣培养目标，必须坚持以人民为中心发展高等教育，锻造党领导下的教育战线的革命战士，建设高校党的理论队伍。在社会主义发展史上，马克思主义政党始终把高等教育置于政治蓝图中的关键位置。面对新的斗争特点，要坚持用习近平新时代中国特色社会主义思想凝心铸魂，坚持和加强党在高校的文化领导权，全面构建固本铸魂的思想政治教育体系，打牢学生成长成才的思想基础，激发强国有我的青春力量，培育自信达观的精神特质。以跨时空叙事、年轻化表达来补充宏大叙事情节，挖掘新时代伟大实践蕴含的育人"富矿"，不断丰富学生精神世界，更有效地引导青年学子把握世情国情党情的变与不变，从党的不懈奋斗史、不怕牺牲史、理论探索史、为民造福史和自身建设史当中认识、理解和把握教育教学内容，用心体悟党的创新理论的思想魅力和价值逻辑，深刻感受党的创新理论的中国特色、实践特色和时代特色，获得更为富足的精神成长空间，在越来越宽阔的舞台上实现出彩人生。

二是紧扣伟大事业的战略需要，发挥好支撑引领中国式现代化的重要功能。新时代中国特色社会主义的伟大成就丰富了人类共产主义的实践。财经高校要分析把握我国经济结构优化和转型升级对教育、科技、人才提出的迫切需求，深刻领会发展新质生产力是推动高质量发展的内在要求和重要着力点，充分发挥特色高校优势，建立科学技术发展、国家战略需求牵引的财经学科设置调整机制和人才培养模式，提高高校科技成果转化效能，促进优势学科与重点行业和头部企业协同攻关。依托北京市人工智能应用场景联合研发平台等政策措施，构建财经高等教育领域人工智能应用生态，推动学科专业交叉融合以及人工智能跨学科学习，加强财经高等教育领域人工智能理论研究和技术创新的前沿研究，提出符合教育教学规律的理论框架、方法策略和指导意见。要以自主知识成果抵制破坏论调，有理有据唱响中国经济光明论，发掘查找相关错误观点和假消息的思想源头和思维误区，以点带线排查可能影响现代化进程的新因素，以高质量的基础研究支撑高水平的应用对策研究。突出学校特色、学科优势和人才支撑，发现问题解决问题，有力有效引导国内外舆论，揭示市场格局、产品结构与学科专业结构之间关系的作用机理，构建全方位的智库专家体系，形成特色鲜明的智库成果。

三是着眼伟大工程的战略考量，把自我革命的精神转化为办学治校新动能。伟大实践考验了伟大的党。我们党不断深化对自我革命的规律性认识，坚持用改革精神和严的标准管党治党，不断提升党的自我净化、自我完善、自我革新、自我提高能力，以党的蓬勃活力和强大战斗力激发创新突破的新活力、干事创业的新动力。"从教育大国到教育强国是一个系统性跃升和质变，必须以改革创新为动力。"财经高校要抢抓战略机遇，坚持党对深化教育综合改革的集中统一领导，将党的领导落实到深化教育综合改革工作的各领域全过程，创新资源配置激励机制，从制度机制上解决党的建设和事业发展、学校管理与教育治理"两张皮"问题，破除制约教学科研、学科专业、条件保障等方面发展的体制机制弊端，充分发挥党的理论优势、政治优势、组织优势、制度优势和密切联系群众优势，不断把党的独特优势转化为制胜法宝。从全面提高人才培养质量出发，找准思政引领力、人才竞争力、科技支撑力、民生保障力、社会协同力、国际影响力等六个"发力点"，协调推进育人方式、办学模式、管理体制、保障机制等方面改革，健全学校与学院强联动、学院与学院强互动的一体化发展格局。探索代表性成果评价，逐步确立多元多维评价机制，激发学科建设原动力，提升人才强校支撑力。

四是紧盯伟大梦想的实践要求，全面实施一流教育战略。共产党人的使命追求都要在社会主义社会充分发展和高度发达的基础上才能充分体现和全部实现。正如列宁所说："不掌握人类积累起来的知识就能成为共产主义者，那你们就犯了极大的错误。""共产主义是从人类知识的总和中产生出来的，马克思主义就是这方面的典范。"中国特色社会主义是全面发展的社会主义，朝气蓬勃的青年只有具备硬本领和真本事才能把领袖的号召变为实际的行动。从明确目标到牢固定位，要坚定以马克思主义理论学科为引领，夯实中国特色经济学学科发展的优秀文化根基，加快推进中国特色一流经济学学科群建设，丰富完善以金融安全、新市场财政学、发展经济学、互联网经济学等为代表的一系列体现民族性与时代性的研究成果，为发展中国特色社会主义理论体系作出原创性贡献。从激发动力到保持定力，要深入实施教育家精神铸魂强师行动，引导广大教师增强思想和行动自觉，做教育家精神的宣传弘扬者、实践力行者、示范引领者，在探究"小问题""小研究"中一点点积累，在融入中国式现代化的"好问题""真研究""新成果"中一点点突破。

从协同联动到贯通融合，着力构建招生培养与就业联动机制，紧扣国家战略要求、精准对接市场需要，加大招生和人才培养的力度，全面推进毕业生高质量充分就业。从战略引领到策略运用，要着力提升我国财经高等教育的国际影响力、竞争力和话语权，把牢教育对外开放正确方向和安全底线，积极参与全球教育治理，办好中外财经教育联盟，推进学术共同体建设。

（三）专注"财经"本源：担当好金融强国的时代使命

进一步全面深化改革的号角已经吹响。金融业是全球服务贸易的重要组成部分，也是中国服务业开放的重要领域。北京国家金融管理中心功能不断完善，上海国际金融中心的竞争力和影响力持续增强，香港国际金融中心地位不断巩固……面对新机遇新课题，财经高校要聚焦国家重大战略需求，深入把握当前深化金融供给侧结构性改革，分析把握做好科技金融、绿色金融、普惠金融、养老金融、数字金融五篇大文章的全新要求。

一是阐释好习近平经济思想的金融篇章。新时代以来，习近平总书记对金融事业发展的重大理论和实践问题作出一系列重要论述，构成习近平经济思想的金融篇，为做好金融工作提供了根本遵循和行动指南。中国特色金融发展之路越走越宽广，提出了加快建设金融强国的战略目标，及时准确把握社会主要矛盾的变化，持续深化金融改革创新，提高金融供给适配性、惩治金融领域腐败，彻查"影子股东""期权腐败"等问题，完善中国特色社会主义金融治理体系，鼓励通过创造性劳动、依法经营积累金融财富，不断加大对实体经济的金融支持。有党的领袖指引，进一步全面深化改革就拥有最坚实的依托、最强大的底气。要做到深入学习贯彻党的二十届三中全会精神与学深悟透习近平经济思想融会贯通，牢牢把握党的全面领导这一根本保证，牢牢把握新时代经济发展的理念原则，自觉把宣传、阐释、解读习近平总书记关于金融工作论述作为党和人民交付的政治任务，深刻领悟习近平经济思想的精髓要义、实践方略和世界意义，深刻认识以改革开放推动党和国家各项事业取得的历史性成就和发生的历史性变革，以系统缜密的学术解读和配套适用的阐释内容，把习近平经济思想金融篇的道理、学理、哲理讲准、讲深、讲透、讲活，理清经济社会发展和人民群众日益增长的金融需求，着力构建中国特色自主金融知识体系。

二是梳理好中国特色金融文化的培育路径。习近平总书记提出"积极培育中国特色金融文化，做到：诚实守信，不逾越底线；以义取利，不唯利是图；稳健审慎，不急功近利；守正创新，不脱实向虚；依法合规，不胡作非为"。作为中国特色金融文化的重要建构者和传承弘扬者，财经高校要进一步探求中国特色金融发展之路上的丰沃文化积淀。一方面，秉持以史励今，整理归纳和系统总结历史学、考古学、货币史等方面的研究成果，充分了解古今先贤有关货币金融的见解观点和精辟论证，在探求真知中夯实中国金融学研究的历史底蕴。要解读好金融作为国之重器的力量、回答好社会主义金融的走向，既要有严谨的数理模型，也要有简练平实的政治结论，还要有历史思维指引下的思想碰撞。另一方面，要进一步挖掘财经高校校史的育人功能，梳理归纳社会主义意识形态在校训文化中的规制作用。一体推进校史、院系史、学科史研究，以中华优秀传统文化推崇的理想主义态度来审读金融文化的规制作用，解读财经高校校史文化扎根于历史基石的志向梦想，增强校史文化的感召力和共鸣性，深化校史文化场馆、校史专题课建设，赋予中国特色金融文化的宣传阐释以有血有肉的真实和鲜活感，打造校园精神文化新形态。

三是构建好中国卓越金融人才培养体系。近代以来，大学以其创新性的知识生产与创造，显著地提高了知识传播的质效，极大地拓宽了知识研究的范围。要深刻把握金融工作的政治性、人民性，说清中国特色金融发展之路的政治优势，就必须增强财经类学科的自主性、原创性、系统性和传播性，为强大的货币、强大的中央银行、强大的金融机构、强大的国际金融中心、强大的金融监管等关键核心金融要素的长远健康发展，提供更高质量的金融教育，全面提高人才自主培养质量。要紧密对接国家科技创新中心和国家高水平人才高地建设，探索学科交叉复合型拔尖创新人才培养模式，建立科技发展、国家战略需求牵引的学科设置调整机制和人才培养模式。治本于道，道载诸经。要优化教材工作体制机制，着力构建以习近平经济思想为核心内容的课程教材体系，将新时代伟大变革成功案例融入学校教育，聚焦著优编优，建设中国财经类专业教学质量标准体系，倾力打造培根铸魂、启智增慧的一流课程和精品教材。要找准课程建设的关节点和要害处，联通古今、融通中外，守正创新推动思政课内涵式发展，建好"大思政课"名师工作室，打造富有财经专业特色的理论武装立体课堂，紧密结合财经专业课程的特点与建设要求，找准思想政治教育的映射点与融入点，推进课程思政优质资源数字化转型，构建全面覆盖、类型丰富、层次递进、相互支撑的课程思政体系。要研究财经高校学生成长规律和阶段性特点，创新发展新的课程和教学内容，教育青年在伟大改革开放精神感召下提升报效祖国、服务社会、成就人生的能力，努力把德业双修、成才报国作为学业追求，真正把个人理想追求融入民族复兴伟业征程中，努力成为党和人民需要的奋进者、开拓者、奉献者。

四是探究好筑牢国家金融安全防线的实践路径。金融安全观是特定历史发展阶段的产物，是国家安全战略的重要组成部分。面对日趋隐蔽复杂的金融风险，要紧密围绕国家金融安全的战略需要，主动对接国家和区域经济社会发展需求，持续推进学科交叉融合，通过应用多点触控、虚拟仿真、大数据展现等多种技术，实现对涵盖金融机构决策层、管理层、业务层三个层次以及战略管理、资本管理、资产负债管理、风险管理、经济资本管理、财务报表、外部监管等多个活动主题进行仿真模拟，进一步完善国家金融安全理论研究，加强金融安全网络的技术研发，细化国家金融安全影响因素的识别，深化对金融风险传染路径的把握。在此基础上，要扩大社会合作，加大资源统筹力度，提升金融监管信息共享力度，帮助各级政府、各行各业统筹好经济发展与安全的关系，增强系统性风险防范能力。坚持维护金融安全的战略思维，要创新金融教育宣传载体，不断夯实群众基础，提升社会公众金融素养，形成金融社会工作助推普惠金融创新的新路径。坚持维护金融安全的系统思维，要增强师生终身学习意识，深刻把握新时代坚决打击以权力为依托的资本逐利行为的历史逻辑，深刻把握坚决防止各种利益集团、权势团体向政治领域渗透的历史意义，在攻坚克难中长本领、出业绩，在为人民服务中显担当、固本色，守好党领导人民创立的中国特色社会主义金融事业。

二、发挥高校培育金融人才龙头作用　切实服务金融强国建设战略需要

　　加快建设金融强国是推动高质量发展的重要任务，是中国式现代化的重要支撑。中央金融工作会议首次提出加快建设金融强国的宏伟目标，系统阐述了中国特色金融发展之路的基本要义。在省部级主要领导干部推动金融高质量发展专题研讨班开班式上，习近平总书记阐释了金融强国建设的丰富内涵，强调："金融强国应当基于强大的经济基础，具有领先世界的经济实力、科技实力和综合国力，同时具备一系列关键核心金融要素，即：拥有强大的货币、强大的中央银行、强大的金融机构、强大的国际金融中心、强大的金融监管、强大的金融人才队伍。"强大的金融人才队伍是建设金融强国的关键要素，为做好新时代金融工作提供了根本遵循和行动指南。如何落实党中央关于金融人才支撑金融强国建设的战略谋划，是高校亟须回答的重大时代课题。要立足中国式现代化，结合高校实际，把深入学习贯彻落实习近平总书记关于金融强国建设的重要论述同学习贯彻习近平总书记关于教育强国建设、关于人才强国建设的重要论述结合起来，奋勇担当，奋力开拓，久久为功。

　　本文作者为中央财经大学校长、党委副书记马海涛教授，原载于《中国高等教育》2024年第8期。

（一）深刻认识新时代金融工作的根本目标

建设金融强国的根本目的是服务中国式现代化。百年变局之下，必须科学把握我国面临的战略机遇和风险挑战。金融是国家核心竞争力的重要组成部分，在全面建成社会主义现代化强国、实现第二个百年奋斗目标的关键时期，加快建设金融强国是全面建设社会主义现代化国家的内在要求和必然选择。强大的金融体系于全面建成社会主义现代化强国而言，是一项关键支撑，金融强国建设也只有在推进中国式现代化的伟大进程中才能实现。必须牢牢抓住国民经济的血脉，全面加强金融监管，统筹金融发展和安全，确保国家金融和经济安全，牢牢守住底线，有效防范和化解发展进程中的各类风险挑战，为中国式现代化提供有力的支撑。

建设金融强国的必由路径是坚定不移走中国特色金融发展之路。以习近平同志为核心的党中央坚持运用辩证唯物主义和历史唯物主义，坚持"两个结合"，带领全国各族人民积极探索新时代金融发展规律，不断加深对中国特色社会主义金融本质的认识，逐步走出一条中国特色金融发展之路。中国特色金融发展之路有科学理论的指导，与西方金融模式相比，有着本质区别，且已被伟大实践成就有力证明。中国特色金融发展之路既遵循客观规律，更因时因地因势，融入适合我国国情的鲜明的实践特征、理论特色和时代特点。必须深入贯彻"八个坚持"，在中国特色金融发展之路的实践中守正创新、奋力开拓，着力推动金融高质量发展，加快建设金融强国。

建设金融强国的着力点是重点做好"五篇大文章"，形成"六个关键核心金融要素"。做好科技金融、绿色金融、普惠金融、养老金融、数字金融五篇大文章，是中央金融工作会议为金融强国建设提出的明确要求，为金融工作指明了具体方向。习近平总书记强调："金融强国应当基于强大的经济基础，具有领先世界的经济实力、科技实力和综合国力，同时具备一系列关键核心金融要素，即：拥有强大的货币、强大的中央银行、强大的金融机构、强大的国际金融中心、强大的金融监管、强大的金融人才队伍。""六个关键核心金融要素"的内涵界定，为我国从金融大国迈向金融强国指出了实践路径，也为不断开创新时代金融工作新局面指明了前进方向、提供了根本遵循。

（二）深刻认识新时代金融强国建设对金融人才的新要求

准确把握强大的金融人才队伍建设的战略意义。以习近平同志为核心的党中央高度重视人才队伍的建设。习近平总书记在党的二十大报告中指出，"教育、科技、人才是全面建设社会主义现代化国家的基础性、战略性支撑"，明确将建成人才强国设为2035年我国发展要实现的总体目标之一，强调必须坚持人才是第一资源，深入实施人才强国战略。培养和造就强大的金融人才队伍是推进金融高质量发展的关键力量，是人才强国战略的重要任务。新一轮科技革命和产业变革正持续深刻影响着金融创新发展。做好金融强国建设的"五篇大文章"，构建中国特色现代金融体系、建设金融强国的六个"体系"，都离不开一流的金融创新人才。人才资源是我国在激烈的国际竞争中的重要力量和显著优势。强大的金融人才队伍是推进金融高质量发展的重要动力，拥有一流金融人才，才能拥有金融创新发展的优势和主导权。

准确把握强大的金融人才队伍建设的时代内涵。只有保持纯洁性、专业性、战斗力的金融人才队伍才是加快建设金融强国做好金融工作的重要支撑。

纯洁性是政治要求。强大的金融人才队伍必须深刻把握金融工作的政治性和人民性。金融人才必须增强政治意识，坚持服务人民的工作导向，牢固树立人民至上的价值理念。金融人才必须胸怀"国之大者"，忠诚担当使命，把建设金融强国作为服务中国式现代化的具体方式和关键环节。金融人才必须坚决服从党对金融工作的集中统一领导，切实把思想和行动统一到党中央决策部署上来，坚决以实际行动把党中央决策部署落到实处。强大的金融人才还必须坚持服务实体经济，防控各类风险。

专业性是业务能力要求。强大的金融人才要能够积极探索、准确认识金融在新时代发展的特点和规律，要能够不断加深对中国特色社会主义金融本质的认识，要能够从根本上提高金融服务实体经济质效，要能够解决金融领域存在的各种矛盾问题和风险隐患，要能够提高金融监管和治理能力，以金融高质量发展助力强国建设、民族复兴伟业。强大的金融人才应当能够面对日新月异的金融创新，在做好"五篇大文章"、构建中国特色金融体系中奋勇担当、创新引领；应当是具有广阔国际视野，在国际金融博弈中、全球金融治理中勇挑大梁的创新型、实干型人才。

战斗力是作风要求。新时代金融人才必须强化思想淬炼、政治历练、实践锻炼，深入学习、全面贯彻习近平总书记关于党的自我革命的重要思想，坚持把握"九个以"的实践要求，一体推进不敢腐、不能腐、不想腐。习近平总书记曾为金融人才划出明确的"五不"红线："诚实守信，不逾越底线；以义取利，不唯利是图；稳健审慎，不急功近利；守正创新，不脱实向虚；依法合规，不胡作非为"。推动金融高质量发展、建设金融强国，要坚持依法治国和以德治国相结合，积极培育义利统一、行稳致远的中国特色金融文化。

（三）切实发挥高校培育金融人才的龙头作用

习近平总书记深刻指出，"要把服务高质量发展作为建设教育强国的重要任务"，"有的放矢培养国家战略人才和急需紧缺人才，提升教育对高质量发展的支撑力、贡献力"。作为金融人才培育的载体，高校应立足强国建设大局，充分发挥在建设教育强国中的龙头作用，切实回答"强国建设，高校何为"的重要时代命题，加快培养和建设"强大的金融人才队伍"，服务加快建设金融强国、推进高质量发展的重大战略。

第一，加快构建中国金融自主知识体系，全面提高金融人才自主培养质量。习近平总书记强调，要"坚持为党育人、为国育才，全面提高人才自主培养质量，着力造就拔尖创新人才，聚天下英才而用之"。高等教育在人才自主培养中发挥着基础性、先导性和全局性作用，对加快建设教育强国、科技强国、人才强国，提高金融人才自主培养质量至关重要。高等教育要自主培养出奋力开拓中国特色金融发展之路的金融人才，增强金融人才系统明晰中国特色金融发展之路基本立场、观点、方法等根本性问题的水平，培养金融人才把握我国金融发展的形势和任务、深刻认识我国金融工作本质规律和发展道路的素质，全面提高金融人才的金融工作本领和风险应对能力，服务中国式现代化建设和民族复兴伟业。推进中国金融学科体系、学术体系、话语体系建设，是高校提高金融人才自主培养质量的关键支撑。

首先，加快建设中国特色、世界一流的金融优势学科。对于学科建设，习近平总书记强调："要优化基础学科建设布局，支持重点学科、新兴学科、冷门学科和薄弱学科发展，推进学科交叉融合和跨学科研究，构筑全面均衡发展的高质量学科体系。"只有金融学科体系更高水平的发展，才能解决我国金融高质量发展中的"卡脖子"难题、创新难题，才能有的放矢地为国家培育"高精尖缺"急需人才。金融学科体系更高水平的发展，需要高校推进金融领域新兴学科和高精尖学科的创新发展，需要金融学科与信息科学、统计与数学等学科融合发展，需要围绕世界科技前沿和国家重大战略需求推进科研创新和科研攻关，需要着眼于国家重大战略需求，主动布局、科学谋划、优化调整学科设置。作为新中国第一所新型高等财经院校，中央财经大学承担着为党为国培育金融人才的红色使命，自建校以来坚持适应国家对金融人才的需求，不断优化调整金融学科和专业布局。近年来，为适应数字时代对金融科技人才的迫切需求，中央财经大学在国内最早成立金融科技系、设立金融科技本硕博全覆盖的人才培养体系，金融科技专业在软科排名持续位列全国第一。瞄准国家金融安全战略，中财大聚合金融、信息、统计与数学、管理科学与工程等学科学术带头人，组建金融安全工程教师团队，开创了全国首个金融安全工程学科和国家金融安全教育部工程研究中心，重点解决我国经济社会发展当中"卡脖子"的安全问题，培养国家安全战略需要的高层次金融专业人才，服务国家安全重大战略。

其次，加快构建中国特色的金融学术体系和话语体系。作为我国哲学社会科学"五路大军"中的重要力量，高校承担着建设中国特色金融理论体系和话语体系的重任。高校应该在中国式现代化的时代沃土上，基于中国现实，扎根中国大地，建立反映中国特色社会主义金融发展规律、体现中国特色社会主义伟大金融成就中的宝贵经验，形成具有中国风格和中国气派的金融理论，形成中国特色学术体系和话语体系。特别是在全面总结新中国成立70多年来、系统总结改革开放40多年来我国金融事业发展经验的基础上，对其中具有原创性、标识性的新概念、新表述加以凝练，推动构建中国金融理论体系，推动建设中国特色金融学学术体系和话语体系，构建中国金融学教材体系，提升在世界金融学术界的话语权。这为自主培养适应新时代中国式现代化建设需求的中国特色金融人才提供了宝贵的教育资源。中央财经大学积极探索建立中国特色金融学理论体系和话语体系，承担教育部首批中国经济学教材《中国金融学》的编写工作，上线英文《金融学》慕课课程，向世界讲好中国金融故事，发出中国学者声音，夯实中国特色金融人才培养的知识载体和传播主渠道。

第二，深化人才培养模式改革创新，着力造就拔尖创新人才。中国特色金融发展之路是久久为功的创新之路，要在实践中不断探索、守正创新。党的二十大报告指出"加快实施创新驱动发展战略"，创新驱动的本质是人才驱动。做好五篇金融强国建设大文章、建好中国特色现代金融体系，无不需要高水平创新型金融人才。拥有拔尖创新型的一流金融人才，才能持续推进我国金融事业实践创新、理论创新、制度创新，才能让金融创新发展促进科技创新和经济高质量发展。加快构建中国特色现代金融体系对金融人才提出新的需求，高校必须着力深化人才培养模式改革创新，激发教育发展活力，锻造拔尖创新型金融人才。

首先，用好学科交叉融合的催化剂，创新人才培养模式，锻造交叉复合型金融人才。习近平总书记关于学科交叉融合和跨学科研究的重要论述为新时代推动学科交叉融合、创新人才培养模式指明了方向。当前数字技术与金融领域深度融合，数字金融正以前所未有的速度快速发展，数字技术对金融产品、金融业态、金融模式等均产生了深刻的变革和影响。巩固和提升我国在数字金融领域的全球领先地位，是推动我国金融高质量发展的重要抓手。必须把握好金融类专业与计算机、大数据、人工智能等领域交叉融合的新趋势，培养融合金融与信息技术交叉领域理论知识和实践运用能力的领军型数字金融人才，引领全球金融科技高质量发展，保持我国数字金融创新发展优势。中央财经大学与北京航空航天大学在"财经报国"与"空天报国"的使命指引下同根并茂，合作共建金融学科和计算机学科融合支撑的数字金融复合型领军人才培养体系，充分发挥各自在计算机学科和应用经济学科的特色优势，探索数字金融复合型领军人才自主培养模式，构建跨校跨学科合作共建"新文科"+"新工科"人才联合培养的新范式，共同培养社会主义现代化建设中可堪大用、能担重任的助力金融强国建设的栋梁之材。

其次，用好政产学研深度融合的黏合剂，创新人才培养模式，提升金融人才实践创新能力。以金融强国建设战略需求为导向，在科技金融、绿色金融、普惠金融、养老金融、数字金融等重点领域，加强高校和政府部门、企业等的深度合作，促进教育链、人才链与产业链、创新链有机衔接，建立多方联动的创新型金融人才培养模式。以高校理论知识教育为根基，以政府、企业的真实场景为实训场地，以解决政府、企业的真实需求问题为牵引，强化创新人才培养的目标导向，提高金融人才的创新和实践能力。加大与金融机构、信息科技或者大数据企业建立联合实验室或者开发实验教学项目，通过多方协同，充分发挥在金融理论知识、实验数据、实验场景问题的独特优势，提高实验教学培养实践创新能力的成效。中央财经大学与奇安信集团联合共建金融数据安全联合实验室，全面聚焦金融数据安全问题研究与实践。

最后，用好数字教育的新引擎，拓展金融人才培养的新思路。习近平总书记指出："教育数字化是我国开辟教育发展新赛道和塑造教育发展新优势的重要突破口。"以数字化为杠杆、撬动金融教育变革，是促进金融人才创新发展的新机遇。数字教育能够广泛汇聚智慧，有效凝聚共识，强化教育共商共建共享的新思路。高校在金融人才培养中，应当积极探索发展数字教材，创新教育教学组织形态，提升数字素养，不断汲取海内外优质资源的"源头活水"，探索更广泛的数字教育改革。中央财经大学积极推进数字教育改革，与东中西部51所高校联合搭建跨校虚拟教研平台，形成"共建—共验—共享"的高层次金融人才培养新模式，并获批建设教育部首批金融科技专业虚拟教研室，入选教育部虚拟教研室建设典型。

第三，扩大教育对外开放，促进世界一流金融人才培养。教育对外开放是高等教育发展的必然趋势，是培养世界一流金融人才的必然要求。习近平总书记在中共二十届中央政治局第五次集体学习时强调，"完善教育对外开放战略策略""使我国成为具有强大影响力的世界重要教育中心"。作为国际交流和合作的重要桥梁，高校在高水平教育对外开放、合作中发挥着重要作用。

首先，统筹推进高等教育高水平"引进来"和"走出去"，构建教育开放新格局，提高金融人才国际竞争力。通过引进世界一流金融教育资源、创新要素和人才队伍，包容、借鉴、吸收各种文明的优秀成果，丰富我国金融教育供给，合作培养世界一流金融人才。加强教育资源"走出去"，不断扩大教育国际公共产品供给，持续扩大中国高等教育的国际竞争力和影响力，拓展金融人才培养在国际组织、国际金融机构中的实践应用基地，提高金融人才的国际化水平和竞争力。中央财经大学构建高质量引智工作体系、与北京外国语大学联合培养金融和英语交叉高水平涉外金融人才，建设国际组织人才培养及实习推荐机制和学生海外学习交流项目体系，在师资队伍建设、培养模式和培养环节提高金融人才国际化水平，更好服务人类命运共同体构建。

其次，建设高水平国际合作交流平台，推动金融教育高水平对外开放和国际化发展。高举合作共赢旗帜，打造高等教育对外开放新高地，深化拓展与世界各国在高等教育领域的互利合作和交流互鉴。搭建境内外高校合作交流平台，促进中外高校、企业在金融领域的人才培养、国际交流和资源共享，共同创新和引领全球金融人才培养模式。中央财经大学深入贯彻落实习近平总书记关于"完善教育对外开放战略策略"重要指示，秉持面向国际、服务教育、开放创新、价值共创的宗旨，发起成立由145家境内外高校组建的中外财经教育联盟，并构建起以中外财经教育联盟为核心的"引进来、走出去"一体两翼对外合作交流新格局。

三、打造新时代高质量金融学教材的几点思考

　　教材包含成熟的理论和系统的知识，凝练了各专业原理精髓，是人类文明传承的范本，承载了培育人才的重要功能，因而是建构自主知识体系的重要载体，是一流专业和一流课程建设的核心。相较于论文或专著，教材的学术要求更严、受众面更广、社会价值更高。在金融学这一充满变革与挑战的领域，作为专业基础理论课程的金融学教材，不仅承载着知识传递的使命，更肩负着塑造未来金融人才的重任。

　　中国的金融学教材建设在以黄达教授为代表的老一代教育家艰辛探索和不懈努力下，取得了诸多里程碑式的成果。党的十八大以来，金融学的教材建设更是展现了与时俱进、不断创新的态势，坚持认真贯彻落实习近平总书记关于教材工作的重要指示精神，全面推进学术体系、话语体系、教材体系建设。站在新的起点上，聚焦中国特色高质量教材体系的建设目标，中央财经大学在《金融学》教材编写中，以立德树人为核心目标，致力于培养具有全球视野、理想信念、专业素养和责任担当的新时代金融人才；探索将政治导向与金融学原理相融合、课程思政与专业教育相融合、科学研究与教学研究相融合、教材建设与教学资源开发相融合"四融一体"的教材建设新模式。在教材的编写中我们体会到，要打造新时代高质量的金融学教材，需要

　　本文作者为中央财经大学金融学院李健教授、中央财经大学副校长李建军教授、中央财经大学金融学院副院长彭俞超教授，原载于《中国大学教学》2024年第8期。

在四个方面发力：一是提高政治站位以落实立德树人根本任务；二是提高学术站位以完善教材学理体系；三是持续修改完善以打磨精品教材；四是建好配套资源以增强教学适用性。

（一）提高政治站位，落实立德树人根本任务

教育是国家进步的基石，而教材作为学校教育的载体，不仅是知识的传承工具，更是政治引领和价值塑造的平台。《金融学》是金融学类专业的核心教材，在其专业理论与知识系统中蕴含着鲜明的政治导向和价值理念。编写者需要提高政治站位，充分认识教材工作面临的新形势新要求，自觉把思想和行动统一到党中央决策部署上来，把打造精品教材提到"落实国家事权，为加快建设教育强国、推进中华民族伟大复兴"的高度来认知，让所编教材成为先进思想、正确理念和科学知识的载体，用心打造"培根铸魂、启智增慧"的精品教材，为努力构建中国自主知识体系添砖加瓦。为此，教材的编写必须坚持政治导向、中国特色和科学性三个原则。

1.坚持政治导向原则

坚持政治正确，强化思想教育是教材编写的基本原则。我们在《金融学》教材编写中始终坚持政治导向为先的原则。一是以马克思主义的立场、观点和方法为指导，特别是把马克思主义政治经济学中有关金融的基本原理同中国具体实际相结合，坚持运用辩证唯物主义和历史唯物主义，正确回答时代和实践提出的主要金融问题。二是着力阐释百年来党的经济工作中蕴含的金融理论与政策的学理性，努力贯彻落实习近平新时代中国特色社会主义思想进教材的要求，把习近平经济思想特别是关于金融工作的重要论述上升

到学术和学理高度，系统、全面、准确、有机融入金融学专业理论和知识体系之中，进行学术化表达、学理性阐释和系统性构建，在金融学专业教材中润物细无声地体现思政元素。例如运用金融学基本原理，对十八大以来党的创新理论中关于建设金融强国及"六个强大"的内涵界定，构建集"金融调控、金融市场、金融机构、金融监管、金融产品与服务、金融基础设施"于一体的中国特色现代金融体系，金融服务实体经济，汇率与利率在市场资源配置中的基础性作用，完善社会信用，健全资本市场功能，加强财政政策与货币政策协调配合，建设现代中央银行制度，推进金融高水平对外开放，守住不发生系统性金融风险底线和做好科技、绿色、普惠、养老、数字金融五篇大文章等具有鲜明中国特色的金融理论进行充分阐释和论证，促使学生在专业学习中深化对党有关金融理论与政策的认知，理解中国化时代化的马克思主义，培养有正确的政治立场、有崇高的理想信念、有强烈的责任担当的新时代金融人才。三是确保内容反映社会主义核心价值观。金融学教材需要在阐释的专业知识和基本原理之中，大力弘扬正确的专业理念，将规范的专业伦理、优秀的职业道德和严谨的专业操守教育融入教材，在金融学专业教材中深入渗透思政元素，引导学生树立正确的世界观、人生观和价值观，努力培养社会主义事业的合格建设者和接班人。

2.坚持中国特色原则

在课堂上进行课程教学，要求教材更贴合中国的国情。我们编写的《金融学》历版教材以及正在编写的《中国金融学》教材，在尊重金融运行规律与内在逻辑的基础上，始终坚持马克思主义中国化，注重把马克思主义基本原理同中华优秀传统文化中的金融思想、中国的金融发展与改革实践相结合，紧密结合新的时代条件和实践要求，把马克思主义思想精髓同中华优秀传统文化贯通起来，同人民群众日用而不觉的共同价值观念融通起来，努力阐释博大精深的中国金融思想，凝练中国学者的理论认知，以全新的视野阐释和展示中国学者对社会主义市场经济中的金融运行规律和人类社会发展规律的认识，同时努力讲好中国金融改革发展的故事。如果把我们历年发行的29个版本的《金融学》教材和11个教学资源库中的资料、数据、图片、视频等连起来看，就是一幅新中国波澜壮阔的金融发展画卷。我们力图通过摆事实、讲道理来增强学生对中国特色社会主义的"四个自信"。坚持深入挖掘新中国成立70余年的金融发展历程，特别是40多年改革开放伟大成就的实践经验，将已经被实践证明的中国经验提炼为基本原理和学术观点，纳入金融学的学理体系之中，着力构建中国金融学的自主知识体系，致力于解决引进的西方教材与中国实践脱节、中国金融理论话语权缺失等问题。打造特色鲜明的高质量中国金融学教材，不仅能够增强教材的实用性和针对性，还能帮助学生更好地理解和掌握中国金融运作中的相关知识、基本原理和内在规律，培养他们的理论自信和民族自豪感。

3.坚持科学性原则

高质量教材必须讲求科学性。一是分析范式的科学性。尊重金融学已有的对客观规律的认知和专业基础理论，在讲述中国金融故事的过程中阐释金融学基本知识与原理，通过分析和剖析问题，展示问题导向、理论联系实际、实事求是、求解应用等中国金融学特色的分析范式。二是教材体系的科学性。章、节、目的编排应构成一个完整有序的体系，讲求知识的连贯性、体系的逻辑性、原理的一致性和呈现的递进性，全面、准确、系统地反映本学科的理论体系。三是教材内容的科学性。依托实践（实验）为基础做出科学的总结归纳，建立起系统的、能够自圆其说的理论体系，运用该理论体系来解读现实或预判未来。我们将金融学知识和原理融入中国特色金融体系的基本元素、内在结构、内涵特征及其形成与发展过程的阐释之中，以中国金融改革发展的伟大实践为基础，解读中国特色金融发展道路的内在规律，阐释"中国奇迹"是怎么发生的，对中国金融发展的经验进行多方位的学理分析，从中得出符合客观规律的科学认识并归纳为系统化的原理，努力构建科学的中国金融学自主知识体系。

（二）提高学术站位，完善教材学理体系

教材承载着专业教育功能，有着严谨的学术要求。高质量的金融学教材需要有完善的学理体系、严谨的逻辑顺序、严肃的学术规范和厚重的学术支撑，满足事实刻画的准确性、理论观点的正确性和问题阐释的科学性等基本学术要求。

1.高质量教材应该体现出一流的学术水准

编写者需要提高学术站位，对标国内外最先进的学校和同类教材，取其所长，扬己所优，力争上游。教材的编写需要科研先行。我们一直坚持教材编写与科学研究互动互促，带着教材编写中的问题做科研，用科研成果提升教材水准。在编写中处理好传承与创新的关系，从已有的研究成果中抽象出共同的、本质性的原理和共识，夯实教材的理论基础，紧跟金融学学术研究的轨迹和前沿，精准提炼范畴术语，努力凝练基本知识、基本原理、基本方法与内在逻辑，不断完善教材的学理体系与知识体系，打造学术水准高、中国特色鲜明的高质量精品教材。

2.具有开放姿态和国际视野，兼容并蓄

开放和流动是金融的特有属性，也是对外开放和金融全球化实践的要求。必要的包容性可以使教材内容更加丰富多元，提高学术含量，也有利于国际传播。人类在金融问题上已经取得的共识、对规律的认识和经验教训，是优秀文明成果的体现，我们都应该认真学习和汲取。习近平总书记指出："我们坚持马克思主义政治经济学基本原理和方法论，并不排斥国外经济理论的合理成分。西方经济学关于金融、价格、货币、市场、竞争、贸易、汇率、产业、企业、增长、管理等方面的知识，有反映社会化大生产和市场经济一般规律的一面，要注意借鉴。"我们在教材编写中，一方面吸纳全人类文明进程中成熟的金融理论精髓为养分，梳理并运用金融学界广泛接受的基本原理和分析框架进行学理阐释，关注国际学术界的研究进展，通过引入国外最新的研究成果，使学生能够接触到金融学的前沿问题和研究动态。另一方面用国际通用的金融专业语言来阐释中国金融思想和理论，在宽口径的金融学框架中，用中国故事阐述市场经济条件下金融学的基本知识和基础理论，将中国金融发展实践中提出的原创金融思想或理论纳入主流的金融理论框架，把中国的文明成果融入世界文明宝库。因为中国的经验和从中提炼的金融学学理应是人类对金融正确认知的一部分，是在人类共识基础上的深化。我们力图从中国特色的经验出发阐释其中的普遍性原理，说明中国特色的经验之所以行得通，是因为合乎普遍原理和客观规律，这些经验和学理对世界各国都有参考应用价值。中央财经大学《金融学》教材的配套课程是我国首批高校在线教学国际平台的上线课程，且自2019年以来即在国外"YouTube"平台上面向全球学习者开放教学。我们力图用通俗易懂的国际专业语言，向世界讲述中国金融改革发展的生动故事与内在学理，向逾十万国

外学习者正面展示中国金融发展的全貌和中国学者的认知，在成功案例和理论进展方面努力展现中国金融的话语权，向世界传播中国金融理念与文化，在从金融大国向金融强国迈进的过程中，发挥出与之相匹配的国际影响力。

3.理论联系实际，增强学术应用性

教材中选用的经典金融理论应与实际相结合，尤其是与中国的实际情况紧密结合。我们力图精准刻画中国金融发展的历史画卷和现实场景，详细阐释中国金融体系形成与发展的内在逻辑，注重总结中国金融发展过程中的独特经验并上升到理论高度，重点厘清中国金融现状及其内在逻辑，阐明现存制度和政策的合理性，增强现实性和时代感，这有利于学生结合自己对现实的观察与体验，深入理解中国金融发展的历史与现实及其底层逻辑。注意用中国的案例和数据来阐释理论，学生能够更好地理解和掌握金融学的原理和方法。例如，通过分析中国股票市场、债券市场、外汇市场的经典案例，学生能够深入理解金融市场的运作机制和风险管理，用本专业的理论和方法探索如何解决问题，从而激发学生的学习兴趣和深度思考。

学术性不仅体现在教材内容的深度与广度上，更在于其能否激发学生的批判性思维和创新能力。金融学教材既要深入讲解经典理论，也要积极探讨新兴理论，提出一些需要深入思考而无现成答案的问题，鼓励学生对现有理论进行质疑和创新。通过学术性的培养，学生学会从多角度分析问题，勇于提出独立见解，培养独立判断和决策能力。

（三）修订与时俱进，持续打磨精品教材

金融学学科建立在金融发展基础之上，金融学教材的编写与更新也必须

紧跟时代发展的步伐以保持时效性。近百年经济金融的迅猛发展带来了金融理论、政策和实践的持续演进，这就要求教材能够及时吸收新知识、新理论和新实践，以满足专业教育水准和行业标准不断变化的要求。

定期修订是确保教材内容时效性的关键。通过动态化地不断修订，教材得以融入最新的学术研究成果和金融实践发展经验，对于学生理解和掌握现实金融运作、新事物原理、制度规范等至关重要。例如，随着金融科技的兴起，我们把相关的知识点和案例分析及时纳入教材，帮助学生了解区块链、大数据、人工智能等新兴科技如何作用与影响金融行业。自改革开放以来，我们一直坚持"小批量、多版次"的修订原则，努力保证教材内容的动态更新和持续完善。这种灵活的修订策略，使得教材能够与时俱进，快速响应金融领域的新变化，同时也保证了教材内容的相对稳定性和连续性。自20世纪80年代至今，《金融学（货币银行学）》教材已经经历了29个版本的修订，这个数字不仅反映了教材更新的频率，更体现了编写团队对学术严谨性和教材质量提升的持续追求。进入21世纪以来，《金融学》教材的发行量超过200万册，在400余所高校的教学中广泛使用并得到师生的认可。

教材的修订不仅仅是内容的更新，更是对教学方法和教学理念的不断探索。我们在《金融学》教材的修订过程中，一方面注重吸收国内外先进的教学方法，如案例教学、提问答疑式教学、问题导向研学、现实问题研讨等，以提高学生的批判性思维和解决实际问题的能力；另一方面注重教学研究，通过共商教改不断打磨精品教材。每学期开课前组织教学研讨，提出教材使用中碰到的问题和修改完善的建议，编写团队针对问题进行靶向性修改。我们把精品教材建设与一流课程建设、优秀教学团队建设融为一体，相互促进，相得益彰，为提高金融学类专业的教育质量不懈努力。

（四）建好配套教学资源，增强教材的适用性

在数字化时代背景下，教材的适用性不再仅仅取决于其内容的广度和深度，还在于它能否利用先进的科技手段与教学资源和新兴教学方式相结合，加强教材与教学的适配性，以适应新时代的教学需求。

在教学资源建设中，教材编写团队的深度参与至关重要。《金融学》教材的各章编写者就是相应章节配套教学资源的建设者，历版教材的修订都是与相关的教学资源修改完善同步联动进行的，以提升教材的教学适用性。我们在国内率先开发了概念预习、课件讲义、公式例题、教学案例、问题释疑、数据库、参考文献、媒体素材、课后练习、自测题、综合测试等多种类、大容量的教学资源库。运用数字技术解决了教学内容扩展、教学资源扩容的问题，为教师提供了多种多样的教学资源与素材，帮助他们更好地设计课程，实施教学计划；为学生提供了丰富多彩的学习资料，帮助他们更好地掌握知识，理解原理，提高学习效率。

教材的数字化转型，是教育教学数字化转型的重要组成部分。我们从2010年起对数字化新型教材进行探索，致力于通过数字化手段，采用二维码、链接、网址等方式与网络教学资源融为一体，将多媒体资源、网络资源与纸质教材相结合，打造了立体化、多维度动态资源链接型教材的新模式。这种模式的核心在于扩充教材的知识容量和学术含量，增强教材的教学适用性。通过整合文本、图片、视频、音频和交互式内容，教材的呈现变得更加多样、生动和直观，为学生提供了个性化学习的路径，极大地提升了学生的学习兴趣和参与度，在学生的自主性学习中深受欢迎，仅在"爱课程"平台上注册使用该教材学习的高校学生就逾190万人。《金融学》教材的数字化

转型解决了课程教学中融合使用线上线下资源的难题，这种创新的教材模式配合慕课课程，支撑了国内逾百所高校的翻转课堂、SPOC 教学和线上线下混合式教学，实现了优质教育资源的广泛共享。目前我们正在探索教材的数字化转型之路，力图将现代科技深度融入教材之中，利用数字化和智能化探索新形态教材建设之路，实现教材理论知识的图谱呈现、教材内容的动态更新、教材容量的拓展扩充、教材展现的形式多元、配套资源的丰富多样等目标。

在新时代背景下，我们将深入学习领会习近平总书记关于教材工作的重要指示精神，以"建设中国特色高质量教材体系"为目标，把打造高质量的中国金融学教材作为一项长期的持久性工作，全身心投入，把握时代发展需求，更新教材编写理念，不断破解编修难题，提升适教利学质量，努力编写出"学生愿意学，老师愿意教"的高水平精品教材，为加快建设教育强国、推进中华民族伟大复兴贡献力量。

四、加快建设金融强国的人才支撑体系

　　2023 年的中央金融工作会议强调，金融是国民经济的血脉，是国家核心竞争力的重要组成部分，要加快建设金融强国，全面加强金融监管，完善金融体制，优化金融服务，防范化解风险，坚定不移走中国特色金融发展之路，推动我国金融高质量发展，为以中国式现代化全面推进强国建设、民族复兴伟业提供有力支撑。当今世界正经历百年未有之大变局，金融已然成为大国竞争的核心领域。纵观大国发展史，荷兰、英国和美国等国家的崛起无一不以强大的金融体系做支撑，中华民族伟大复兴也必将经历从金融大国走向金融强国的历程。在此背景下，中央金融工作会议首次提出加快建设"金融强国"这一宏伟目标，并强调以金融高质量发展助力强国建设、民族复兴伟业，为做好新时代金融工作提供了根本遵循和行动指南。

　　那么，建设金融强国的关键是什么？2024 年 1 月 16 日，习近平总书记在省部级主要领导干部推动金融高质量发展专题研讨班开班式上发表重要讲话，强调金融强国所具备的关键核心要素包括"强大的货币、强大的中央银行、强大的金融机构、强大的国际金融中心、强大的金融监管、强大的金融人才队伍"。前五大关键核心要素事实上都需要依靠强大的金融人才队伍。金融人才队伍的极端重要性在习近平总书记的多次重要讲话中都做了重点阐释。在 2017 年的全国金融工作会议上，习近平总书记指出"要大力培养、

　　本文作者为中央财经大学副校长李建军教授，原载于《财贸经济》2024 年第 5 期。

选拔、使用政治过硬、作风优良、业务精通的金融人才，特别是要注意培养金融高端人才，努力建设一支宏大的德才兼备的高素质金融人才队伍"。在2023年的中央金融工作会议上，习近平总书记提出，"要坚持政治过硬、能力过硬、作风过硬标准，锻造忠诚干净担当的高素质专业化金融干部人才队伍"。因此，明确金融强国背景下强大金融人才队伍建设的重点和方向，认识中国金融人才队伍的现状，剖析当前金融人才培育中存在的问题，进一步优化金融人才培育机制，对于推动金融高质量发展、加快建设金融强国具有非常重要的意义。

（一）强大的金融人才队伍是建设金融强国的根本保证

强大的金融人才队伍是建设金融强国的第一资源和根本保证。金融人才队伍建设的重点在于金融强国关键核心金融要素相关领域专业人才队伍的壮大，具体包括以下四方面。

第一，强大的货币与强大的央行需要具有全球视野的战略型专业人才。在强大的货币方面，其关键在于推进人民币国际化，增加人民币在国际贸易、金融交易和国际储备中的使用。而上述目标的实现依赖于人民币跨境交易的便利化、人民币清算行布局的优化和离岸人民币中心的建立等具体举措。此类场景往往涉及不同国家之间的金融部门交流和协作，对金融人才的国际化水平提出了更高要求。在强大的央行方面，其不仅要求央行进一步完善货币政策与宏观审慎双支柱框架，同时还要求其积极参与全球金融治理、维护全球经济稳定，而提高央行全球影响力的重要维度之一便是培养和选拔出具有全球视野的战略型专业人才和中央银行家。此类人才一般应具备在国际金融组织机构、世界主要国家的央行、财政部等重要系统的工作经验，在重要岗位进行过历练。

第二，强大的金融机构需要具有扎实专业基础的管理型与技能型专业人才。金融机构的强大表现在多个维度，既包括金融机构具有强大的经营能力、强大的风险控制能力，也包括多层次、国际化的金融机构体系。强大的经营能力要求金融机构在金融业务拓展、金融产品创新等方面持续稳健耕耘；强大的风险控制能力则表现为金融机构风险管理能力的提升，包括事前风险防范和事后风险化解能力。金融机构上述能力的建设要求金融人才具有扎实的专业基础和管理才能。此外，多层次和国际化对应中小金融机构扎根本土、进行特色化经营的能力，以及大型金融机构参与跨境金融服务、进行国际化经营的能力，而此类能力的实现依赖具备特色化和国际化能力的技能型专业人才。

第三，强大的国际金融中心需要足够的能应对全球金融市场风云变幻的实战型专业人才。强大的国际金融中心形成包含众多维度，如完善的金融法律法规体系、一流的金融机构以及发达的金融市场。其中，发达的金融市场在国际金融中心的建设中发挥着尤为重要的作用。发达的金融市场既包括资本市场、货币市场、保险市场、外汇市场、黄金市场和金融衍生品市场等的充分发育，也包括在大宗商品市场上定价的影响力，还包括金融市场在全球资源配置中的强大功能、国内金融市场与国际金融市场的高度互联互通水平。相较于金融体系的其他组成部分，金融市场往往对于信息的反应更加灵敏，市场价格的变化和波动中蕴含更多的不确定性，在建设过程中的风险也相应更大，亟须一批能够从容并有效应对全球金融市场风云变幻的实战型专业人才。

第四，强大的金融监管需要具备把握金融发展与安全关系能力的有强大稳定性的守夜型专业人才。强大的金融监管表现为金融监管制度的不断完善，金融风险处置能力的不断上升，以及参与国际金融监管规则制定能力的不断增强。在强大金融监管体系的建设中，始终要把握的一对重要关系便是金融监管与金融创新，二者之间此消彼长的关系事实上是金融发展与安全之间的平衡。强大的金融监管体系能够较好地处理二者的关系，进而在保证金融安全的基础上促进金融发展，而支撑监管系统的人才需要在政治上过硬，规制意识和执行力强，具备把握金融发展与安全关系的能力，具有强大内外在稳定性。此类人才的培养需要经过专业训练、岗位锻炼、意志磨炼，需要一个长期过程。

（二）强大金融人才队伍建设应坚持的基本方向

强大金融人才队伍建设要坚持党的领导，以党的创新理论作为方向指引，从政治性、人民性、专业性和纯洁性四方面出发，坚定金融人才队伍建设的基本方向。

第一，金融人才队伍建设必须强调政治性。金融是国家重要的核心竞争力，金融安全是国家安全的重要组成部分。金融人才队伍建设同时关系到发展与安全两方面，必须坚持党中央对金融工作的集中统一领导，强化金融人才对于金融工作政治性的认知，坚持不懈地用党的理论凝心铸魂。同时，完善金融系统党的组织体系，增强政治功能和组织功能，落实全面从严治党的主体责任，将党的领导的政治优势转化为金融治理效能，以政治建设强化金融人才队伍建设。

第二，金融人才队伍建设必须坚持人民性。金融工作的人民性始终贯穿于中国特色金融发展过程之中，是金融工作的初心所在。在金融人才队伍的建设中必须坚持以人民为中心的价值取向，坚持把金融服务实体经济作为根本宗旨。金融人才要坚持为经济社会发展提供高质量金融服务，疏通资金进入实体经济的渠道，做好科技金融、绿色金融、普惠金融、养老金融、数字金融"五篇大文章"，保证金融工作发展为了人民、发展依靠人民、发展成果由人民共享。

第三，金融人才队伍建设必须夯实专业性。金融工作包含大量专业知识，专业性是保证金融体系高效运转和金融稳定的关键所在。金融人才队伍必须具备强大的专业素养，特别是金融资源配置和金融风险控制方面的能力。金融人才要提高配置金融资源能力，把更多金融资源用于促进科技创新、先进制造、绿色发展和中小微企业；盘活被低效占用的金融资源，提高资金使用效率。同时，金融人才也要提高对风险的敏感性以及风险处置的专业能力，着力防范化解金融风险。

第四，金融人才队伍建设必须保持纯洁性。金融是与资金密切相关的行业，极易产生金融腐败问题，纯洁性是保持金融底色的核心所在。金融人才队伍建设必须以中国特色金融文化为指引，做到诚实守信，不逾越底线；以义取利，不唯利是图；稳健审慎，不急功近利；守正创新，不脱实向虚；依法合规，不胡作非为。同时，金融干部人才要以忠诚干净担当高素质专业化为要求，金融业务和管理人才要坚持金融伦理道德和职业操守，以纯洁性保证金融工作不变色。

（三）中国金融人才培养与强大金融人才队伍需求存在差距

1.中国金融人才队伍现状

党的十八大以来，随着我国经济金融体系不断发展和完善，我国金融人才队伍也不断壮大，无论从金融人才队伍的总量、结构还是素质上来看，均取得了较大的发展和进步。

第一，金融人才总量不断增大。《中国统计年鉴》数据显示，截至2022年末，我国金融业城镇非私营单位就业人员为740万人，比2012年末增加了212万人。同时，2022年末的金融业就业人员在全国城镇非私营单位就业人员中占比4.43%，比2012年末上升了0.97个百分点。此外，在非国有和集体金融机构就业的比例自2012年末的61.71%逐年上升到2022年末的90.87%，在国有和集体金融机构就业比例由38.29%下降到9.13%，这一数据反映了过去十年我国非国有金融行业的蓬勃发展。

第二，金融人才就业结构逐步优化。《中国劳动统计年鉴》数据显示，截至2021年末，我国金融业细分行业就业人数分别为：货币金融服务374.7万人、资本市场服务36.9万人、保险业394.3万人、其他金融业12.6万人，与2012年相比分别增长了15.5%、75.7%、125%、80%，以银行业（货币金融服务）为主的金融人才就业结构发生明显转变。在金融人才专业技能结构方面，过去十年最大的亮点是金融科技专业人才占比不断上升，近八成银行的金融科技类员工数量占员工总数比重超2%。其中，中国工商银行、中国建设银行、中国银行截至2022年末的金融科技人员数量均超万人。未来，金融人才结构的优化会带动我国金融结构进一步优化。

第三，金融人才素质显著提升。《中国人口和就业统计年鉴》数据显示，截至2022年末，我国金融业就业人员中，受教育程度为大学本科的人员占比为46.8%，受教育程度为研究生的人员占比为7.2%。而在2012年，金融行业从业人员中受教育程度为大学本科的人员占比为23.4%，受教育程度为研究生的人员占比为2.3%。过去十年中吸纳了大量高学历人才，从业人员中大学本科及研究生学历的人员占比显著提高至54%，相比2012年翻了一番，和教育行业并列所有行业中的第一。此外，在金融人才待遇方面，金融行业就业人员平均工资从2012年的8.97万元上升至2022年的17.43万元，仅次于信息传输、软件和信息技术服务业，在所有行业中位列第二。

2.中国金融人才培育中存在的问题

目前，我国已成为名副其实的金融人才大国。然而，与世界范围内的金融强国相比，我国金融人才队伍建设还存在一定差距，金融人才培育中仍存在以下三方面突出问题。

第一，金融人才培育模式与现实需求脱节。我国高校当前的金融类人才培育模式与现实需求明显脱节，具体表现在以下三方面。首先，高校金融类教学内容一般滞后于金融实践的发展，关于金融科技等前沿交叉内容涉及较少，导致学生就业时缺乏从事金融科技等复合型金融岗位的能力。其次，高校金融类教材理论内容多来自国外教科书或直接采用国外经典教材，而其中对于中国金融原创性理论知识的讲解甚少，导致大多数金融类专业学生对于中国金融现实问题的理解和把握尚不到位。最后，高校对于金融类学生的学习评价体系依然以书面闭卷考试为主、重理论而轻实践，缺乏对于学生金融实践能力的培育与考核，导致学生金融实践和创新能力不足。

第二，高端和国际化金融人才培育不足。当前，我国金融体系已经步入高质量发展阶段，做好中央金融工作会议提出的科技金融、绿色金融、普惠金融、养老金融、数字金融五篇大文章，为新质生产力发展提供金融支持等，都亟须相应的高端金融人才队伍来支撑，然而此类人才的培育数量却明显不足。以数字金融和金融科技为例，《产业数字人才研究与发展报告（2023）》预计2021年至未来5年，金融科技人才需求总量超过115万人。教育部普通高等学校本科专业备案和审批结果显示，截至2024年3月末，全国共有121所院校开设金融科技本科专业，人才培育数量远远达不到需求。此外，在科技金融、绿色金融等领域的高端金融人才不仅需要熟练掌握金融知识，还需要在科技发展、环境科学等方面具备一定的专业知识储备。然而，大部分高校目前在此类新领域的课程建设和教师队伍还远远不足。在国际化金融人才方面，金融强国之路必定要求中国在国际金融组织中发挥重要作用，相应地需要能够在国际金融舞台上展现中国风采的国际化金融人才。近年来，国际金融组织虽然有部分中国籍高管出现，但总体上来说，中国在国际金融组织中的投票权份额和管理人员比例仍与中国本身的经济实力有较大差距，反映了我国在国际化金融人才培育方面的不足。

第三，中国特色金融文化有效机制建设不足。2023年的中央金融工作会议指出，当前"金融领域各种矛盾和问题相互交织、相互影响，有的还很突出，经济金融风险隐患仍然较多，金融服务实体经济的质效不高，金融乱象和腐败问题屡禁不止，金融监管和治理能力薄弱"，这些问题既反映现实经济金融客观风险因素，也反映了金融从业人员、管理人员和金融监管部门人才队伍建设的短板。近年来，金融监管机构开出的罚单数量和金额也维持在高位，其中不乏大量触目惊心的金融腐败和市场操纵的案例。这些问题都说明，我国金融领域人才培育方面存在很多不足，特别是在树立金融从业人员正确的义利观、金钱观和价值观方面，以及中国特色金融文化的机制建设方面还有待进一步加强。

（四）加快金融人才队伍建设与优化金融人才培育体系

我国当前在金融人才培育方面的不足制约了强大金融人才队伍建设质量，亟须进一步优化我国金融人才培育机制，为建设金融强国提供充足人才储备。具体来说，可以从以下五方面入手。

第一，改进金融教学内容及教师考核机制。在金融教学内容方面，既要将金融发展的新模式、新技术等尽快纳入现有课程体系，增加金融科技、智能金融等方面的课程；同时，更重要的是要在课程中融入中国特色金融理论与实践，通过系统总结新中国成立70多年来尤其是改革开放40多年来中国金融发展的丰富实践，提炼具有原创性、解释力、标识性的新概念、新范畴、新表述，推动形成中国金融理论体系，推动建设中国特色金融学学术体系和话语体系，构建特色鲜明的中国金融学教材和课程体系，提高学生对于中国金融发展历程及现实金融问题的把握和认知能力。在教师考核机制方面，持续推进"破五唯"，使得教师能有更多的精力投入教学创新和学生培育过程中，打造和推广兼具金融理论与中国特色金融实践的金课，着力提升金融专业教学水平。

第二，促进金融人才培育政产学研融合。发挥好政产学研深度融合的益处，提升金融人才实践创新能力。以建设金融强国的战略需求为导向，在科技金融、绿色金融、普惠金融、养老金融、数字金融等重点领域，加强高校和政府、企业、科研院所等的深度合作，建立校企联动的紧缺急需金融人才培育模式。以高校理论知识教育为根基，以政府、企业的真实场景为实训场域，以解决其真实需求问题为必答卷，强化创新人才培育的目标导向，提高金融人才的创新和实践能力。加强与金融机构、信息科技或者大数据企业合作建设实验室或者开发实验教学项目，通过多方协同，充分发挥各方在金融理论知识、实验数据、实验场景的独特优势，提高实验教学培养实践创新能力的成效。同时，在金融教学评价体系上，逐步改变以书面闭卷考试为评价主体的现状、打破唯绩点论，将金融实践能力作为学生能力考查的重要维度，着力提升金融人才解决现实金融问题的能力。

第三，创新金融前沿交叉领域高端人才培育模式。推动金融学科与信息科学、统计、数学等学科融合创新发展，瞄准世界科技前沿和国家重大战略需求推进科研创新，聚焦金融领域国家重大战略需求主动布局、提前谋划、动态调整优化学科设置，有的放矢地为国家培育"高精尖缺"急需人才，解决金融高质量发展中的"卡脖子"难题，引领金融创新发展。发挥学科交叉融合的催化剂作用，创新交叉人才培育模式，自主培养造就前沿交叉领域高端金融人才。在具体人才培育机制方面，既可以通过校内资源的整合重组、成立跨学科的金融教学研究团队，也可以通过院校之间的合作，充分发挥各自的比较优势，构建跨校跨学科合作共建人才联合培育的新范式，为金融前沿交叉领域提供充足的战略人才储备。

第四，扩大金融人才双向开放交流。在金融人才"走出去"方面，金融监管部门和金融机构可选派骨干积极参与国际国内行业组织，了解行业前沿发展趋势、最新技术，参与行业标准制定，提升中国金融部门的国际影响力；高校可建立国际组织实习实践常态化机制，提高高校国际化人才实践能力培养和国际事务熟悉程度。通过"金融+语言"的双专业交叉融合培养，为国际组织培养熟悉国际金融运行规律、全球金融治理规则、具备国际化视野和交流沟通能力的金融人才。在金融人才"引进来"方面，编制相关的人才需求目录，强化对具有国际金融机构任职经历管理人才以及大数据、人工智能、信息安全等技术和专业背景的金融科技人才的引进，营造金融人才良好发展环境，优化金融人才生活服务保障，强化海外金融人才的社会认同感。

第五，加强金融人才政治和文化教育。以中国特色金融文化为指引，坚持法治和德治相结合，强化金融人才政治和文化教育。高校作为金融人才培育的摇篮，需要不断强化课程思政与思想政治理论课同向同行，推动习近平新时代中国特色社会主义思想进学校、进课堂、进教材、进头脑，用党的创新理论铸魂育人。同时，教师作为人才培育主体，其言行对于学生义利观、金钱观和价值观的形成具有重要影响。高校需要坚持党管人才，把师德师风作为教师队伍建设的第一标准和首要任务，紧抓教师队伍建设的规划关、进人关、培养关、稳定关和发展关，打造政治坚定、熟悉中国金融实际、传承创新的教师队伍梯队。此外，加强对于金融监管部门和金融机构从业人员的廉洁教育、推进惩治金融腐败、规范从业人员任职和执业管理等，净化金融从业生态，锻造忠诚干净担当的高素质专业化的金融干部人才队伍。

五、加快构建金融自主知识体系的探索与实践

习近平总书记在党的二十大报告中强调，"加快构建中国特色哲学社会科学学科体系、学术体系、话语体系，培育壮大哲学社会科学人才队伍"。金融作为现代经济的核心，构建金融学科自主知识体系作为中国特色哲学社会科学自主知识体系的重要组成，对于加快建设金融强国、推进中国特色金融发展具有重要意义。高校作为我国哲学社会科学"五路大军"中的首要力量，承担着建设中国金融自主知识体系和培养金融强国人才的重任。如何落实党中央关于哲学社会科学的战略擘画，推进金融强国建设，是财经类高等学校在建设教育强国征途中必须回答的重大课题。高校要立足实际，面向未来，把深入学习贯彻落实习近平总书记关于加快构建中国特色哲学社会科学、加快建设金融强国与推进中国式现代化的重要论述结合起来，把繁荣发展金融自主知识体系的具体目标同民族复兴的伟大目标结合起来，久久为功，担当奋进。

（一）深刻认识构建金融自主知识体系的重要意义

构建金融自主知识体系是中国特色哲学社会科学自主知识体系建设的重要组成部分。中国特色哲学社会科学是习近平总书记对中国哲学社会科学发

本文作者为中央财经大学校长助理，金融学院院长、党委副书记张学勇教授。

展的总体要求。习近平总书记指出，"人类社会每一次重大跃进，人类文明每一次重大发展，都离不开哲学社会科学的知识变革和思想先导"，"一个民族要走在时代前列，就一刻不能没有理论思维，一刻不能没有思想指引"。金融是现代经济的核心，中国特色金融发展离不开中国特色金融理论思维和思想指引。构建金融自主知识体系是提升国家软实力、争取国际话语权、提升国家竞争力的重要内容。构建金融自主知识体系，不仅能够丰富和发展中国特色金融学的内涵，还能为其他学科领域的自主知识体系构建提供有益借鉴。例如，中国在数字金融、普惠金融、绿色金融、丝路金融等领域的创新实践，已经为全球金融治理贡献了中国智慧，这些成就的取得一方面离不开金融自主知识体系的支撑，另一方面也为繁荣发展金融自主知识体系提供了丰富的土壤和广阔的研究根基。

构建中国金融学科自主知识体系是实现金融强国建设目标的必然要求。当前，我国正处于从金融大国向金融强国迈进的关键时期，构建金融自主知识体系显得尤为重要。中央金融工作会议首次提出加快建设金融强国的宏伟目标，系统阐述了中国特色金融发展之路的基本要义。加快建设金融强国是推动高质量发展的重要任务，是中国式现代化的重要支撑。建设金融强国，必须坚持党对金融工作的全面领导，保障金融工作的纯洁性、落实度和整体大局。建设金融强国必须要在中国特色金融发展之路的实践中守正创新、奋力开拓。通过构建自主知识体系，可以更好地总结中国金融改革发展的伟大实践经验，凝练党带领下的创新理论，形成具有中国特色的金融理论，为金融强国建设提供理论支撑。例如，在数字货币、移动支付等前沿领域，中国已经走在了世界前列，取得这些弯道超车式的成就离不开中国特色金融思想和理论的指引。同时，金融自主知识体系的构建也是推动金融高质量发展的内在要求。通过自主知识体系的构建，我们可以更好地把握金融发展规律，推动金融创新，加快建设中国特色现代金融体系，不断满足经济社会发展和人民群众日益增长的金融需求，不断开创新时代金融工作新局面。

构建金融自主知识体系是维护国家金融安全的战略需要。当前，世界正经历百年未有之大变局，国际金融格局深刻调整，产业变革速度前所未有，全球经济不确定性急剧增加，金融安全已成为国家安全的重要组成部分。这些都对我国金融体系的自主性和安全性提出了更高要求。金融强国不仅体现在金融体系的规模和效率上，更体现在金融体系的自主性和影响力上。自主可控的金融知识体系是提升国际金融话语权、增强金融创新能力的基础，是建立自主可控金融体系的根本保障。自主金融知识体系能够为国家金融政策的制定和实施提供理论支撑，增强金融体系的抗风险能力。自主金融知识体系能够为自主培养服务于金融体系高质量发展的金融人才提供知识根基和思想引领根基。自主金融知识体系能够提升国际金融博弈中的话语权，强化国家金融安全屏障。例如，在应对国际金融危机时，拥有自主知识体系的国家能够更快地制定符合本国实际的政策措施，有效维护金融稳定。通过建立中国特色金融理论、金融体系，我们才能在未来的国际金融竞争中占据主动和话语权，真正实现从跟跑到并跑再到领跑的跨越，兼顾发展与安全，最终实现金融强国、科技强国。

（二）高校构建金融自主知识体系的探索与实践

习近平总书记强调，"加快建设教育强国、科技强国、人才强国，坚持为党育人、为国育才，全面提高人才自主培养质量，着力造就拔尖创新人才，聚天下英才而用之"。高等教育在人才自主培养中发挥着基础性、先导性和全局性作用，对提高人才自主培养质量至关重要。习近平总书记在省部级主要领导干部推动金融高质量发展专题研讨班开班式上发表重要讲话阐释了金融强国战略的丰富内涵，强调金融强国要具备一系列关键核心金融要素，即拥有强大的货币、强大的中央银行、强大的金融机构、强大的国际金融中心、强大的金融监管、强大的金融人才队伍。强大的金融人才队伍是前五个强大的金融要素的重要支撑。作为金融人才培养的龙头，高校应深入贯彻落实党中央关于金融人才支撑金融强国建设的战略谋划，把深入学习贯彻落实习近平总书记关于教育强国、人才强国以及金融强国战略的重要论述结合起来，主动担当作为，提高自主金融人才培养质量。推进中国金融学科体系、学术体系、话语体系建设，构建金融自主知识体系，是高校提高金融人才自主培养质量的关键。

第一，深耕理论阐释与科学研究，加快构建中国特色金融理论体系。构建自主金融知识体系需要深刻阐述党的创新理论，特别是习近平新时代中国特色社会主义思想，深入研究新中国成立70多年来、改革开放40多年来中国特色社会主义金融发展规律和伟大实践，提炼中国特色金融发展模式和理论创新成果；不断推动中国特色金融文化创造性转化和创新性发展，推进知识创新、理论创新、方法创新，形成具有中国风格和中国气派的金融理论体系，提升中国金融学术体系和话语体系。在此基础上，要向世界讲好中国金融故事，提升中国金融理论的国际影响力。与此同时，必须客观审视西方金融理论与思想，摆脱"西方话语权"束缚，坚定中国特色社会主义道路自信、理论自信、制度自信、文化自信，为金融人才培养筑牢理论根基。党对金融工作的集中统一领导和以人民为中心的发展思想，是构建中国特色金融理论体系的根本遵循。

中央财经大学金融学院面向构建中国特色金融学自主知识体系开展有组织的科研，设立庆祝建党百年专项研究课题、阐释党的二十大精神专项课题，引领师生研究阐释中国金融发展与治理的实践，完成首部《中国共产党百年金融思想与实践》专著。立足金融强国建设目标，围绕做好"五篇大文章"，深入推进学术科研和智库建设，咨政报告被中央领导和各级政府采纳100余项，牵头起草国家标准《金融机构风险管理术语》《金融机构风险管理框架》和行业标准《金融从业规范风险管理》，完善金融风险管理规范顶层设计；出版《国家金融安全研究报告》，发布中国金融科技创新发展指数，为维护国家金融安全贡献智慧。

第二，深耕学科体系和交叉融合建设，加快推进自主知识体系创新发展。优化调整学科布局，创新金融科技交叉人才培养模式和金融安全学科建设范式，培养能够解决复杂金融发展问题和"卡脖子"金融安全问题的领军型、紧缺型金融人才。

党的二十大报告提出，加强基础学科、新兴学科、交叉学科建设，加快建设中国特色、世界一流的大学和优势学科。习近平总书记指出，要用好学科交叉融合的"催化剂"，加强基础学科培养能力，打破学科专业壁垒，对现有学科专业体系进行调整升级，瞄准科技前沿和关键领域，推进新工科、新医科、新农科、新文科建设，加快培养紧缺人才。作为财经类高校，要瞄准金融强国战略和金融安全目标，结合科技金融、绿色金融、普惠金融、养老金融和数字金融五篇大文章的需求，用好学科交叉融合的"催化剂"，加快适配国家战略需要和社会发展需求的学科体系优化布局，推进金融与计算机、大数据、人工智能等领域交叉融合，创新复合拔尖人才培养模式。通过学科交叉融合和新兴金融科技、科技金融等交叉学科建设，推动金融学与其他学科的协同创新，推动金融自主知识体系的创新发展，为构建金融自主知识体系培育创新和融合的沃土。同时，深化产学研合作也是高校构建金融自主知识体系的重要途径。通过与金融机构、科技企业、政府等的深度合作，有效促进金融理论与实践的有机结合，为金融自主知识体系的构建提供实践支撑。

中央财经大学金融学院瞄准国家金融安全战略，牵头金融、信息、统计与数学、管理科学与工程等学科，开创了全国首个金融安全工程学科和国家金融安全教育部工程研究中心，重点解决我国经济社会发展当中"卡脖子"的安全问题，培养国家安全战略需要的高层次金融专业人才，服务国家安全重大战略。同时，与北京航空航天大学、北京理工大学围绕金融+计算机学科深度进行金融科技人才培养的跨校联合培养，与金融机构、科技企业建立深度融合人工智能、数字技术的金融学科实验室，发挥多方特色和优势，共建"新文科"＋"新工科"人才联合培养的新范式，为建设金融强国培养可堪大用之才。

第三，深耕原创教材与课程建设，加快推进自主知识体系育人转化。自主金融知识体系为自主培养适应新时代中国式现代化建设需求的中国特色金融人才提供了宝贵的教育资源。高校应创新推动中国自主金融知识体系和资源在人才培养中的转化和支撑，提高人才自主培养质量。首先，以原创性中国特色金融教材为关键载体，实现学科自主、学术自主、话语权自主，发挥自主金融知识在自主金融人才培养中的知识传授和价值引领作用。教材是人才培养的知识根基，是金融自主知识体系的重要载体。推进中国特色金融专业教材建设，是高校构建金融自主知识体系的关键举措之一。高校应编写具有中国特色、体现时代特征的中国特色金融专业教材。其次，以课程建设为主渠道，加快推进自主金融知识资源向高校人才培养转化。坚持思政课建设和党的创新理论武装同步推进，坚持思政课程和课程思政同向同行。聚焦金融改革发展等重要内容打造示范思政课，深入探讨中国金融实践中的成功经验和理论创新；将中国特色金融文化融入金融专业课程、金融伦理教育纳入金融人才培养方案和质量保障体系，持续丰富课程思政内涵；同时注重辨析西方金融理论、金融体系的两面性，增强学生对中国特色金融发展道路和创新理论的认同感和自信心；通过教学相长，形成课程质量提升与自主知识体系完善的良性循环。

中央财经大学金融学院着力推动中国特色金融专业教材体系建设以及课程思政建设。学院党委坚持将中国金融发展伟大实践和创新理论与专业课程建设深度融合，探索形成课程思政"43554模式"，实施"课程思政三个一"工程，出版国内首部金融专业课程思政专著；建设29门次国家级一流精品课程和国家级一流本科课程、3门课程思政国家示范课程和省部级示范课程，开设1门国家级金融安全领域虚拟仿真实验一流课程，实现课程思政"沉浸式"教学；完成《党的创新理论贯穿中国金融学知识体系》等学科资源包，构建立体化金融学自主知识体系与资源。学院以首批中国经济学教材《中国金融学》编写为引领，总结中国金融事业发展的特色经验和规律，建设中国特色高质量金融专业教材群，深刻阐释中国金融发展的伟大成就与特色经验，系统梳理中国金融理论的独创性贡献，持续增强中国话语体系理论支撑，获评首批全国教材建设先进集体。编写全国首批中国经济学教材《中国金融学》和17部国家级规划教材。

第四，深耕教育数字化和教育开放，加快提升自主知识体系的传播。首先，要用好数字赋能，提高自主金融知识体系的传播质量和范围。习近平总书记指出，教育数字化是开辟教育发展新赛道和塑造教育发展新优势的重要突破口。在推进金融新文科建设、交叉复合人才培育的背景下，教育数字化能够广泛汇聚新兴学科专业和人才培养的智慧，以共商共建共享凝聚新共识、发展新思路、推进新模式。习近平总书记强调，要"深入实施国家教育数字化战略，扩大优质教育资源受益面"。高校应当拥抱数字化赋能，促进教育资源优化配置，积极探索发展数字课程、数字教材，创新虚拟教学组织，深入推进教育数字化战略。其次，要积极扩大教育对外开放，以教育开放促进自主金融知识体系的国际影响力，为全球教育发展、金融发展贡献中国智慧和中国方案。在党的二十大报告中，习近平总书记强调要"坚守中华文化立场，提炼展示中华文明的精神标识和文化精髓，加快构建中国话语和中国叙事体系，讲好中国故事、传播好中国声音，展现可信、可爱、可敬的中国形象"，并在全国教育大会上强调"要深入推动教育对外开放，统筹'引进来'和'走出去'，不断提升我国教育的国际影响力、竞争力和话语权"。高校既要包容、借鉴、吸收各种文明的优秀成果，丰富我国金融教育供给和资源，还要推进教育资源"走出去"，持续扩大中国高等教育的国际竞争力和影响力，并以教育为切口向世界展示中国金融创新理论和伟大实践经验，促进其对构建人类命运共同体的贡献。

中央财经大学金融学院积极推进教育数字化和教育开放，拓宽中国金融自主知识传播渠道，牵头打造"五力提升跨校虚拟教研平台"和金融科技虚拟教研室，入选教育部首批虚拟教研室试点单位和试点建设典型，获批北京本科高校产学研深度协同育人平台；打造以中英文《金融学》慕课为代表的17门金融专业慕课课程群，注册学习人数400余万，其中《金融学》在10余个大型网络平台播放，学习播放量逾1500万，努力将优质教育资源开放共享，向世界讲好中国金融故事，提升中国金融自主知识体系的国际影响力。

（三）构建金融自主知识体系的经验总结与未来展望

高校作为金融人才培养和知识创新的重要基地，在构建金融自主知识体系中发挥着关键作用。高校应站在推进中国式现代化的高度深刻理解繁荣金融自主知识体系的重大意义，从加快构建中国特色哲学社会科学体系、加快建设金融强国、维护国家金融安全的角度，深刻认识金融自主知识体系建设的具体目标，深入研究探索高校加快构建金融自主知识体系的新思路和新举措。中央财经大学金融学院从深入推进理论阐释和科学研究、学科体系和交叉融合建设、原创教材与课程建设、教育数字化和教育开放四个维度，加快提升自主知识体系的理论根基、创新发展、育人转化和传播质效。

习近平总书记强调"新时代新征程，必须深刻把握中国式现代化对教育、科技、人才的需求，强化教育对科技和人才的支撑作用，进一步形成人才辈出、人尽其才、才尽其用的生动局面"。面向未来，高校应继续深化教育综合改革，不断加强金融自主知识体系内涵式发展，不断推进中国特色、世界一流金融学科建设水平，不断提升我国自主金融人才培养质量，为科技强国、人才强国、金融强国建设作出更大贡献。

六、教师党支部书记"双带头人"培育机制研究

教师党支部书记"双带头人"培育是贯彻落实习近平总书记关于党的建设的重要思想、推进全面从严治党向高校教师党建工作延伸的一项重要制度性安排。这一机制的提出，既是新时代高校党的建设总要求的必然选择，也是破解高校基层党建工作中的实际问题、推动高等教育高质量发展的关键举措。中央财经大学金融学院作为金融强国人才培养和金融学科建设的排头兵，持续加强党建引领办学治院各项工作，通过教师党支部书记"党建带头人"和"学术带头人"的示范引领作用，统筹推进教师党建与学科建设、人才培养、社会服务的深度融合，自主培养更多金融拔尖创新人才，为以金融强国建设助力中国式现代化提供高质量人才和智力支撑。

（一）明晰要求：把握新时代"双带头人"培育的关键要素

2018年，教育部党组发布《关于高校教师党支部书记"双带头人"培育工程的实施意见》，进一步强化了教师党支部书记队伍建设的制度规范。教育部办公厅在最新一批高校"双带头人"教师党支部书记工作室建设中强调，要着力完善"双带头人"教师党支部书记后备人才长效培养机制。"双

本文作者为中央财经大学金融学院党委书记王辉教授。

带头人"教师党支部书记的培养，核心素养在于"既要政治强，具备过硬思想政治素质，又要业务精，在教育教学、科学研究等方面能力业绩突出"，要求党务工作能力好、服务意愿强、群众威信高、师德师风好、专业领域学术影响力强。面对新时代高等教育的新使命和新任务，高校党建应在实践中不断探索如何通过长效培育有效激发"双带头人"的"头雁效应"，带动教师党支部汇聚推进教育、科技、人才"三位一体"融合发展的力量。

首先，高校党组织要充分发挥好"双带头人"教师党支部书记在党建、学术方面的双重优势，既要为学术带头人在政治素养、理论水平、党性修养、党务工作能力等方面的提升夯基垒台，也要为党建带头人在课堂教学、科研立项、团队组建等方面的需求拓宽通道，着力将教师党支部书记队伍建设成为新时代高校党建和业务双融合、双促进的中坚骨干力量。其次，要引导"双带头人"教师党支部书记用好课堂教学主渠道，搭好实践育人大平台，突出师生共育、教学相长，打造协同供需、深化共鸣、增进认同的"大思政课"，带动师生在服务国家重大战略和地方经济社会高质量发展的实践中，深刻了解党情、国情、社情、民情。再次，要把党组织的领导力和组织力转化为推进强国建设的强大动力，引导教师党支部通过有组织科研，在攻克关键核心技术的"卡脖子"问题、构建自主知识体系的"卡嗓子"问题上打头阵，推动教育链、人才链与产业链、创新链的有机衔接、深度融合。

就金融学院党委而言，"双带头人"教师党支部书记就是要把握好金融学科服务强国复兴伟业的着力点，锚定建设世界一流金融学科的目标，通过教师党支部书记的示范引领作用带动广大教师队伍积极对接国家金融领域重大战略实施和行业发展需求，助力建构中国自主金融知识体系和卓越金融人才培养体系，筑牢国家金融安全防线，坚定不移走好中国特色金融发展之路。

（二）实践探索：结合学科特点完善"双带头人"培育机制

基层党支部作为党的事业发展的战斗堡垒，其作用的发挥关键在于党支部书记"愿带头""会带头""带好头"。金融学院党委在"双带头人"教师党支部书记培育的实践探索中，通过着力选优配强、优化科学赋权、强化顶层设计、做实品牌引领，为教师党支部书记搭建平台、夯实保障，以教师党支部书记为"领头雁"，激发广大教师投身学校、学院事业发展的内驱动力。

1.着力选优配强，增进党支部书记岗位认同

金融学院党委坚持将教师党支部建在系上。5个教师党支部中2个支部为全国党建工作样板支部，3个党支部为校级优秀基层党组织、党建工作样板支部、特色支部。将党支部建在系上，有助于强化党对教育工作的领导，确保党的方针政策能够在最基层的细胞单位得到有效落实，增强教师党员的凝聚力，促进党建工作与教学科研紧密融合，也能够使系的基层治理能力得到有力提升，带动全体教师全面发展，推动教育质量提升和科研成果创新。

教师党支部书记的选配着眼于五大素养：政治素质、教学能力、科研水平、合作精神、服务意识。在金融学院，教师普遍认为，党支部书记是在知识素养、政治素质、育人能力等多方面具有引领性的先锋代表，高度认同教师党支部书记的职责定位。学院历年任职的教师党支部书记，包括首届国家教学名师、国家级青年人才、教育部新世纪人才、北京市师德先锋、北京高校优秀共产党员、国家教学成果奖主要完成人、国家一流课程主持人、全球Top5%经济学家榜单入选者等。

2.优化科学赋权，以制度机制激发内驱动力

除选优配强外，学院党委还注重科学赋权，从制度机制上不断激发"双带头人"的作用发挥，切实增强党支部书记的岗位吸引力和职业成就感。一方面，吸纳党支部书记参与学院治理，在涉及学院整体发展的顶层设计和重要事项讨论时，在职称评审委员会、学术委员会等各类议事机构中，都专门设置教师党支部书记代表席位。在教职工年度考核、专业技术岗位评聘、评奖评优、干部选任等重要工作中，事先征求教师党支部书记的意见建议。

另一方面，对于有党支部书记或党建工作经历的教师，在个人职业发展中给予政策倾斜，将党建工作经历作为职称晋升、人才项目申报、选拔任用领导干部等的重要参考。此外，制定完善学院绩效管理办法和奖励办法，将教师党支部书记以及支部委员的党务工作量纳入教师年度考核、个人绩效考核管理等，享受相应绩效待遇。教师所带党支部或个人在党建工作中获得校级及以上荣誉给予绩效奖励。同时，学院党委还制定了党建课题管理办法，近3年立项45项院级党建课题，经费支持共计103万元，支持教师结合专业加强党建理论研究，阐释党的创新理论。

3.强化顶层设计，构建"55555"党建模式

选优配强、科学赋权激发了教师队伍对于党支部书记的岗位认同和制度认同。教师党支部书记在干事创业上有意愿有热情，更需要学院党委为党支部书记和党支部建设搭建实实在在的发展平台。为此，金融学院党委在党建工作的顶层设计上构建了"55555"的党建模式，即坚持"五强五实筑牢五基"，打造"五心领航，赋能发展""党建+"品牌，努力建设"五型"党组织，以高质量党建引领金融人才培养质量提升、加快一流金融学科建设、服

务国家战略需要。"55555"党建模式的目标明确，就是"筑牢五基"，指向的是"思想引领根基、育人知识根基、队伍引领根基、一流学科根基、育人模式根基"。实现这个目标，依靠的是"强化政治建设、强化体系构建、强化党管人才、强化守正创新、强化特色优势"的"五强"着力点。最后，"学习型、规范型、创新型、服务型、和谐型"的"五型"基层党支部是孵化党建品牌特色的基本组织保障。

学院党委设立了综合平衡教学、科研与管理，以高质量成果为导向的保障激励机制。针对教师党支部书记和教师党员的成长发展实际需求，搭建科研、教学、综合能力三大提升平台，出台了一系列帮扶教师成长的举措。例如教师申报各类项目、各类人才计划，学院组织校内外专家集体指导、院内一对一指导等。这些制度机制的设计，以精、细、实、暖的举措，精准解决了教师的思想之惑、发展之需、职业之困、生活之忧，让教师在参与组织生活中获得认同感、成长感、成就感。

4.做实品牌引领，打造"金·融·路"党建品牌

为立足"双带头人"教师党支部书记培育和教师党支部建设，一体谋划好基层党建工作，金融学院党委自2023年起创建了"金·融·路"党建品牌。其中，"金"是效，即目标成效，力求以党建为引领，擦亮金融学院在学科建设、人才培养、科学研究、社会服务、事业发展等方面的金字招牌。"融"是道，教师党支部各项组织生活的开展要和事业发展结合起来，包括和人才培养、教学科研、服务国家战略的深度融合，同时在资源平台上要实现校内外政产学研融合、跨校交叉融合，以及师生党支部的融合。"路"是术，也就是实施路径，教师党支部围绕"党建思政之路""学科建设之路""教育教学之路""学术研究之路""产教融合之路""行政管理之

路""个人成长之路""行业发展之路"等八大主题开展党建活动，以实现为思想铸魂引路、为学科建设领路、为师生成长铺路、为学生就业带路、为社会服务拓路。

"金·融·路"主题活动侧重于通过实实在在接地气的实践拓展和经验传承，助力师生成长发展。例如"学术研究之路"主题活动之"经管学科的研究和论文撰写：一个期刊人的视角"区别于阐述学术研究成果的讲座论坛，而是从审稿人的角度阐释如何进入某个研究领域、如何从现实问题中切入学术研究，帮助师生切实解决科研工作中的难点困惑。截至目前，各个教师党支部分别开展"金·融·路"主题党建活动共计42场。活动举办依托教师党支部，由教师党支部书记具体负责，为教师党支部书记的成长和教师党支部凝心聚力搭建了广阔的舞台。

（三）建设成效：以事业发展诠释"双带头人"的引领价值

从"头雁领航"到"群雁齐飞"，金融学院党委以"双带头人"教师党支部书记为骨干，凝聚起全院师生干事创业的巨大动力，在实践中不断探索"党建引领 一融双高"的实施路径，推动学院事业发展取得显著成效。

1.教师党支部战斗堡垒作用得到充分发挥，"一融双高"的力量愈加充实

教师党支部作为人才培养的基层组织细胞，生机活力得以激发。金融学院党委下辖2个教师党支部获得全国党建工作样板支部，1名教师党支部书记入选北京市"强国行"专项行动，2个教师党支部分获校级党建工作样板

支部和特色支部。学院获得全国党建工作标杆院系、全国教育系统先进集体、全国教材建设先进集体、全国高校黄大年式教学团队等荣誉。

2.师生党支部共同打造"一支部一特色","一融双高"的亮点愈加纷呈

师生党支部共建联创，形成了与事业发展深度融合的"一支部一特色"亮点。其中，国际金融系教师党支部组织师生党员持续完善"把论文写在中国大地上"主题党日，以党建促进科研育人和有组织科研；金融工程系教师党支部长效开展"金融强国 工程富民"实践育人主题项目；金融科技系教师党支部在首创和建设国家金融安全学科中发挥了重要作用；金融学系教师党支部以编写《中国金融学》为契机努力构建自主金融知识体系；应用金融学教师党支部通过教师党员智库建设促进金融服务社会实体经济。

在教师党支部的组织引领下，教师党员在学院事业发展的各方面都取得了亮眼的成绩。2024年，4名党员教师获得国家级人才称号，其中1人为教师党支部书记；4名党员教师的4项咨政建议获得正国级、副国级领导批示。19门次国家级课程和一流本科课程中，18门次课程的负责人为党员教师；4项教育部人文社科奖项中3个项目的负责人为党员教师。

3.党建引领学院人才培养出实功见实效，"一融双高"的成效愈加显著

近年来，学院培养的毕业生不仅具有厚实的金融专业基础和扎实的专业实操能力，更加积极响应党和国家号召，将个人理想融入党和国家事业发展，心怀"金融为民"志向，深耕祖国基层一线，发挥金融专业特长，为做好金融"五篇大文章"贡献自己的智慧。有毕业生在联合国任职，为发展中国家提供金融创新等方面的指导和帮助；有毕业生在贵州担任驻村第一书记，为乡村振兴赋能增效；有毕业生成为西藏大学金融专业学科带头人，为西部地区金融专业建设贡献力量；连年均有毕业生前往西藏、山西、甘肃等地中小学支教。一批批金融学子在择业就业创业关键期的人生选择，充分展现了学院人才培养工作不仅塑造了学生坚实的专业内核，更为学生的长远发展点亮了理想信念的"导航灯"。

"双带头人"教师党支部书记是推动高校党建工作高效开展、增强基层党组织凝聚力和战斗力的中坚力量，是引领带动广大教师立德修身、潜心治学、开拓创新的关键纽带，在推动高校教师队伍保持政治坚定性和业务先进性方面发挥着重要作用。自《关于高校教师党支部书记"双带头人"培育工程的实施意见》发布7年以来，高校在完善建设标准、强化教育培养、深化改革创新等各方面都做出了很多各具特色的实践尝试与理论探索。金融学院党委依托中央财经大学基层党组织党建示范创建和质量创优工作，不断强化和完善"双带头人"教师党支部书记培育，大力推动教师党支部建设。站在新的历史起点上，面对高等教育改革的新使命和新任务，高校教师党支部作为建在系上开展工作的最基本单元和强有力的战斗堡垒，应该如何更加有效地激发"双带头人"的"头雁效应"，实现教师党支部更加有力地教育管理监督党员、服务凝聚师生，在推进教育、科技、人才"三位一体"协同融合中展现出新担当、新作为，这是高校"双带头人"教师党支部书记培育和教师党支部建设所要长期持续探索的课题。

七、新时代高校党建"双创"背景下基层党支部对标争先的实践经验

　　自2018年教育部实施党建示范创建和质量创优工作以来，中央财经大学金融学院党委认真贯彻落实新时代党的建设总要求和党的组织路线，立足基层党支部不断强化选树培优和重点建设，通过统筹规划和分步实施相结合、整体提升和品牌塑造相结合、软件建设和硬件建设相结合，辐射带动全院师生党支部齐头并进、全面过硬，推动构建高质量的高校基层党建工作体系，以高质量党建引领学院事业高质量发展。截至目前，金融学院党委入选首批全国党建工作标杆院系，获得北京市高校先进基层党组织。2个党支部入选全国党建工作样板支部，1名党支部书记入选北京市"双带头人"教师党支部书记"强国行"专项团队，5个党支部分别入选校级党建工作样板支部、特色党支部、优秀党支部等。

全国党建工作样板支部——国际金融系教工党支部"三优计划"锻造教师党支部样板

　　国际金融系教工党支部自2013年成立以来，紧紧把握新时代党的建设

本文作者为中央财经大学金融学院国际金融系教工党支部书记王雅琦教授、金融科技系教工党支部书记王忏副教授。

总要求，在2018年12月成为首批"全国党建工作样板支部"培育创建单位。在创建工作中，支部紧密围绕高校党建重点任务，严格遵循"七个有力"要求，提出并实施由"优制计划""优德计划"和"优智计划"组成的"三优计划"样本党支部建设方案，在制度建设、立德树人、社会服务等多方面对标争先，形成了可借鉴的经验。

（一）夯实理论根基，提升教师思政引领力

支部以建设学习型党支部为目标，持续推进党员学习教育的常态化制度化，用习近平新时代中国特色社会主义思想武装头脑、指导实践、推动工作，教育党员牢固树立"四个意识"、坚定"四个自信"，切实加强党支部的政治建设、思想建设、组织建设、作风建设、纪律建设。支部提出"做合格党员始终进行时"的理念，通过充分发挥教师党员的先锋模范作用，教育引导国际金融系全体教师立足日常教学岗位职责，定期交流研讨、学习先进典型，查找问题和风险点；定期开展微党课、重温入党誓词、读书分享会、党的二十大知识竞赛等有组织的学习活动，进一步完善支部党员教师的政治理论修养，筑牢"为党育人 为国育才"的思想理论基础。

做到"四有好老师""四个引路人"，是做好人才培养工作的前提。支部自成立以来，历任"双带头人"教师党支部书记均为教授职称，具备过硬的思想政治素质，在教育教学、科学研究等方面能力业绩突出。支部通过设立党员示范课堂、"老带青"教学团队机制，激励和保障教师团队高质量发展。3人次教师党员分别获得首都劳动奖章、北京市师德先锋、首都高校"启智润心"大先生等称号。支部多名党员入选国家级人才项目、"中国知网高被引学者Top1%"，荣获北京市高等学校教学名师奖等多项荣誉。支部坚持

严格用党章党规党纪规范党员行为，教育引导党员模范遵守教师职业道德规范，严守学术道德和纪律底线，开展党员定期自查师德师风会议，使教师党员时刻牢记使命，不断提高教师个人素质和修养，增强教师教书育人的荣誉感和责任感。

（二）立足三优计划，增强立德树人原动力

课堂是育人主渠道，支部积极推进党建与教学中心工作相互融合、相互促进，坚持以培养社会主义建设者和接班人为根本任务，深入推进专业课程思政教学改革，把思想政治工作贯穿教育教学全过程。支部鼓励和促进教师承担本科、硕士和博士各层面的课程思政教学改革，获得5项专业课程思政建设立项，其中3篇项目报告入选《新时代金融专业课程思政建设的探索与创新》并出版发表。支部3门课程在"中国大学慕课"和"学堂在线"上线，选课人数累计突破10万人。《金融风险管理》获评国家级一流本科线上一流课程，《国际金融》教材获评普通高等教育"十一五"国家级规划教材。

支部不断探索科研育人和实践育人"双促进"机制，以教师指导、师生共同参与的方式，提升学生学术科研能力、实践创新能力和社会责任感，同时通过教学相长，推动教师专业实践、人才培养和师德师风的成长发展。为推动青年学者更加深入地关注和研究新时代的新挑战和新使命，支部带动博士生党支部共同创办"把论文写在祖国大地上"党建品牌，迄今共开展了九期系列主题活动。20余篇与国家金融经济热点相关的研究成果以此为平台进行宣讲和交流，主题涵盖"一带一路"、去杠杆化、经济政策不确定性、绿色金融等国家经济发展的现实重大问题，多篇成果在A类及以上期刊发表。

同时，教工党支部通过"把论文写在祖国大地上"系列主题活动，带动培育博士生党支部获得了校级党建工作样板支部、优秀党支部工作法、"亮点纷呈·比学共建"特色党支部活动等荣誉。

支部以国际金融研究中心为核心平台，通过国际金融名家论坛、全球金融治理讲座、学院双周论坛等学术活动，邀请亚洲基础设施投资银行金立群行长、诺贝尔经济学奖得主Stiglitz教授、亚洲开发银行前首席经济学家魏尚进教授等国内外知名学者走进校园，为师生开阔国际视野，提升学术品位；开展国际金融研讨班，有组织地研讨前沿理论文献，基于国际金融微信公众号分享最新学术、政策动态，加强学术思想交流和专业能力传承，促进人才培养外延式机制建设，拓展立德树人新渠道。

支部党员共同承担学院卓越学术人才项目指导工作，指导本科生人数达到全院三分之一，指导本科生先后在国内重要核心期刊发表学术论文。同时，支部党员积极尝试在各类第二课堂实践项目中指导学生团队，指导的学生团队在暑期社会实践产业振兴项目、人才振兴项目、大学生创新创业项目等实践活动中成绩卓著。

（三）着眼重大战略，扩大地方服务影响力

支部聚焦国家重大经济金融战略问题开展科研攻关，为破解我国经济社会发展中的关键难题贡献智慧力量，在金融对外开放、跨境资本流动、进出口与汇率变化、人民币国际化、货币政策和宏观审慎政策等重大决策领域取得了丰硕成果，多项政策研究成果获得党和国家领导人批示，并转化为具体政策实践。支部党员先后主持国家级、省部级科研项目数十项，在《经济研究》等国内外顶级期刊发表高水平论文百余篇，形成了具有重要学术价值的

研究成果集群，在服务国家战略决策方面发挥了重要作用。

支部立足丰硕的研究成果，全面推进智库服务，组织开展"应对气候变化的几个国际经济金融治理问题"等学术讲座。支部党员在"SDR与国际货币体系改革"专题研讨会、亚太经济与金融论坛等高层次学术会议上就人民币国际化、全球金融治理等发表主题演讲，在国际金融领域发出中国声音。

党支部书记入选北京高校"双带头人"教师党支部书记"强国行"专项行动，带领支部在开展党建联建、提供教育服务、推动科技赋能、深化实践育人等方面制定工作目标和具体举措，实施"共建铸魂提升工程""实践育人服务工程""党建质量夯实工程"。专项行动将金融学院办学历史文化、人文情怀与国际金融专业特色相结合，以地方教育管理部门、学校、师生为对象，开展专题党课讲授、政策理论宣讲、党建经验交流等，推动习近平新时代中国特色社会主义思想入脑入心；深挖课程思政渗透点，以数字化破除课程思政发展瓶颈，持续加强新时代教学技术和方法研究，将思政教育贯穿第一课堂和第二课堂，努力打造引发情感共鸣、增强思想认同的"大思政课"，逐步形成一部"国际金融课程思政"案例集；围绕地方经济金融高质量发展需求，持续完善价值引领、实践体验和社会服务相统一的实践育人机制，带领支部师生深入基层一线开展实践调研，为地方基层、企事业单位等提供高质量咨询报告；推动校地融合高质量发展，打造产学研用合作平台，推动成果转化落地，助力强国建设和区域经济高质量发展。支部与甘肃省宕昌县两河口镇石院村党支部开展结对共建，以乡村实际发展需求为导向，坚持"扶志、扶智、扶制"相结合，在乡村振兴中积极作出教育工作者和金融专业人才的贡献。

全国党建工作样板支部——金融科技系教工党支部 "三三四"模式描画金融强国新蓝图

金融学院金融科技系成立于2017年，是全国高校首个成立的金融科技系，被写入《北京市促进金融科技发展规划（2018—2022年）》，打造了全国首个金融安全工程学科（北京市高精尖学科），是全国最早拥有金融科技专业本硕博培养体系的单位。金融科技系教工党支部成立于2019年，2021年获得校级先进基层党组织称号，2022年入选校级样板党支部，2024年入选"全国党建工作样板支部"培育创建单位。以支部成员为带头人和骨干的金融安全工程教师团队获评全国高校黄大年式教师团队，12人次支部党员入选教育部首批课程思政教学名师及团队、国家级教学名师，获得国家级人才称号、国务院政府特殊津贴、教育部（跨）新世纪优秀人才称号、北京市教学名师、北京高校优秀共产党员、北京市教书育人先锋，担任全国金融青联委员等。

金融科技系教工党支部坚持党建引领，紧密围绕人才培养和国家战略服务，努力打造以"三三四"模式为核心的基层教师党支部建设模式。"三三四"模式中的第一个"三"是指三个坚持，即坚持深耕学习、坚持专业结合、坚持咨政辅政。第二个"三"是指三个不忘，即不忘理论自信、不忘教育初心、不忘社会服务。"四"是指四个引领，即以党建引领金融科技学科体系建设、引领金融科技教育教学、引领金融科技科学研究、引领金融科技社会服务。

（一）突出政治功能，夯实支部战斗堡垒

支部深入推进各项学习教育常态化制度化，严格落实"三会一课"制度，规范党支部主题党日，不断加强对党员教师的思想政治教育，选优配强教师党支部书记，突出支部政治核心功能，强化政治责任担当，坚持把党员教师的政治优势、组织优势和人才优势转化成引领金融科技学科体系建设、思政教学、科学研究和社会服务的重要力量。

伴随着国家金融创新发展战略应运而生的金融科技系教工党支部，始终紧跟社会发展的前沿，将与政府部门、兄弟院校、社会企业的多元化党建联建作为支部引领创新发展的重要抓手。支部原书记受邀到教育部高等教育司讲授专题党课；与北京航空航天大学、首都经济贸易大学党组织联学共建，促进基层党建、教学实践、科研创新的同步交流提升；与用友集团、中国建设银行等企业党组织开展实践联学，建立校企合作，搭建产学研用合作平台。

（二）以党建引领金融科技学科体系建设

支部深入贯彻落实习近平新时代中国特色社会主义思想，探索创新党的基层组织建设与金融科技学科建设深度融合的长效机制，形成具有新时代高校党建促进学科交叉融合的"三位一体"实践路径。

一是发挥基层党组织的思想政治优势，引领金融科技学科交叉融合发展方向，多次开展金融科技学科体系建设研讨会，金融科技专业入选北京市一流本科专业；创建的"金融科技专业虚拟教研室"入选教育部首批虚拟教研

室，联动全国85所东中西部成员高校，带动全国金融科技人才培养体系建设。二是锚定国家金融安全与稳定，深入探索建设金融科技与金融安全工程的交叉学科。在金融安全领域，先后主持承担5项国家级重大、重点课题，《国别金融对抗虚拟仿真实验——〈金融统计分析〉实训平台》获得首批国家级虚拟仿真实验教学一流课程，"金融安全工程与监管科技实验室"获评北京高等学校优秀本科教学实验室，努力为维护国家金融安全培养拔尖创新人才。三是与业界紧密联系，常态化调研中国工商银行、中国电子等多家企业对金融科技人才的素质需求，构建"金融+计算机"的复合型人才培养模式。

（三）以党建引领金融科技教育教学

习近平总书记强调，推进中国式现代化，科学技术要打头阵，科技创新是必由之路。支部聚焦金融场景下的科技创新，努力将党和国家创新驱动发展战略的决策部署融入教育教学，强化课程思政建设，教育引导学生扎实学好金融"五篇大文章"，为实现金融领域的高水平科技自立自强奠定坚实的基础。

一是建立健全金融科技教学指导体系，形成课程组，充分发挥各组党员教师模范带头作用，明确教学目标和内容，制订教学计划，确保教学工作的质量和效果。二是加强师资队伍建设，引入有人工智能、区块链、大数据分析等背景的理工科师资。支部有组织地引导教师队伍共同探讨挖掘课程思政元素，深入推进课程思政建设。三是推动教学改革创新，组织教师团队开展教学方法和教学手段的研讨和探索，在教学中积极使用虚拟仿真实验室开发的实训产品，提高教学效果和学生综合实践能力。四是加强教育资源共享，加大与其他院校、机构党支部的联合共建力度，共享教育资源。支部为西部地区提供"金融科技学""大数据金融"等优质课程的教材、线上课程等资源，促进国家教育事业均衡发展，助力教育强国建设。

在支部带领下，出版的全国首部《金融科技学》教材、《互联网金融》《大数据金融》等金融科技专业核心课程教材累计销售超过50000册，被全国90多所高校选用，获评北京市高等学校优质本科重点教材、金融图书金羊奖等奖项。

（四）以党建引领金融科技科学研究

支部通过有组织的科研将基层党建工作落实到科研攻关的最前线，在重大研究任务中既把握政治性和原则性，又及时精准解决研究团队遇到的思想问题和急难愁盼问题，有效推动金融科技理论和实践研究，服务国家战略，传播中国学者声音。

一方面，支部加强对研究团队的教育引领，通过定期集中学习研讨，使团队更好地理解和把握国家战略需求，推动科研工作更好地服务于国家战略。研究团队获得多项国家自然科学基金、国家社会科学基金项目，支部党员在《经济研究》等国内外顶级期刊发表中国金融理论、政策与实践相关学术论文100余篇，在"双碳"战略、数字经济、金融科技等国家重大战略方向和领域的研究，被国际媒体报道。支部党员为国外央行与金融监管机构讲授金融科技课程，参与编写涵盖中国金融科技发展的日文教材，为全球经济发展贡献中国智慧和中国经验。

另一方面，支部注重加强对研究生科研的引领，引导研究生关注国家重大发展战略，聚焦金融科技、金融安全工程等新时代金融发展的前沿问题研究；增强社会服务意识，着力开展普惠金融、网络借贷、大数据征信等关乎社会民生的研究，解决社会实际问题，把论文写在祖国大地上。

（五）以党建引领金融科技服务社会

支部坚持以服务社会为导向，聚焦金融科技发展、防范化解重大金融风险等重大战略问题，结合专业优势，努力构建教学、科研、社会服务"三融合"的社会服务模式，以实际行动践行高等教育的担当与使命。

支部党员在国家经济金融安全领域建言献策，为构建国家金融安全的现代化治理体系提供重要参考，相关咨政报告和研究成果获得国家领导人肯定性批示；起草的两项金融风险管理国家标准《金融机构风险管理术语》（GB/T 42339-2023）和《金融机构风险管理框架》（GB/T 42422-2023）由国家市场监督管理总局发布实施，填补了金融机构风险管理国家标准化工作的空白，为我国完善金融风险管理规范的顶层设计提供了重要依据。

党员积极投身地方、行业经济金融发展，课题成果获原银保监会采纳，承担发改委、广州经开区、上海证券交易所等政府部门多项横向课题，第一任支部书记在山东省宁阳县挂职期间，推动省级农高区创建工作取得突破进展。在支部引领下，党员无私奉献社会，参与青年抗疫行动受到团中央和原银保监会党委表扬，获评"北下关好人""感动海淀文明人物"等。

八、代际冲突视域下新时代大学生党员理想信念教育机制探析

代际冲突是由于时代的发展而产生的一代人和下一代人在生活观念、思维方式和价值取向上的差异。这一差异是人类历史发展过程中必然出现的一种现象。但在当今信息时代、全球一体化环境下，两代人的代际冲突表现得更为明显，迭代也更加迅速。在这样的背景下，传统的教育内容和方法已无法达到预期的效果。所以，从代际冲突的视角出发，对当前高校大学生党员的思想和行为进行深入的研究，是有针对性地提高教育成效，保证党员队伍先进性的一个重大课题。

（一）代际冲突视域下的大学生党员群体特征

高校大学生党员就其自身的群体属性而言，首先是高校大学生的身份，在思想行为上具备当下大学生的共性特征。本文首先通过对当前高校大学生中存在的代际冲突的特征表现，来剖析大学生党员理想信念教育的成长语境。

1.师长教诲与自身对现实社会的认知冲突

大学生群体知识面广阔，思维活跃，在遇到新鲜事物时，愿意进行深入

本文作者为中央财经大学金融学院党委组织员陈妮娜、金融学院于来、金融学院研究生工作办公室戴佳音，原载于《教育》2024年第5期。

的思考分析，但他们的思维常常缺乏深入的理论指导和成熟的辩证方法。当今社会经济的快速发展，社会结构的迅速变迁，多元的文化氛围，使得代际分化日益激烈。师长等角色大部分与大学生成长于不同的文化历史环境，立足于既往经验所传递的理想信念、价值观念、生活理念等，常常和大学生自己切身体会到的当代社会现实存在一定的差异甚至于冲突。若没有充足的理论储备和科学的认知方法论来对两代人的文化冲突与现实差异进行恰当的分析与审视，大学生在思想上往往处于一种无所适从的状态。

2. 成人社会的认同和自身成长方向的矛盾

高校大学生正在走向成人化和社会化的关键时期，他们迫切地希望获得成人社会的认可。但与此同时，他们又成长于多元的社交情境之中，有着多样化、个性化的成长发展需要。阿奈特将"认同探索"概括为始成年期的主要特征，而大学生并不满足于遵循前辈走过的道路，也不仅仅满足于复制前人的成功经验，当他们在自己的发展方向上进行规划时，常常会出现自我认同感提前或延迟。甚至是在"我究竟应该做些什么""我究竟该怎么做"这类问题上，他们很难形成持续的具有稳定性的个人理解和自我判断，进而在这个过程中丧失自我同一性，影响人格的发展成熟。

3. 在对朋辈群体的依附中受群体文化影响

在大学生的成长发展过程中，朋辈是不可或缺的同伴。年纪相近，共同的兴趣爱好，共同的话语体系，这些都让学生们更容易从同龄人中获得认同感和共鸣感。因此，朋辈群体文化往往对学生的个体社会化发展产生较大的影响，是大学生形成自我认同的重要平台。比起师长的教导、家长的劝说，学生更倾向于到朋辈群体中去寻求意见与解答。代际冲突在当代青年一代身上的重要表现，也常常呈现出区别于主流文化的独有群体文化，反映了他们对社会现象、生活态度的新颖诠释。这种朋辈的群体文化对学生的成长发展和人生决策产生着至关重要的引导作用。

4.在经济社会的快速发展中共性迭代加速

随着市场经济的飞速发展，年轻一代的大学生们具备了更好的物质条件，也有了更多的社会机会来拓宽自己的眼界。在这样的社会环境下成长起来的大学生，群体共性特征的迭代速度更快。一方面，他们大多具有独立思考、理性务实的价值观，但同时也呈现出多样化、功利化的成长诉求。他们有较强的政治认同和参与感，注重个体的自由、自主的意愿表达。另一方面，由于当下的大学生成长于新媒体技术快速发展的时代，网络是他们学习、生活、娱乐、交往的重要手段，他们在网络世界中获取的资讯速度更快，渠道更多，教育者已不再是青年大学生获取信息的唯一来源。

（二）大学生党员群体特征成因分析

大学生党员在代际冲突的视角下所具有的四个群体特征，都受到社会环境、政策规范以及大学生党员自身角色示范效应等方面的影响。对其成因进行分析是确保教育机制有效性的前提。

1.社会变革使大学生党员在思想成长上具备了更多的信息来源

大学生党员作为青年党员群体，世界观、人生观、价值观还处于塑造和成长的过程中。随着经济社会的快速发展，科学技术的飞速变革，对外开放的深化，社会文化的多元发展，大学生党员在思想成长上不再仅仅依靠教育者这一单一信息来源。在"爆炸式"的信息包裹中，他们的思维更加活跃，观点更具多样性，更加能够运用辩证的眼光来看待和分析现实问题。

2.政策规范使大学生党员发展质量得到充分保障

《中国共产党发展党员工作细则》在发展党员方面，坚持"控制总量、优化结构、提高质量、发挥作用"的十六字指导原则。这与过去"坚持标准、保证质量、改善结构、慎重发展"的初衷是一致的。从"保证质量"到"提高质量"，从"改善结构"到"优化结构"，从十六个字来看，都是在强调党员的先进性。目前高校中大部分学生党员都是按照《细则》规定进行发展培养，对于总量的控制既保证了高校学生党员结构合理，更保证了发展党员的质量。

3.示范效应使大学生党员能够理性看待代际冲突

按照教育培养要求，大学生党员是大学生群体中"讲政治、有信念，讲规矩、有纪律，讲道德、有品行，讲奉献、有作为"的先进分子，在思想政治、综合素质、学风作风等各方面都能够起到引领青年大学生全面发展的榜样作用。同时，榜样示范作用的发挥也是大学生党员的应有义务。"一名党员一面旗"，示范效应往往使大学生党员能够在同学中以榜样的角色严格要求自己，理性地看待并化解代际冲突。

（三）新时代大学生党员理想信念教育机制

从代际冲突视角出发，高校学生党员的理想信念教育要充分考虑新时代教育对象的共性特点，认识到其中的成因及其约束条件在教育目标、教育内容、教育途径和教育方法上的相互影响，构建一套能够充分保障教育针对性和有效性的教育体系。

1.在教育内容上实现经典研习与现实观照相统一

教育首先要着眼的是信息认知。目前，高校大学生党员的信息来源十分丰富，要在纷繁复杂的信息来源中取得学生党员的选择信任，教育者就必须具备较高的职业权威。高校大学生党员理想信念的培养，首先有赖于理想信念坚定、理论基础扎实、道德修养高的教育者，开展多元化、针对性、系统性的理论教学。就其长远教育效果而言，根本还在于教育内容自身的说服能力。因此，对高校大学生党员进行理想信念教育时，还要注重"回归经典"。由于学生党员是具有较高的综合素质、较强的示范性、有一定理论功底的大学生，因此，对于他们的理想信念教育，特别要重视对经典原著的广泛阅读与深刻研习，让他们能够更加全面深入地接触经典著作，通过对经典理论的研究，为理想信念打下坚实的理论认知根基。

同时，高校大学生还是青年一代中文化水平最高、思维能力最强、视野最开阔的群体。他们注重独立思考，注重自我意志的表达，如果只是一味地向学生进行价值理念的灌输，不仅难以达到预期的效果，反而会起到相反的作用。因此，教育工作者还要在带领学生党员学原理的基础上指导学生党员关心关注国家实际和社会现实，结合专业理论研究我国的现实问题，通过课堂内外、线上线下的方式，为广大学生党员提供丰富的、鲜活的现实素材，通过案例教学、小组研讨等方式，让他们能够独立地对自己的价值观进行科学的、符合实际的归纳、建构与反思。

2.在教育路径上实现思想入党与专业成长相融合

当下"00后"的高校大学生党员理性务实，价值取向多样，迫切希望能够通过自身所学的专业知识去寻求精神上的解答，将个体价值和社会价值相融合，从而在人生价值的实现中寻求理想信仰的升华。这就要求教育者所选取的教育内容，所采用的教育手段，都必须与学生们所关心和急需去理解的实际问题联系在一起，与他们的思想感情和成长成才的需要密切联系在一起，与他们的职业发展密切联系在一起。在新时代，我们的事业急需培养一批理想信念坚定同时又能胜任各个专业领域工作的建设者和接班人。因此，面向党和国家事业发展需要，对大学生党员进行理想信念教育，切实将大学生党员的思想成长和专业成长结合起来，紧密围绕高校的专业人才培养目标，使学生既获得思想的升华，也实现专业能力的发展，最终成长为能够在各专业领域内堪当重任的中坚力量。

3.在教育方法上实现动之以情与晓之以理相促进

列宁曾说过，没有人的感情就从来没有也不可能有对于真理的追求。"动之以情，晓之以理"的教育方法比单纯的说教更容易让人接受，取得更好的教育效果。"情"与"理"最直观的统一就体现在大量的社会实践之中。教育工作者要运用情境教育、实践教育和实证分析等方法，将现实国情和社情中的热点和难点问题结合起来，引导学生党员运用马克思主义的立场、观点、方法来观察、思考和分析现实问题。

另外，"00后"的高校学生党员适应了网络的信息获取与交互模式。在教育中借助于新媒体的多元互动优势，能够更为有效地实现"情"和"理"的融合。因此，运用新媒体开展学生党员理想信念教育，不是单纯地把网络作为一种单向宣传的手段。教育工作者还要具备适应时代发展的融媒体思想和新媒体技能，编制能够激发学生党员学习兴趣的全媒体的教育教学课程，从而使他们在网络化的学习过程中能够更好地发挥自身的主观能动性。

4.在教育对象上实现意见领袖和集体规范相一致

"00后"大学生党员在新时代表现出"他我互利"的开放的社交理念，对年轻的大学生起到了很好的表率作用。大学生党员不仅是理想信念教育的接收对象，更是具有自主学习能力的自我教育者。准确地发现和培育高校学生党员中的"意见领袖"，可以通过他们的朋辈力量引领学生党员群体乃至于更大的青年学生群体强化自我教育。另外，学生党员中"意见领袖"的作用发挥还需要与集体规范的约束相一致。集体规范是集体成员之间基于集体所属的价值观念、行动标准等而形成的，对集体成员的外在表现起到潜在约束作用的力量。教育者要首先着力于基层学生党支部的组织标准化规范化建设，充分发挥党支部集体规范的引领、约束作用；同时也应积极关注和发展具有代表性的理论类学生社团、学生党员网络社群等非正式的学生集体，充分发挥集体规范的压力和凝聚力，让学生党员在集体共同的日常学习、生活和工作中都能够以正向的集体规范来自觉地约束自己的言行，在一言一行上真正成为青年大学生中的先锋模范。

综上所述，教育工作者应着眼于引导学生党员把个人价值和社会价值、个人发展目标和远大理想相结合，立足于学生党员的全面健康发展，将校园与社会资源有机结合起来，通过社会实践、实习见习、创新创业等方式，帮助大学生党员在更高的社会平台上、在更广阔的成长空间中去追求自身的发展，让他们在取得个人发展成果的过程中，成长为一名理想信念坚定的共产党员。

九、以基层党建为引领的学院治理体系和治理能力提升研究

新中国成立后，校系两套组织机构的统一运行就是办学的常态。周恩来根据当时党组织覆盖面不足和党务工作人员专业化不强的情况指出："（高校）系支部、剧团支部、车间支部，只是起保证监督作用，不是指挥，下命令还得要行政首长才行。"邓小平总结建党 50 多年的历史指出，健全，首先指的是组织健全。因此，要实现统一思想、凝聚全国高校的集合力量，更多甚至主要依靠党组织的政治功能。邓小平针对改善和加强高校党的领导，明确提出了"大学的系是否也要由党总支领导"这一重大问题。

党的十三届四中全会后，党中央面对高校思想政治工作的新难点新任务，明确高校院（系）党组织是全系的政治核心。其主要任务是：保证和监督党和国家各项方针、政策及学校各项决定在本系的贯彻执行；参与本系行政管理工作重大问题的讨论决定；支持系主任在其职责范围内独立负责地开展工作；搞好党的建设；领导全系。中组部和教育部解读 2010 年修订的《中国共产党普通高等学校基层组织工作条例》时，进一步细化了院（系）党组织的政治核心作用：院（系）级单位党组织在高等学校党组织结构中处于承上启下的关键位置，是教育和团结广大师生员工的政治核心，是党在高等学

本文作者为怀柔区教育工委委员、教委副主任，中央财经大学金融学院原学生工作办公室主任刘勇副研究员。

校教学、科研、管理第一线的战斗堡垒，为院（系）级单位贯彻执行党的和国家的路线方针政策及学校的各项决定发挥保障监督作用。

党的十八大以来，中央对高校党建工作的考核对象也不断"下沉"，杜绝架空党组织的现象，尤为突出对高校院系党组织的考核。习近平总书记在全国高校思想政治工作会议上强调，"院（系）党组织要在院（系）重大办学问题上把好政治关，保证党的路线方针政策及上级党组织决定的贯彻执行，把坚持正确办学方向的要求贯彻到院（系）工作中"。

2021年版《中国共产党普通高等学校基层组织工作条例》第三章第十一条专门规定高校院（系）党组织的职责，相比2010年版本，其中有几方面重要修改：一是第二章第七条中补充说明了院（系）党组织每届任期一般为5年。二是在第三章第十一条明确了高校院（系）党组织的政治功能的内容，"高校院（系）级单位党组织应当强化政治功能，履行政治责任，保证教学科研管理等各项任务完成，支持本单位行政领导班子和负责人开展工作，健全集体领导、党政分工合作、协调运行的工作机制"。三是在坚持"通过党政联席会议，讨论和决定本单位重要事项"的表述外，新增"召开党组织会议研究决定干部任用、党员队伍建设等党的建设工作。涉及办学方向、教师队伍建设、师生员工切身利益等事项的，应当经党组织研究讨论后，再提交党政联席会议决定"。同时删除"支持本单位行政领导班子和负责人在其职责范围内独立负责地开展工作"，进一步明确了高校院（系）党组织的政治把关作用。从中可以看出，《条例》进一步明确了党政联席会议作为院（系）组织的核心地位。高校院（系）党组织政治核心定位与政治保障功能密不可分，其发挥政治功能的关键在于协调统筹与党政联席会议的权责划分、工作流程。

为解决好院系党组织发挥领导作用的途径、方法、机制等问题，以加强院系党组织政治功能为切入点进一步加强和落实党对高校的全面领导，2016年开始，浙江省委教育工委在全国率先开展了试点高校二级学院（系）党组织领导下的院长（系主任）负责制，通过"决策机制、运行机制、执行机制"三个层面的制度细化、制度创新、制度设计，框定学校内部治理结构的责权范围和运行秩序，力图建立党委统一领导、党政分工合作、民主集中、运行协调的工作机制。浙江工商大学等多所高校成为试点单位。在试点扩大中，有高校提出，"明确党委会议是二级学院最高议事决策机构，研究和决定学院重大问题，由书记或委托副书记召集并主持，不是委员的院长、副院长、党办主任可列席会议"，显然，该类建议属于工作经验总结，还未上升为制度经验。

因此，要以基层党建为引领，提升高校院（系）党组织的教育治理能力，关键在于充分发挥党的政治优势、组织优势和制度优势，尤其是坚持依规治党与依法治院相统一。本文梳理了新时代高校党内法规制度建设的成效与经验，进一步明晰了以党规之治促进高等教育高质量发展的思路。

（一）制度质量明显提升：融会贯通新时代高校党建经验话语

高校党组织以全面从严治党的强大正能量凝聚起提升办学治校能力的磅礴力量，为完善高校党内法规制度的技术规范提供了经验基础。

一是政治逻辑更加清晰。首先，直面政治问题。教育部党组发布《关于高校党组织"对标争先"建设计划的实施意见》，强调要聚焦党建工作体系不健全、基层党组织政治功能弱化、党内政治生活不经常不认真不严肃、少数党支部软弱涣散、在知识分子中发展党员不力、大学生党员数量质量不协调等问题，通过补齐短板弱项精准做好高校党建工作"内部装修"。其次，明确高校党的建设的政治原则。2021年新修订的《中国共产党普通高等学校基层组织工作条例》在"主要职责""党的纪律检查工作"以及新更改的"党员队伍建设"等章节就高校党组织的政治功能等做了具体规定，首次充实细化了高校党组织工作应当遵循的政治原则。比如强化党员的政治标准，《关于加强新形势下发展党员和党员管理工作的意见》提出，要把政治标准作为发展学生党员的首要标准，把综合素质作为发展学生党员的重要考察内容。《关于进一步加强高校学生党员发展和教育管理服务工作的若干意见》中明确了党员队伍的内涵，要"努力建设一支信念坚定、素质优良、规模适度、结构合理、纪律严明、作用突出的高校学生党员队伍"。

二是覆盖范围更加周全。明确了党管高校的根本制度，《关于坚持和完善普通高等学校党委领导下的校长负责制的实施意见》规定，党委领导下的校长负责制是中国共产党对国家举办的普通高等学校领导的根本制度，是高等学校坚持社会主义办学方向的重要保证，必须毫不动摇、长期坚持并不断完善。强化党对各类型高校的领导，《关于加强民办学校党的建设工作的意见（试行）》充实了民办高校党组织政治核心作用的内容，提出选好管好民办学校党组织书记。《中共中央办公厅关于进一步明确部属高校党建工作责任的通知》明确党组织关系在地方的部属高校，党建工作责任以地方党委为主，主管部委党组（党委）结合领导班子建设履行党建工作责任，强化地方党委对部属高校领导班子的日常管理监督。

三是结构体例更加科学。可为、当为、禁为的内容更加清楚。新修订的《中国共产党普通高等学校基层组织工作条例》逻辑严密、环环相扣，突出了中国特色社会主义大学的属性：第一章总则第一条中添加了把高校建设成为坚持党的领导的重要阵地的内容，"深入贯彻习近平新时代中国特色社会主义思想，贯彻落实新时代党的建设总要求和新时代党的组织路线，坚持和加强党对普通高等学校的全面领导"；强化理论武装，以习近平新时代中国特色社会主义思想为指导，增强"四个意识"、坚定"四个自信"、做到"两个维护"；"坚持教育为社会主义现代化建设服务"细化为教育"为人民服务、为中国共产党治国理政服务、为巩固和发展中国特色社会主义制度服务、为改革开放和社会主义现代化建设服务，坚守为党育人、为国育才"。

（二）制度执行更有保障：努力实现高校党建工作标准化

从党内法规标准化建设的实践来看，党的建设的阶段性特点决定了党内法规实施的力度和节奏的差异性。在中国特色社会主义教育发展道路上，高校党内法规制度建设总是稳中有变，因变而进，顺应、适应、回应时代发展之需。

进一步明确高校党组织抓党建主体责任。学校党委对本校学生党建工作负主体责任，学校党委书记是第一责任人，学校党委分管学生工作的副书记是直接责任人，其他党委班子成员按照"一岗双责"要求，对分管部门和联系院（系）学生党建工作负主要领导责任。高校普遍成立党的建设工作领导小组，作为党委抓全面从严治党的议事协调机构，深入贯彻落实新时代党的建设总要求和新时代党的组织路线，推动党建工作落到实处、融入经常。院（系）党组织对院（系）党建工作负主体责任，院（系）党组织书记负主要领导责任，副书记负直接领导责任。教育部出台《普通高等学校学生党建工作标准》要建立健全学生党建工作组织领导机制，具体说来要形成党委统一领导，组织部门牵头抓总，学生工作（研究生工作）、宣传、共青团、党校、教务、人事等部门协同配合，院（系）党组织负责实施、学生党支部具体落实的学生党建工作格局。

进一步增强地方党委的高校党建工作职能。新修订的《中国共产党普通高等学校基层组织工作条例》新增了明确地方党委将高校党的建设纳入整体部署的内容，新增第三十三条："各级党委及其有关部门、有关国家机关党组（党委）应当把高校基层党组织建设作为党建工作的重要内容，摆在突出位置，纳入整体部署，坚持属地管理原则，坚持管班子管业务与管党建管思想政治工作相结合，形成党委统一领导，教育工作领导小组牵头协调，纪检机关和组织、宣传、统战、教育工作等部门密切协作、齐抓共管的工作格局。"明确高校党建工作由地方党委负责考核，第三十四条进一步明确了地方党委的相关职责："各级党委及其有关部门、有关国家机关党组（党委）应当合理设置负责高校党建工作的部门和机构，各级党委教育工作部门应当由内设机构具体承担高校党建工作职能，配齐配强工作人员。"《中共中央办公厅关于进一步明确部属高校党建工作责任的通知》强调，"党组织关系在地方的部属高校，党建工作责任以地方党委为主，主管部委党组（党委）结合领导班子建设履行党建工作责任"，"地方党委要将部属高校党建工作纳入本地区党的建设，强化工作职责，定期专题研究，协调解决党建工作中的突出问题"。

进一步突出政治监督的作用。围绕加强和改善党对高校的全面领导，坚持全面从严治党过程和效果相统一。新修订的《中国共产党普通高等学校基层组织工作条例》第四章党的纪律检查工作中从维护党德党誉的角度出发，提高高校党组织和师生党员的党章党规党纪意识，筑牢校园安全屏障。第十四条强调："上级纪委在监督检查、纪律审查等方面强化对高校纪委的领导。实行向高校派驻纪检监察机构的，派驻纪检监察机构根据授权履行纪检、监察职责，代表上级纪委监委对高校党委进行监督。"第十五条强调高校党委视具体情况在院（系）级单位党委设立纪委或者纪律检查委员。党的总支部委员会和支部委员会设纪律检查委员。第十六条明确高校纪委是高校党内监督专责机关，履行监督执纪问责职责，主要任务是要维护党章和其他党内法规，检查党的路线方针政策和决议的执行情况，协助高校党委推进全面从严治党、加强党风建设和组织协调反腐败工作等，明确纪委的工作责任，突出了政治监督重任。第三十六条明确规定"高校党的建设和思想政治工作情况应当纳入巡视巡察"。

表9-1　学院党委会会议和学院党政联席会议内容对比

学院党委会会议		学院党政联席会议	
事项	明细	事项	明细
重要事项由党委会会议研究形成决议或决定，再提交党政联席会议讨论决定	1. 落实学校党委关于加强学院党的领导和党的建设的决策部署 2. 师生思想政治工作、教学学风和师德师风建设 3. 意识形态、统一战线和安全稳定工作 4. 学院发展规划、学科专业建设等规章制度的制定修订 5. 人才队伍建设、管理咨询类组织负责人选拔 6. 境内外学术交流合作 7. 教师引进、培养、参加各类活动以及教职员工的人事变动 8. 学院表彰奖励，上级重要表彰、奖励人选推荐等	重要事项由党委会会议研究形成决议或决定，再提交党政联席会议讨论决定	1. 落实学校党委关于加强学院党的领导和党的建设的决策部署 2. 师生思想政治工作、教学学风和师德师风建设 3. 意识形态、统一战线和安全稳定工作 4. 学院发展规划、学科专业建设等规章制度的制定修订 5. 人才队伍建设、管理咨询类组织负责人选拔 6. 境内外学术交流合作 7. 教师引进、培养、参加各类活动以及教职员工的人事变动 8. 学院表彰奖励，上级重要表彰、奖励人选推荐等
党的建设	1. 学习党的路线方针政策 2. 党建工作计划和规章制度的制定修订 3. 基层党组织和党员队伍建设 4. 党内表彰奖励，上级党组织表彰推荐等	学院改革发展稳定	1. 落实党的教育工作方针政策 2. 学院发展规划和规章制度的制定修订 3. 年度财务预算的审定和执行 4. 办学资源配置和资产使用 5. 行政审批以及后勤管理 6. 维护安全稳定、防范和处置突发事件等

续表

学院党委会会议		学院党政联席会议	
事项	明细	事项	明细
组织管理工作	1. 加强对工会、共青团、学生会、学生社团等群众组织的管理 2. 加强对各类学术组织和教职工代表大会的领导 3. 老干部和离退休工作的工作事项	组织管理工作	1. 学术委员会和教学委员会的负责人选拔 2. 其他管理、咨询类组织人员和负责人的选拔
干部队伍建设	1. 相关机构组织的人员选拔推荐 2. 基层党组织的人员配备管理等	教师队伍建设	1. 教师引进、培养、进修，参加各类组织活动 2. 教职员工的聘用、调动、考核评定 3. 人才工作规划制定 4. 教职员工违规、违纪惩处等
师生思想政治工作	1. 积极开展思政课程、课程思政建设 2. 形成良好的工作机制	学生培养	1. 学科和专业设置，培养方案的制定修订 2. 课程建设和教材编写选用学生学籍管理，研究生导师遴选等
教学学风和师德师风建设	1. 充分认识学风、师德师风建设的重要性 2. 加强领导，形成良好的建设机制	开展国内外学术交流合作	1. 积极开展境内外教学、科研合作交流 2. 积极进行学术交流合作
加强对人才的管理	1. 加强对人才的政治引领和政治吸纳 2. 加强对人才的教育管理 3. 加强对人才的联系服务	科研工作的重要事项	1. 科研平台、科研团队建设 2. 科研项目、科研经费管理 3. 科研成果转化、科研奖励
加强意识形态、统一战线、安全稳定等工作	1. 积极开展党建工作 2. 做好主题宣传工作	学院表彰、奖励，上级重要表彰、奖励人选推荐	1. 科学、民主、依法决策，征求基层党组织以及进行教职工考核评价 2. 通过基层党组织、教职工代表大会等方式广泛征求意见

十、中国式现代化进程中金融伦理的价值向度与道德遵循

金融是现代经济的核心，金融伦理是金融活动中各主体应当遵循的道德准则和行为规范。先进的金融伦理思想对于规范金融活动，防范金融风险，维护社会经济繁荣稳定，促进中国式现代化进程具有重要意义。本文以中国金融行业应当遵循的道德规范为内容，梳理和阐释了中国式现代化进程中金融伦理的主要价值向度。

（一）中国式现代化的内涵

党的十九届六中全会通过的《中共中央关于党的百年奋斗重大成就和历史经验的决议》明确指出："党领导人民成功走出中国式现代化道路，创造了人类文明新形态，拓展了发展中国家走向现代化的途径，给世界上那些既希望加快发展又希望保持自身独立性的国家和民族提供了全新选择。"党的二十大报告进一步明确以中国式现代化全面推进中华民族伟大复兴，深刻阐释了中国式现代化的中国特色、本质要求和需要牢牢把握的重大原则。

从源流来看，中国式现代化是从中国社会土壤中生长起来的，是从中国

———————————

本文作者为中央财经大学金融学院办公室主任罗卓笔副研究员，原载于《文存阅刊》2024年第4期。

共产党领导的革命、建设和改革的伟大历程中走来的，是中国共产党领导全体人民奋斗出来的。中国式现代化与社会主义建设、改革开放伟大进程紧密相连、一脉相承，并以实现民族复兴为根本目标。中国式现代化是中国共产党领导的社会主义现代化，既有各国现代化的共同特征，更有基于自己国情的中国特色。党的二十大报告强调：中国式现代化是人口规模巨大、全体人民共同富裕、物质文明和精神文明相协调、人与自然和谐共生、走和平发展道路的现代化。中国式现代化是赓续古老文明，从中华大地长出来的现代化，而不是消灭古老文明，照搬照抄其他国家的现代化，也不是文明断裂的产物，而是文明更新的结果。中国式现代化的本质要求是：坚持中国共产党领导，坚持中国特色社会主义，实现高质量发展，发展全过程人民民主，丰富人民精神世界，实现全体人民共同富裕，促进人与自然和谐共生，推动构建人类命运共同体，创造人类文明新形态。

就道德遵循而言，中国式现代化是与社会主义建设、改革开放伟大进程和中华民族伟大复兴紧紧连在一起的。中国式现代化进程中伴随着中国特色社会主义道德体系的价值支撑，焕发着马克思主义伦理思想的光芒。中国式现代化进程应当遵循社会主义道德的价值向度，充分彰显马克思主义伦理思想。

（二）金融行业的伦理遵循

1.金融行业的外部性

金融是现代经济的核心，是国家重要的核心竞争力。金融行业作为社会经济的中枢，对实现资金融通、调节市场经济、维护社会稳定和国家安全具有至关重要的作用。金融行业担负着为社会组织运作和发展提供资金来源，通过证券市场促进资源的有效配置和经济的稳健发展，为企业或个人提供保险、信用担保、风险管理等职能。金融行业的功能作用决定了其具有广泛的社会联结性和强大的外部性。

2.金融行业道德遵循的意义

金融伦理是金融活动中相关主体应遵循的道德规范和职业操守。它调节的是市场经济体系中利益冲突最激烈的金融活动和金融交易关系。金融行业的价值导向对于社会经济发挥着道德引领示范作用；金融行业的道德遵循对于促进社会主义精神文明建设，助力社会主义各项事业高质量发展具有纲举目张的作用；金融行业的道德水平很大程度上影响到社会主义市场经济的繁荣与稳定。

（三）中国式现代化进程中的金融伦理价值向度

马克思主义伦理思想是以马克思、恩格斯的道德观为源泉，在批判继承和发掘人类道德理论宝库精华基础上形成的新型道德思想体系，是指导和反映社会主义道德建设与实践经验的超越封建主义、资本主义道德的新的道德思想。马克思主义伦理思想主要以符合社会发展规律和无产阶级利益要求为道德标准；我国金融行业生长于社会主义条件下，发展于社会主义市场经济环境中，以马克思主义伦理思想为基本的伦理依据是对金融行业的内在要求。

1.马克思恩格斯的道德观

从历史角度讲，马克思与恩格斯经典著作中并没有明确提出道德的概念。但马克思、恩格斯的道德观却贯穿于他们的著作和思想体系中，体现在对"自由、人类共同体和自我实现"等道德价值的追求和对资本罪恶的揭露、对阶级的批判、对异化的阐释等经典观点的论述中。

资本主义原始积累邪恶罪行的揭露。马克思指出："资产阶级在它的不到一百年的阶级统治中所创造的生产力，比过去一切世代创造的全部生产力还要多，还要大。"然而，生产力的极大进步并不能掩盖其原始积累的罪行，尤其是对土著的屠杀、黑奴的压榨、工人的剥削和自然资源的掠夺。马克思对资产阶级的发家史总结为"资本来到世间，从头到脚，每个毛孔都滴着血和肮脏的东西"。资本主义原始积累反映了资本主义剥削、掠夺和侵略等不道德本质。

对资本主义本质及生产方式的批判。马克思认为资本主义的本质是剥削和侵占。资本主义生产资料私有制与社会化大生产之间的矛盾是无法调和的，资产阶级和工人阶级的根本利益是相互冲突的，工人阶级只能沦为资本家创造剩余价值的生产工具。资本的扩大再生产使更多的人沦为工具，异化现象愈发凸显；资本主义两极分化的加剧，反复的经济与金融危机，带给普罗大众深重的灾难。

对于人的异化问题的深刻诠释。马克思认为，异化是同阶级一起产生，是人的物质生产与精神生产及其产品变成异己力量，反过来统治人的一种社会现象。在资本主义社会，人的主体性和主动性丧失并受到异己力量（资本）的奴役，人的个性不能得到全面发展，而只能愈发片面甚至畸形发展。

关于"人的自由而全面地发展"的思想论断。马克思把人类发展的终极目标概括为"人的自由而全面地发展"，体现为充分的自我发展与自我实现，个人与社会、他人和自身关系的全面协调，以及人本精神。强调片面和畸形发展都不能很好地展现人的全部本质，只有"人的自由而全面地发展"展望了人类可期望的共同而美好的前景。

关于人和自然和谐相处的思想。马克思认为"整个自然界——首先就它是人的直接生活资料而言，其次就它是人的生命活动的材料、对象和工具而言——是人的无机身体。人靠自然界来生活，人的物质生活和精神生活同自然界不可分离，即是说，自然界同人本身不可分离，因为人是自然界的一部分"。资本主义对生产资料无节制的攫取和掠夺，激化了自然环境与社会生产的矛盾，违背了马克思对于自由、平等、人类共同体的道德主张。

2.社会主义道德体系

社会主义道德体系是以为人民服务为核心，以集体主义为原则，以爱祖国、爱人民、爱劳动、爱科学、爱社会主义为基本要求，以社会公德、职业道德、家庭美德、个人品德为着力点的系列道德观的有机组成。它涵盖了社会主义道德的基本方面，继承了中华民族的传统美德和优良革命道德，是对马克思恩格斯道德观、社会主义道德观和共产主义道德理想的高度概括。中国式现代化进程中的金融活动应当坚持为人民服务的道德核心、集体主义的原则和社会主义义利观，坚持社会主义市场经济道德原则。

坚持为人民服务的道德核心。为人民服务是毛泽东最早提出的共产主义道德的基本特征和规范之一，意指为人民的利益而工作的思想和行为。"为人民服务也是一切向人民负责，一切从人民利益出发的思想观点和行为准则。"为人民服务这一思想理论的重要意义在于：它揭示了人民群众是创造历史的动力这一真理，集中体现了马克思历史唯物主义的群众观；它肯定了个人利益的合理性，把维护人民群众正当利益作为社会主义道德的基本内容；它提倡把国家和人民的利益放在首位，坚决反对个人主义、损公肥私和一切向钱看的歪风；它鼓励人们把个人利益和国家、集体利益统一起来，为全体人民的利益而奋斗。为人民服务自提出之日起，以其高度的概括性和实践性成为党和国家道德建设的核心要求。在习近平新时代中国特色社会主义思想的引领下，以人民为中心，脱贫攻坚全面奔小康，建设富强民主文明和谐美丽的现代化强国等系列重大战略举措使为人民服务这一道德核心得到更深刻的发展和体现。为人民服务的道德观是社会主义道德与资本主义道德主要的分水岭，反映了人民的主体性。在社会主义市场经济条件下，金融行业作为货币资本的集散地，不是为资本或资本家服务的，而是为人民服务，为社会主义建设服务的。

坚持集体主义的基本道德原则。集体主义是社会主义社会道德的基本原则。要实现为人民服务的道德要求，就需要坚持集体主义的道德原则。集体主义的核心问题是要处理好国家利益、集体利益与个人利益的关系。邓小平指出："在社会主义社会，国家、集体和个人的利益在根本上是一致的，如果有矛盾，个人的利益要服从国家和集体的利益。"当发生不可调和的矛盾时，集体利益先于个人利益，国家和民族的利益先于集体的利益。集体主义主要包括三个层面的内涵，即集体利益优先于个体利益，集体利益和个体利益的辩证统一以及集体主义重视和保障个体的正当利益。集体主义既肯定和保障个人的正当利益，又倡导和鼓励个人利益与社会、国家和人民利益相结合，倡导以集体利益的巩固和发展来更好地满足个人利益。金融行业坚持集体主义的道德原则，就是要正确处理好个体利益和集体利益的辩证关系，在谋求国家和人民利益的过程中努力实现个体自身的利益，在追求个体利益的过程中不断增进国家和人民的利益。

坚持社会主义市场经济道德内涵。社会主义市场经济是与社会主义基本制度相结合的市场经济，是强调市场在资源配置中起决定性作用，同时更好地发挥政府作用的经济体制。在社会主义市场经济条件下，市场主体除了坚持市场经济倡导的平等、公平、诚信和自愿等道德原则外，还要求体现社会主义的道德准则，反映社会主义本质的要求。社会主义市场经济鼓励市场主体追求正当的自身利益，倡导市场主体把国家和人民利益放在首位，主张市场主体坚持为人民服务的道德核心和集体主义的道德原则，引导市场主体树立共同富裕、人类命运共同体和共产主义道德理想等道德观。市场经济的出现极大地解放了社会生产力和创造力，属于人类文明的极大进步。但从全球视域来看，市场经济普遍性的道德原则尚不足以指导各国的实践。在资本主义国家，市场经济历来难逃周期性金融危机的厄运。资本主义国家金融资本的肆虐引发的次贷危机、金融危机、贸易摩擦、地区冲突乃至世界战争等带给人类深重的灾难。相反，在社会主义市场经济条件下的中国，不仅从未爆发过经济、金融危机，反而在国际社会陷入危机时施以援手，为世界重归安定繁荣作出了重要贡献。这在很大程度上源于社会主义市场经济对马克思主义伦理思想不断深入的认识和实践，源于社会主义制度的优越性。

3.社会主义义利观

社会主义义利观是倡导义利统一、义利并重的内在于社会主义市场经济发展要求，并以其特有的功效推动社会主义各项事业健康发展的科学价值观和道德观。它是在继承中国传统的先义后利、见利思义、义利并重等合理道德主张和批判资本主义社会中利己主义、个人主义、极端功利主义基础上，形成的可以真实反映社会主义经济政治制度要求，正确协调社会主义社会各种利益关系的基本观点。社会主义义利观中的"义"，就是正确处理社会主义社会中各种利益关系的道德准则。国家和人民的利益是社会主义义利观中"义"的基本内涵，是最大的义。社会主义义利观除强调义利的统一，还主张以义导利、以义取利、见利思义等。金融行业作为社会经济活动的中枢，涉及复杂的利害关系，唯有更全面地认识社会主义道德，更好地践行社会主义义利观，把国家和人民群众的利益摆在前面，不断实现自我发展的"利"跟国家和人民群众的"利"的统一，才能促进自身和行业健康发展，才能发挥出践行社会主义道德的引领示范作用。

4.习近平经济思想

不同社会发展时期决定着金融行业应当承担伦理责任的具体范围、方式与特征。计划经济时期体现为落实好党和国家的政治命令；改革开放前期更多地关注主体的经济责任；在全面建设小康社会时期，承担社会责任成为金融行业的基本义务；在全面建设社会主义现代化国家新征程中，习近平经济思想为金融行业的发展提出了新的要求。习近平经济思想倡导创新、协调、绿色、开放、共享的新发展理念，强调坚持人民至上、坚持自信自立、坚持守正创新、坚持问题导向、坚持系统观念、坚持胸怀天下。

金融行业的价值向度影响到中国式现代化的进程。我国金融行业扎根于社会主义市场经济环境中，坚持马克思主义伦理思想是金融行业基本的道德遵循。金融行业立足于为人民服务的社会主义道德核心，以广大人民群众的利益为行为出发点，坚持集体主义的道德原则，体现社会主义市场经济的道德要求，践行社会主义的义利观，坚持贯彻习近平经济思想，以系统的社会主义道德体系来指导金融行业实践是保障我国金融行业稳健发展的关键。

（四）总结

中国式现代化，民生为大。中国特色社会主义的本质与金融行业的特殊性质决定了我国金融行业不能照搬资本主义伦理价值向度，而应当坚定以马克思主义伦理思想为依据，坚持以为人民服务为核心，坚持以集体主义为原则，坚持社会主义道德建设方向。在中国式现代化建设新征程中，只有坚持马克思主义伦理思想才能走好中国特色金融发展之路。

第二篇

建设强大的中央银行
与强大的货币

十一、现代中央银行货币政策目标体系研究

党的二十大报告提出"建设现代中央银行制度"。时任中国人民银行行长易纲在《党的二十大报告辅导读本》中发表署名文章《建设现代中央银行制度》指出，健全现代货币政策框架体系是建设现代中央银行制度的重要方面。而现代货币政策框架包括优化的货币政策目标体系、创新的货币政策工具体系和畅通的货币政策传导机制。因此，货币政策目标决定了货币政策工具的选择和货币政策传导机制的关键环节，是健全现代货币政策框架需要重点研究的问题。本文以货币政策目标体系为主要研究对象，为健全现代货币政策框架、建设现代中央银行制度提供政策建议。

（一）高质量发展背景下货币政策目标选择

随着中国经济步入高质量发展阶段，货币政策作为宏观经济调控的重要工具，其目标选择显得尤为关键。本文旨在探讨在新的发展阶段下，如何调整货币政策目标以适应经济高质量发展的要求，并提出相应的政策建议。

自改革开放以来，中国货币政策一直以币值稳定为主要目标，这一目标的设定与中国特定的经济发展阶段紧密相关。从《中华人民共和国中国人民银行法》的相关规定来看，中国奉行双重货币政策目标，即"保持货币币值

本文作者为中央财经大学金融学院郭豫媚副教授。

稳定，并以此促进经济增长"。1995年3月颁布实施的《中华人民共和国中国人民银行法》、2003年12月重新修订的版本以及2020年的修订草案中均使用了该表述。从实际操作来看，中国货币政策实行多重货币政策目标：一是维护低通胀；二是推动经济合理增长；三是保持较为充分的就业；四是维护国际收支平衡；五是金融稳定；六是促进改革和转型。实际操作中的多重目标与理论上的双重目标并不冲突。多重目标并非随意设置，而是根据经济发展阶段的特征，将影响经济增长和币值稳定的重要环节和突出问题加入货币政策目标之列，从而更好地实现双重目标。

在多重货币政策目标中，中国始终以币值稳定作为主要目标，这样设置的原因与中国经济的发展阶段特征密切相关。第一，由于中国经济具有转轨特征，改革过程中复杂的经济环境容易造成经济易热不易冷，潜在通胀压力较大。一方面，改革之初中国人均收入较低、提升空间较大，处于起飞和赶超的较快发展阶段，各方面的发展积极性很高，经济主体容易出现过度乐观预期。另一方面，在向市场经济转轨的过程中，"软预算约束"的现象依然存在，再加上城镇化过程中地方政府建设发展任务较重，这就使得各地各方面都倾向于更为宽松的融资条件和力度更大的金融支持。第二，在经济快速增长以及国际产业分工链条重组的推动下，中国在较长时间里面临着国际收支双顺差格局，外汇大量流入导致流动性被动投放较多，也对物价形成了压力。

中国经济发展和转型的现实情况决定了货币政策除了币值稳定目标外，还需要兼顾经济增长、金融稳定和改革等目标。统筹兼顾是中国共产党的科学方法论。在党的领导下，中国货币政策目标的选择运用了统筹兼顾科学方法论，以全面的、发展的、系统的观点看待问题、分析问题和解决问题。作为全球最大的新兴发展中转轨经济体，中国的货币政策既要为价格并轨和货币化提供必要空间，还要根据不同阶段经济增长的实际情况，兼顾转型发展和金融稳定的需要，曾很长时期要考虑双顺差的干扰，于是形成了中国货币政策以币值稳定为主、同时始终坚持多目标的特点。

对经济增长目标的兼顾可以追溯到1984年中国人民银行专使中央银行职能至1995年3月《中华人民共和国中国人民银行法》颁布前的货币政策实践。在该时期，随着改革开放的推进和计划性的递减，货币政策在支撑经济增长的同时，伴随着较为严重的货币贬值和通货膨胀，经济增长和币值稳定两个目标难以协调和同时实现。因此，有必要将币值稳定和经济增长同时设为货币政策目标。"保持货币币值稳定，并以此促进经济增长"体现了两个要求。第一，不能把稳定币值与经济增长放在同等的位置上。从主次看，稳定币值始终是主要的。从顺序来看，稳定货币为先。中央银行应该以保持币值稳定来促进经济增长。第二，即使短期内兼顾经济增长的要求，仍必须坚持稳定货币的基本立足点。就国际收支平衡而言，中国在改革开放以后的很长一段时期内面临国际收支大额双顺差格局，流动性被动投放过多，对货币供应量和通胀有重要影响，这使中央银行必须关注国际收支平衡问题。就金融稳定而言，中国采取的渐进经济和金融改革方式使得经济保持了稳定发展，但同时产生了一定的金融风险，这就要求货币政策兼顾起化解金融风险的职责。在中国渐进式改革的过程中，国有银行和国有企业的产权制度和治理结构长期处于一种不完善的过渡状态，分税制改革后地方财政事权与财权不对等，金融监管体制与混业经营发展趋势不适应。这些问题造成中国面临不良资产累积、高风险影子银行、房地产金融化和地方政府隐性债务等金融风险。金融稳定是宏观经济稳定的重要因素，金融风险的累积不仅会威胁经济的长期稳定增长，还会对深化经济改革造成障碍，甚至影响货币政策的有效性。因此，货币政策必须承担起化解金融风险的职责。

　　除了对经济和金融目标的关注，中国货币政策还需要兼顾转型与改革的需要。一方面，在转轨过程中，中国最主要的任务之一就是消除价格扭曲，转向市场化的价格体制，与国际价格体系接轨，同时优化资源配置。例如，1999年之前工人、教师、政府公务员的住房都是由政府计划分配，工资不覆盖这部分支出。1999年之后住房逐步转向市场化，这意味着工资和价格同时上涨。如果中央银行过度强调低通胀目标，可能会阻碍政府进行价格改革。因此，货币政策需要对这些有助于优化资源配置的改革引起的物价改革留出一定空间。另一方面，金融机构是否稳健、金融生态好坏都是货币政策能否有效传导的关键，这就要求不断深化金融改革，解决妨碍金融稳定的体制性问题，更好地疏通货币政策传导机制。这也意味着货币政策在必要时需要为改革和稳定提供一定支持，中长期而言也有利于实现币值稳定的目标。

　　高质量发展阶段的中国经济，更加注重经济结构的优化、创新能力的提升以及社会福利的改善。这要求货币政策目标不仅要关注短期的经济增长和物价稳定，更要着眼于经济的长期健康发展。货币政策应当支持产业结构的调整，促进科技创新，提高劳动生产率，以及改善民生。此外，当前中国经济也正面临一系列挑战，包括经济结构的调整、国际收支的平衡以及流动性的管理等。这些挑战要求货币政策在保持币值稳定的同时，也要考虑到经济的转型和升级。例如，如何处理好国际收支双顺差带来的流动性过剩问题，如何在经济转型期保持货币政策的灵活性和前瞻性，都是当前货币政策需要解决的问题。

（二）多重货币政策目标体系的层级设置

　　长期以来，中国货币政策具有多重目标，包括维护低通胀、推动经济合理增长、保持较为充分的就业、维护国际收支平衡和维护金融稳定，甚至还纳入了促改革、防风险、调结构等发展改革目标。作为全球最大的新兴经济体，中国的货币政策既要为价格并轨和货币化提供必要空间，还要根据不同阶段经济增长的实际情况，兼顾转型发展和金融稳定的需要，曾很长时期要考虑双顺差的干扰，因此设定多重目标有一定合理性。但是，多重目标下目标之间的冲突也带来了政策执行复杂性、预期引导效果差、市场波动加剧等问题。从国际经验来看，部分国家央行在通胀目标方面采取了灵活的做法，在将通胀视为首要目标的前提下，允许通胀率在某些时期超过或低于目标水平一段时间。这种灵活性有助于更好应对经济波动和外部冲击，实现其他经济目标。

就美联储而言，美联储的货币政策目标主要集中于实现两个关键的宏观经济指标：充分就业和物价稳定。充分就业方面，美联储致力于实现最大可能的就业水平，同时保持通胀在可控范围内。高就业率有助于减少社会不稳定和贫困，提高生活质量，增加劳动力的生产力，促进经济增长。就业机会的增加有助于提高家庭收入，从而促进消费，对经济增长至关重要。物价稳定方面，美联储的货币政策也旨在控制通货膨胀，美联储长期将2%作为通胀的长期目标。价格稳定有助于消费者、企业和政府更容易做出长期决策，因为它们可以更好地预测未来的价格水平。稳定的价格有助于保持货币购买力，通货膨胀会侵蚀货币的购买力，这对储蓄者和固定收入者不利。适度的通货膨胀可以鼓励人们消费和投资，促进经济增长。

美联储的货币政策目标经历了不同的阶段，从早期的金融稳定、充分就业，到后期的物价稳定和金融稳定兼顾。在20世纪80年代至2007年，美联储的货币政策目标主要是物价稳定。然而，2007年以后，美联储在物价稳定的基础上，也强调促进就业和金融稳定。此外，美联储在2020年8月调整了其货币政策框架，采用灵活的平均通胀目标制，即在特定时间内将通胀均值维持在2%水平，以弥补过去通胀长期低于2%的情况。美联储的通胀目标实际对应指标为PCE（个人消费支出）通胀率，但在使用泰勒规则等工具计算理论利率时往往使用核心PCE通胀率。美联储在制定货币政策时会参考多种通胀相关的数据，如CPI、核心CPI、PPI、PCEPI等，以及就业成本指数（ECI）、通货膨胀预期和工资与就业数据等，以评估通货膨胀水平和趋势。总的来看，美联储的货币政策需要谨慎平衡通货膨胀和就业之间的关系，并根据当前经济情况调整货币政策，以实现这两个目标。这两个目标之间可能存在权衡关系，因此美联储需要灵活调整其政策目标，以适应经济环境的变化并应对新的挑战。

欧洲央行作为欧元区的中央银行，其货币政策的最终目标是维持物价稳定，这是根据《马斯特里赫特条约》（Maastricht Treaty）所规定的。欧洲央行将物价稳定定义为中期通胀率的"低于但接近2%"。这一定义为欧洲央行提供了一个明确的政策锚点，帮助其在制定货币政策时保持聚焦。2021年7月，欧洲央行调整了通胀目标，采用对称的2%目标，这意味着通胀率在短期内适度高于或低于2%都是可以接受的。这一调整反映了对经济周期性波动的理解和适应，允许政策制定者在经济复苏期间有更多的灵活性。为实现物价稳定目标，欧洲央行采用"双支柱"策略，即货币分析和经济分析，来评估经济状况和制定货币政策。货币分析关注货币供应量（M3）的增长，而经济分析则考虑实际经济活动和价格发展。面对金融危机和欧债危机，欧洲央行采取了包括量化宽松、长期再融资操作（LTRO）、直接货币交易（OMT）等非常规措施，以提供市场流动性和稳定金融市场。欧洲央行通过调整主要再融资操作利率、边际贷款利率和存款便利利率来影响短期市场利率，进而影响整个经济的借贷成本。低利率环境可以刺激投资和消费，但长期低利率也可能导致储蓄率下降和债务水平上升。欧洲央行也引入了前瞻性指引，这是提高政策透明度和可预测性的重要工具。通过明确传达未来政策方向，欧洲央行能够更好地管理市场预期，减少不确定性。然而，前瞻性指引的有效性取决于市场对央行信誉和政策执行能力的信任。近年来，欧洲央行也开始考虑气候因素，将气候变化纳入货币政策框架显示了欧洲央行对环境可持续性的重视。这一举措有助于引导金融资源向绿色和低碳项目倾斜，促进经济结构的绿色转型。然而，这也带来了新的挑战，如何准确评估气候变化对经济和金融稳定的影响，以及如何平衡环境保护和经济增长的关系。

欧洲央行的货币政策在维持物价稳定方面总体上是有效的，尤其是在引入通货膨胀目标后，欧元区的通胀率保持在较低且稳定的水平。这源于欧洲央行政策具有如下特点。第一，适应性。面对经济危机和市场动荡，欧洲央行展现出了政策适应性，通过非常规措施成功地稳定了市场，并支持了经济复苏。第二，透明度。通过前瞻性指引和定期的政策评估，欧洲央行提高了其政策的透明度，有助于减少市场不确定性。第三，创新性。将气候变化纳入货币政策框架是一个创新举措，显示了欧洲央行在应对全球性问题上的领导力和前瞻性。尽管欧洲央行在货币政策方面取得了一定的成功，但它也面临着挑战，如欧元区内部经济差异、低利率环境下的政策空间限制以及气候变化对经济的长期影响。

美联储和欧洲央行的货币政策目标为中国制定货币政策提供了宝贵的借鉴。第一，灵活的通胀目标制。中国长期以来将控制通胀作为货币政策的重要目标之一。借鉴欧洲央行的经验，中国可以考虑建立一个更为灵活的通胀目标制度，允许通胀在一定范围内波动，而不是死守一个固定的目标值。这种对称的通胀目标设置，不仅能够为政策制定者提供更大的操作空间，以应对经济周期中的不同阶段，还能够减少因过度调整货币政策而带来的副作用。例如，在经济增长放缓时，适度的通胀上行可以为经济提供一定的缓冲，而在经济过热时，适当的政策收紧可以预防通胀失控。第二，平衡多重政策目标。中国货币政策需要同时考虑物价稳定、经济增长、就业和国际收支平衡等多个目标。美联储的双重目标制提供了一个平衡不同宏观经济目标的范例。中国可以在此基础上进一步发展，通过建立一个综合评估框架，对不同目标的重要性进行动态调整，以适应经济发展阶段和国际环境的变化。例如，在经济下行压力较大时，可以适度增加对就业和经济增长的关注，而在经济稳定增长时，则可以更多地关注物价稳定和国际收支平衡。第三，加强政策沟通与透明度。前瞻性指引是美联储和欧洲央行提高政策透明度和可预测性的重要工具。中国人民银行可以通过定期的政策报告、新闻发布会和在线交流等方式，向公众清晰地传达政策目标、决策依据和预期影响。这种透明的沟通机制不仅有助于减少市场对政策的误解和过度反应，还能够增强公众对政策效果的信心。此外，中国人民银行还可以利用现代信息技术，如大数据分析和人工智能，来更准确地预测经济走势和政策效果，进一步提高政策的针对性和有效性。综上，中国的货币政策将更加灵活、平衡和透明，从而更好地适应经济发展的需要，促进经济的稳定增长。同时，这也要求中国人民银行加强内部能力建设，提高政策制定和执行的专业性和科学性。在这个过程中，中国人民银行还需要与金融市场、企业和公众保持良好的互动，确保货币政策能够得到有效的传导和实施。

（三）健全货币政策目标体系的数据基础

健全货币政策目标体系的数据基础研究是确保货币政策有效性的关键。在现代经济中，货币政策作为宏观经济调控的重要工具，其科学制定和精准执行对于经济的稳定增长至关重要。而数据在货币政策中发挥着重要作用。货币政策的制定和执行需要依赖于大量的经济数据。这些数据不仅包括宏观经济指标，如国内生产总值（GDP）、通货膨胀率、失业率等，还包括金融市场数据，如利率、汇率、资产价格等。这些数据为政策制定者提供了衡量经济状况、预测经济趋势和识别结构性问题的重要依据。货币政策目标的设定应基于对经济数据的深入分析。例如，如果数据显示经济面临过热风险，货币政策可能会倾向于紧缩，以控制通货膨胀；相反，如果经济数据显示增长放缓，货币政策可能会倾向于宽松，以刺激经济增长。此外，货币政策目标还需要考虑长期和短期的平衡，以及内部和外部的协调。为了确保货币政策的有效性，必须建立一个全面、准确、及时的经济数据收集和处理系统。这包括数据来源的多样化、数据采集的自动化、数据存储的集中化和数据分析的科学化。同时，还需要建立相应的数据质量控制机制，确保数据的可靠性和有效性。

经济模型是连接经济数据和货币政策的桥梁。通过建立科学合理的经济模型，可以将大量的经济数据转化为对经济状况的深入理解和预测。这些模型可以是宏观经济模型，也可以是特定领域的分析模型，如金融市场模型、劳动力市场模型等。货币政策需要具备前瞻性，以应对未来可能出现的经济变化。这要求政策制定者不仅要关注当前的经济数据，还要关注领先指标和预测数据。同时，货币政策还需要具备灵活性，能够根据经济数据的变化及时调整政策方向和力度。货币政策的有效性不仅取决于政策本身的科学性，还取决于政策传导机制的畅通性。这要求政策制定者不仅要关注政策的制定，还要关注政策的执行和效果。建立健全政策传导机制，可以确保货币政策能够快速、准确地传导到实体经济和金融市场。此外，在全球化的经济体系中，货币政策的制定和执行需要考虑国际因素。这要求政策制定者在制定货币政策时，要考虑到全球经济状况、国际资本流动、汇率变动等因素。同时，还需要加强与其他国家的货币政策协调和合作，以应对全球性的经济挑战。

健全货币政策目标体系的数据基础研究是确保政策有效性的核心。货币政策的调整需要基于对经济状况的准确评估，这依赖于全面、细致的经济数据收集与分析。第一，货币政策依赖于对经济状况的多维度评估。货币政策的目标体系不是孤立的，它需要对通货膨胀、产出缺口、就业情况、投资和消费等多个经济指标进行全面考量。例如，通货膨胀水平直接关联物价稳定，是衡量经济热度的关键指标；产出缺口能够反映经济的潜在生产能力与实际产出之间的差异；就业情况则直接关系到社会稳定和居民福祉；投资和消费是推动经济增长的主要动力。第二，货币政策调控的及时性要求数据的准确性与时效性。数据的准确性和时效性对于货币政策的调整至关重要。不准确的数据可能导致政策制定者做出错误的判断，而数据的时效性则影响政策的及时调整。例如，如果通货膨胀数据存在滞后，可能使得政策反应迟缓，错失调控的最佳时机。第三，货币政策效果评估依赖于对关键指标的监测。当前，我国货币政策的相关数据主要包括GDP、CPI、消费、投资、进出口等宏观经济变量。这些变量为政策制定者提供了衡量经济活动水平和结构的重要视角。然而，仅有这些数据还不够，货币政策还需要考虑金融市场的宏观变量。宏观金融变量，如M2货币供应量、社会融资规模、利率等，是货币政策传导机制的重要组成部分。这些变量反映了金融市场的流动性状况和信贷资源的分配效率，对于实现货币政策目标至关重要。其中，通货膨胀是货币政策最重要的监控目标之一。统计通胀水平和通胀预期，可以帮助政策制定者更准确地预测通胀的趋势和风险。通胀预期的管理尤为重要，因为市场主体的预期能够显著影响实际的通胀表现。第四，市场预期的量化。

市场预期的量化对于货币政策的制定和实施至关重要，具有多方面的价值和重要性。一方面，市场参与者的预期能够显著影响其经济行为。例如，如果企业和消费者预期未来利率将上升，他们可能会提前投资或消费，从而影响当前的总需求和经济活动水平。市场预期也是金融市场波动的主要驱动力之一。预期的变化可以迅速反映在股票价格、债券收益率和汇率等金融市场变量上，进而影响资本流动和金融稳定。另一方面，量化的市场预期为货币政策提供了前瞻性指导。通过监测市场预期的变化，政策制定者可以预判经济趋势和潜在风险，提前调整政策以应对未来的变化。准确的市场预期量化有助于提高货币政策的有效性。如果政策制定者能够理解市场预期与实际经济情况之间的差异，他们可以更有效地设计和调整政策，以引导市场预期与政策目标一致。然而，目前，我国货币政策数据体系中缺少反映市场预期的相关指标。市场预期是影响经济行为和金融市场波动的关键因素。量化市场预期，如通过调查指数、金融市场的价格信息等，可以为政策制定者提供更为全面的决策依据。

健全货币政策目标体系的数据基础可以从以下几方面入手。第一，加强数据收集与整合能力，提升数据的时效性和准确性。为了构建健全的货币政策数据基础，首先需要加强对经济运行中各类数据的收集工作，包括价格指数、就业数据、信贷情况、市场利率等。这些数据的整合能力是评估经济状况和制定政策的前提。货币政策的调整往往需要快速反应，因此数据的时效性至关重要。同时，数据的准确性直接影响政策的有效性，需要通过科学的方法和先进的技术手段确保数据的准确收集和处理。第二，构建全面的经济指标体系。除了传统的宏观经济指标，还应包括金融市场的微观指标，如国债收益率曲线、信贷市场利率、房地产市场价格指数等，为货币政策提供更为全面的决策依据。第三，强化数据的分析与预测能力。利用现代统计学和计量经济学方法，对收集的数据进行深入分析，建立经济模型，提高对经济趋势的预测能力，使政策制定更加具有前瞻性。建立风险评估和预警系统，通过数据分析，及时发现和识别可能对经济稳定构成威胁的风险点，构建宏观经济压力测试等工具，为预防和化解系统性金融风险提供支持。

货币政策目标体系的数据基础研究是一个持续深化的过程。随着经济的发展和变化，新的经济现象和问题不断出现，这要求政策制定者不断更新和完善经济数据的收集和分析方法。同时，还需要加强与学术界和市场机构的合作，共同推动货币政策研究的深入发展。总之，健全货币政策目标体系的数据基础对于确保货币政策的科学性、有效性和前瞻性至关重要。通过建立全面、准确、及时的经济数据收集和处理系统，发展科学合理的经济模型，加强政策传导机制的建设，以及深化国际协调与合作，可以显著提高货币政策的制定和执行水平，促进经济的稳定增长。同时，这还需要政策制定者具备高度的专业性和敏锐性，不断学习和适应新的经济环境和挑战。

十二、货币政策要更加注重做好跨周期和逆周期调节

2023年10月30—31日，中央金融工作会议在北京举行，会议提出，要始终保持货币政策的稳健性，更加注重做好跨周期和逆周期调节，充实货币政策工具箱。党的二十届三中全会《决定》提出，要健全宏观经济治理体系，并就完善国家战略规划体系和政策统筹协调机制、深化财税体制改革、深化金融体制改革、完善实施区域协调发展战略机制做出部署。次贷危机后，全球宏观经济普遍面临增长乏力、货币政策有效性下降。在以中国式现代化全面推进中华民族伟大复兴的背景下，我国货币政策做好跨周期和逆周期调节是健全宏观经济治理体系的重要组成部分，是稳定短期经济波动、促进经济增长、调节经济结构的重要举措。

（一）货币政策理论演进

古典经济学家认为竞争性均衡是帕累托有效的，货币政策是中性的，最优货币政策服从弗里德曼法则，即名义利率等于零，在这种情况下，通货膨胀率等于负的贴现率。此外，古典经济学家认为货币数量论成立，即在货币流通速度和萨伊定律成立的前提下，货币数量和价格水平之间始终存在正比

本文作者为中央财经大学金融学院王忏副教授。

关系。"大萧条"引发了凯恩斯革命，宏观经济学诞生。凯恩斯认为，由于短期存在名义黏性，货币政策非中性，在有效需求不足的情况下，央行可以实施扩张性货币政策降低利率，增加产出降低失业。凯恩斯理论自诞生至60年代，对央行货币政策制定影响巨大。

二战结束后，央行被赋予双重目标：实现充分就业与保持物价稳定。但是，当时政策制定者错误地相信菲利普斯曲线稳定，即通过容忍稍高的通货膨胀可以使失业率永久维持在较低水平。但是政策制定者没有考虑通货膨胀预期，当通货膨胀上升时，通货膨胀预期也会上升，这会导致菲利普斯曲线上移，通货膨胀会进一步上升。在布雷顿森林体系下，美元和黄金挂钩，央行实施扩张性货币政策降低通货膨胀会受到限制。但由于存在特里芬难题，70年代初布雷顿森林体系解体，央行实施扩张性货币政策开始不受限制。此外，70年代石油危机带来的油价上涨造成了滞胀，为促进经济增长降低失业率，扩张性货币政策会进一步造成通货膨胀上升。这些因素导致1965年至1982年发生了"大通胀"。

为了控制通货膨胀，央行开始实施紧缩性货币政策。在"大通胀"期间，宏观经济理论发生了理性预期革命。理性预期理论认为社会公众理性预期会对经济政策的政策效果产生影响。当社会公众具有理性预期时，货币政策对经济中的实际变量没有影响，货币中性成立。但是，央行货币政策中没有被社会公众预期的部分会对经济实际变量产生影响。"大通胀"期间的经济变化也让宏观经济学家意识到时间一致货币政策的重要性，央行不应为了短期的利益而牺牲长期目标，货币政策可信性会影响政策效果。

1979年，沃尔克担任美联储主席，为控制通货膨胀，沃尔克根据弗里德曼法则实施货币总量控制，结果导致利率上升。沃尔克冲击从1979年持续到1982年，控制住了通货膨胀，但同时也导致失业增加。弗里德曼是货币主义代表性人物。货币主义认为，货币流通速度不变，央行货币政策中介指标应选择货币供应量，货币在长期是中性的但短期是非中性的。为稳定总需求，央行有时会意外改变货币供给，这会带来非合意的结果。为避免出现这种情况，弗里德曼提出了百分之K法则，即央行货币供给每年按照实际GDP的增长率增长，从而保持价格水平不变。货币主义提出货币政策规则依赖于货币流通速度不变这一前提，但1982年以后，货币流通速度不再稳定，货币主义对央行货币政策的影响开始下降。

从80年代中期起至2007年次贷危机爆发，宏观经济波动性显著下降，这一阶段被称为"大缓和"。关于出现"大缓和"的原因，学者的意见并不一致，有的认为经济结构从以制造业为主转为以服务业为主导致宏观经济的波动性降低，有的认为是由于这段时间经济经历的冲击较小，有的认为是这段时间内货币政策执行得较好。央行在"大缓和"时代使用泰勒法则，即央行根据通货膨胀和失业率两个指标的变化来调整名义利率。当通货膨胀或者失业率高于各自目标时，央行会提高利率。在使用泰勒法则时，央行应遵循名义利率对通货膨胀的反应系数大于一，这会保证当通货膨胀高于其目标时，实际利率上升。泰勒法则的理论框架是新凯恩斯货币经济学。和"大萧条"时代占主导地位的凯恩斯主义相比，新凯恩斯主义有微观基础，是建立在实际经济周期动态一般均衡基础之上，同时包含了理性预期和凯恩斯主义特征。在新凯恩斯货币经济学框架中，央行使用泰勒法则进行逆周期调节，稳定通货膨胀和产出缺口，从而降低短期经济波动，实现短期经济稳定。凯恩斯主义和新凯恩斯主义均对世界主要经济体政策实践产生了重要影响。凯恩斯主义货币政策实践帮助世界走出了"大萧条"，而新凯恩斯主义货币政策实践催生了"大缓和"。

2007年次贷危机爆发，危机一直持续到2009年，这次危机导致的经济下行幅度较大，持续时间较长，因而被称为"大衰退"。"大衰退"以其结束后全球经济复苏乏力的事实使新凯恩斯主义遭遇了严峻的挑战。为此，学术界和政策制定者积极探索创新性货币政策理论和工具。主要包括：量化宽松和前瞻性指引以应对零利率下限对常规货币政策工具的约束；货币政策和财政政策协调配合；货币政策和宏观审慎政策协调配合。虽然创新性货币政策理论和工具取得了一定的成效，但是主要经济体宏观经济表现仍不理想。

（二）跨周期和逆周期货币政策

虽然创新性货币政策理论和工具取得了一定的成效，但是并没有解决负向产出缺口、结构失衡以及经济潜在增速下降并存的问题。长期使用货币政策进行逆周期调节而忽视经济结构调整和长期经济增长问题不但会导致总需求结构失衡、总供给结构失衡、宏观杠杆率上升、收入分配结构失衡、产业结构失衡、经济潜在产出增速下滑等问题，还会导致货币政策逆周期调节宏观经济的有效性下降。因而，许多学者开始反思货币政策逆周期调节的局限性。首先，逆周期货币政策虽然能在短期内稳定宏观经济，但长期会带来潜在产出的下滑；其次，短期经济稳定并不一定能带来金融稳定；再次，经济结构的变化会影响短期货币政策稳定经济的效果，反过来短期货币政策也会改变经济结构。只有做好货币政策跨周期和逆周期调节协调配合，才能解决这些问题。货币政策做好跨周期和逆周期调节协调配合，要在做好逆周期调节的基础上，兼顾经济结构调整和长期经济增长。

逆周期货币政策属于稳定性政策，稳定性政策主要着眼于总需求管理。当经济发生冲击时，政策制定者利用货币政策、财政政策和宏观审慎政策实现产出稳定、通胀稳定和金融稳定等政策目标。跨周期货币政策兼顾经济结构调整和长期经济增长。针对不同的结构问题，应采取不同的政策工具。为改善收入分配结构失衡，可以使用初次分配、再分配相结合的方式改善收入分配结构。初次分配是按照生产要素在生产中的贡献进行分配，再分配是在初次分配的基础上，通过税收和转移支付在各收入主体之间进行收入的再分配。为改善总供给结构和产业结构失衡，可以使用税收、补贴或者其他产业政策，支持产业结构优化和转型升级。为改善消费不足导致的总需求结构失衡，需要提高居民收入，减轻居民生活负担。要实现长期经济增长，应该促进资本积累，提高人力资本，鼓励研发和创新，进行经济体制机制改革提高资源配置效率等。

从以上政策分析工具可以看出，单独使用货币政策难以实现跨周期和逆周期调节。要实现跨周期和逆周期调节，首先要求货币政策和财政政策、宏观审慎政策协调配合做好逆周期调节，实现短期产出稳定、通货膨胀稳定和金融稳定，为经济结构调整和长期经济增长创造条件。同时，各种调结构稳增长政策应该及时推出，和货币政策协同发力，实现跨周期和逆周期调节。

（三）我国跨周期和逆周期货币政策

2008年国际金融危机之后，中国经济增长持续放缓，虽然通货膨胀和负向产出缺口较为稳定，但经济潜在增速呈现明显的下降趋势。有研究表明，2010年中国经济潜在增速为9.7%，但到了2019年已经下降到6.0%，2021年又下降到5.3%。在这种情况下，由于通货膨胀和负向产出缺口较为稳定，如果货币政策只进行逆周期调节，调节力度不宜过大。但由于潜在增速下滑本身会导致负向产出缺口变小，货币政策逆周期调节力度不大难以扭转宏观经济下行趋势。此外，经济潜在增速下行会导致均衡实际利率下降，如果均衡实际利率下降到零以下，货币政策的政策空间就会进一步受到挤压，从而削弱货币政策有效性。

我国目前利率市场化改革尚未完成，货币政策传导机制还存在梗阻，应珍惜货币政策仍有发力空间的机遇期，及时扭转潜在增速下滑趋势。这要求货币政策在进行逆周期调节的同时，和跨周期调节协调配合，兼顾长期经济增长。当经济潜在增速缺口为负值时，央行稳定产出缺口的目标应改为实现正向产出缺口。根据学者陈彦斌和陈伟泽的研究，目前央行将0.3%作为产出缺口目标较为合适。

我国经济也出现了总需求结构失衡、收入分配结构失衡、供给结构失衡、产业结构失衡、实体经济与金融部门失衡、宏观杠杆率上升等经济结构失衡问题，这导致潜在增速缺口出现了负值。现有研究表明，2010—2020年间中国潜在产出水平偏离合理水平的平均幅度为−0.8%。在这种情况下，货币政策在进行逆周期调节的同时，需要和跨周期调节协调配合，兼顾经济结构调整。

我国央行目前货币政策工具包括一般性货币政策工具和创新型货币政策工具。一般性货币政策工具包括：公开市场业务；存款准备金；再贷款、再贴现。创新型货币政策包括：常备借贷便利；中期借贷便利；抵押补充贷款；定向中期借贷便利。此外，我国央行也推出了包括科技创新再贷款和碳减排支持工具等在内的18种结构性货币政策工具。这些结构性货币政策工具的推出在一定程度上解决了一些结构性问题。但针对我国目前主要的结构性问题，还需要探索推出新的结构性货币政策工具。我国货币政策目前处于从流动性被动投放到主动投放转型过程中，同时也处于从使用数量型货币政策工具到使用价格型货币政策工具的过渡过程中。

为做好货币政策跨周期和逆周期调节，需要保持货币政策稳健性，支持实体经济稳定增长。为此，需要保持货币信贷总量合理增长，推进货币信贷结构持续优化，保持贷款利率处于合理水平，维持人民币汇率在合理均衡水平上基本稳定。在实施货币政策跨周期和逆周期调节过程中，要平衡好短期和长期、稳增长与防风险、内部均衡和外部均衡之间的关系，为实现物价稳定、经济增长、充分就业、国际收支平衡和金融稳定创造良好的货币金融环境。

此外，为牢牢守住不发生系统性金融风险的底线，在实施货币政策跨周期和逆周期调节时需要防范化解重点领域风险，切实维护金融稳定。及时出台政策或与其他部门协调配合完善房地产金融宏观审慎管理，及时处置中小金融机构风险，建立防范化解地方债务风险长效机制。

由于跨周期和逆周期货币政策调节目标不同，涉及的时间维度不同，实施政策工具也不同，在具体实施时需要注重政策之间的协调配合。货币政策跨周期调节并不意味着逆周期调节并不重要，在进行跨周期调节时仍需重视逆周期调节功能，尤其是当经济总需求不足，市场预期转弱时，应果断使用逆周期调节提振市场信心，为经济结构转型和长期增长提供动能。此外，货币政策跨周期和逆周期调节需要使用多种政策工具，涉及多部门共同协同发力，因而需要重视跨部门沟通和政策协同。

货币政策跨周期和逆周期调节要更加重视预期管理，加强央行沟通，降低政策不确定性，稳定市场主体预期，改善政策实施效果。为此，央行需要披露政策目标，对经济前景进行展望，公布政策会议声明，公布未来利率路径。引导市场主体对当前经济数据和市场状况的解读，对未来经济和市场前景的预期，对未来政策的预期，对未来风险分布的预期。为做好货币政策跨周期和逆周期调节，还需要深化金融供给侧结构性改革，加快构建中国特色现代金融体系。建设现代中央银行制度，完善基础货币投放机制，健全基准利率和利率市场化体系。进一步完善货币政策和宏观审慎政策"双支柱"调控框架，更好地把实现稳增长和防风险结合起来。

值得强调的是，虽然货币政策跨周期和逆周期调节会兼顾经济结构调整和长期经济增长问题，但货币政策并不能解决所有经济问题。已有研究表明，技术进步、人力资本、制度、文化等因素会决定一个国家经济长期持续增长。因而，如果要保持经济长期持续增长，还需要贯彻落实党的二十大精神，完整、准确、全面贯彻新发展理念，坚持社会主义市场经济改革方向，深化制度性改革，扩大制度性开放，充分发挥市场在资源配置中的决定性作用，更好发挥政府作用。此外，还要完善分配制度，深化要素市场化改革，构建现代化产业体系，推动金融高质量发展，防范化解金融风险，破除经济发展结构性失衡。这样，才会实现货币政策熨平短期经济波动、促进经济增长和调节经济结构的目标。

十三、稳慎扎实推进人民币国际化：发展历程与路径探析

人民币国际化自2009年正式启动以来，经历了"启动与快速发展""调整与平稳发展""回升与持续发展"三个阶段。尽管与美元、欧元等主要国际货币还有一定差距，但作为国际货币，人民币已经初步具备交易媒介、计价手段和储藏工具三大功能。为使人民币国际化行稳致远，有必要深刻理解货币国际化的客观规律和相关国际经验。推进人民币国际化的关键是创造条件，激发境外机构和个人使用与持有人民币的意愿，具体举措包括实现经济持续稳步增长、保持出口贸易大国地位、加快金融市场改革和资本账户开放、积极参与全球金融治理和高度重视地缘政治在人民币国际化过程中的影响等。

（一）人民币国际化的发展历程

2000年左右，我国在一些与越南、缅甸和蒙古国等国家交界的边境地区就已出现零星的人民币贸易结算情形，而由监管部门通过政策调整等制度性变革所启动的人民币国际化进程则始于2009年。回顾这十多年的发展，人民币国际化大致经历了三个发展阶段，并在范围和深度上逐渐呈现出积极进展。

三个发展阶段和总体评价。启动与快速发展阶段（2009—2014年）。

本文作者为中央财经大学金融学院张礼卿教授，原载于《人民论坛·学术前沿》2024年第1期。

2009年7月，根据国务院常务会议的决定，中国人民银行等多个部委联合启动了跨境贸易人民币结算的试点。首批试点城市包括上海、广州、深圳、珠海、东莞5个城市。在接下来的两年内，试点范围持续扩大。2012年6月，跨境贸易人民币结算业务全面铺开，并拓展至全部经常项目。

跨境贸易结算制度的改革，显著推动了人民币在跨境贸易结算中的使用，还有一些因素也推动了这一时期的人民币国际化。2010年之后，人民币出现了明显的升值势头；为了配合人民币从境外回流，中国人民银行允许境外央行或货币当局、港澳地区人民币清算行、境外跨境贸易人民币结算参加行这三类机构，以人民币投资境内银行间债券市场；2012年，宣布实施RQFII制度，即允许人民币合格境外机构投资者在境内开立银行账户并进行银行间债券投资。2014年，我国跨境贸易中，实现以人民币结算的比重大约为25%。香港的离岸人民币存款超1万亿元，全球离岸人民币存款规模达到2万亿元。

调整与平稳发展阶段（2015—2017年）。2015年，受股市波动、"8·11汇改"、美联储开始退出量化宽松货币政策等多重因素的影响，人民币汇率出现了显著的市场波动（贬值）。为了阻止人民币对美元的快速贬值，中国人民银行在进行大规模市场干预的同时，强化了宏观审慎政策的运用，包括通过引入"参考一篮子货币汇率变化"和"逆周期调节因子"恢复对中间汇率的适当管控，并且明显放缓了资本账户开放的速度。受上述因素的影响，这一阶段人民币国际化出现了相对停滞的局面。香港离岸市场的人民币存款大约下降了50%，跨境贸易的人民币结算额占比下降到了12%左右，差不多也是减少了50%。[①]

---

① 张礼卿.人民币国际化如何行稳致远？[OB/OL].2022-7-4.https://mp.weixin.qq.com/s?__biz=MzIzNDUwMTYxMg==&mid=2247486316 &idx=1&sn=f144e38056ab49387eb42be40adbf3d4&ch ksm=e8f42fefdf83a6f9dbc448d2a69b4c1662f360cb5ee ccc4397a602b0a66537cb6cf9a9397d41&scene=27.

回升与持续发展阶段（2018年至今）。2018年，新一轮金融业对外开放启动。在不到两年的时间里，合格境外机构投资者（QFII）和人民币合格境外机构投资者（RQFII）的额度限制相继废除，外资对境内各类金融机构投资的持股比例限制也显著放松乃至最终全面取消，这些举措鼓励了外资流入。新冠疫情发生后，美联储实行无限量化宽松政策，导致中外息差进一步扩大，外国证券资本流入增多，人民币汇率出现了较为强劲的上升态势。与此同时，通过签署和更新人民币双边货币互换协议、与国际清算银行合作设立人民币流动性安排等措施，国际货币金融合作也有所增强。所有这些因素，使得人民币国际化重新进入一个较快发展的阶段。

从总体上看，过去十余年，人民币国际化从零起步，在波动中向前发展，取得了显著的成绩。影响这一进展的因素很多，包括最初的结算制度改革带来的政策效应、经济贸易规模的持续稳步扩大、资本账户开放程度的提升及其反复、人民币对美元等主要国际货币汇率的波动、国际货币金融合作的加强，以及中国人民银行等相关部门的直接推动。

经过十多年的发展，从数据资料看，尽管与美元、欧元等主要国际货币还有一定差距，但人民币作为国际性交易媒介、计价手段和储藏工具的情形已经在不同程度上出现。中国人民银行发布的《2022年人民币国际化报告》显示，2021年末，人民币国际化综合指数为2.80，而同期美元、欧元、英镑、日元的这一指数分别为58.13、21.81、8.77和4.93。[①]另据相关数据显示，截至2022年4月，人民币在环球银行金融电信协会（SWIFT）系统中的占比为2.14%，而美元和欧元分别为41.81%和34.74%；人民币在国际货币基金

---

① 中国人民银行. 2022年人民币国际化报告［EB/OL］. 2022-9-23. http://www.pbc.gov.cn/goutongjiaoliu/113456/113469/4666144/20220923182847440050.pdf.

组织（IMF）官方外汇储备货币构成中的占比为2.88%，而美元和欧元各占58.88%和20.06%；人民币在全球外汇交易总量中的占比为2.2%，在全球国际银行业负债总额中的占比为1.1%，在全球国际债务证券融资总量的份额占比为0.3%，而在这些占比数据中，同样是由美元、欧元、日元等发达国家的货币领先。简言之，人民币要成为重要的国际货币，还有很长的路要走。①

重要的结构性变化和相关进展。自2015年以来，人民币国际化出现了不少重要的积极变化。

第一，从主要通过贸易渠道实现转向越来越多地通过金融渠道实现。从2010年至2021年，人民币年度收付金额在经常项目和资本项目之间发生了显著的结构性变化。通过直接投资、证券投资和银行贷款等各类跨境资本流动实现的人民币收付金额，已经远远超过通过跨境贸易和其他经常项目交易实现的人民币收付金额。这是一个非常重要的变化，有助于人民币国际化的持续发展。

第二，在岸市场在人民币国际化过程中的作用明显提升。最初几年，中国香港、中国台湾、英国伦敦等离岸市场是境外机构和个人获得人民币计值资产的主要场所。据估算，在2014年这个高峰时期，全球离岸市场的人民币存款大约为2万亿元人民币，其中有一半分布在香港市场。此后，离岸市场的人民币资产持续下降，至2017年大约下降了50%；但与此同时，中国人民银行《2022年人民币国际化报告》显示，境外主体持有的境内人民币股票、债券、贷款以及存款等金融资产的金额持续增长，2021年超过了10万亿元。

第三，金融制度和工具创新成为人民币国际化的重要推动力量。自2015

---

① 张礼卿.理解人民币流动性安排的重要意义［J］.中国外汇，2022（15）.

年以来，"沪港通""深港通""债券通""北向互换通"等交易安排的推出和扩大，增加了境外投资者对境内人民币债券的投资机会。同时，有效管理利率风险促进了在岸人民币国际化的发展。自2018年以来，中国人民银行通过香港金融管理局多次在香港发行中央银行票据，不仅促进了离岸人民币汇率的稳定，也有助于离岸人民币基准利率的形成。与此同时，人民币计价的权益类投资产品逐渐丰富，人民币期权期货、人民币交易型开放式指数基金（ETF）、人民币房地产投资信托基金（REITs）均有一定发展。2023年6月19日，香港证券交易所推出的"港币–人民币双柜台模式"可谓是最新的尝试。在双柜台模式下，投资者可以互换同一个发行人发行的港币柜台证券及人民币柜台证券，两个柜台的证券可以在不改变实益拥有权的情况下相互转换。这种模式为发行人和投资者提供了更多选择，将有助于促进人民币在港股交易中的使用，并助力人民币国际化。

第四，人民币开始在大宗产品交易中发挥计价功能。2018年3月，上海国际能源期货交易中心推出人民币原油期货交易，首个以人民币计价的原油期货合约诞生，标志着人民币在大宗产品的计价方面实现了重要突破，人民币的国际计价功能有了提升。经过三年努力，该交易中心的原油期货累计成交金额44.10万亿元，在原油期货中市场规模仅次于WTI和Brent原油期货，位居全球第三。2021年，我国已上市的原油、铁矿石、精对苯二甲酸（PTA）、20号胶、低硫燃料油、国际铜、棕榈油共7个特定品种交易期货稳步发展，在为大宗商品交易人民币计价结算提供定价基准方面发挥了一定作用。截至2021年末，境外参与者累计汇入保证金1244.98亿元，累计汇出1253.05亿元，其中人民币占比分别为69.1%、81.3%。

第五，人民币成为特别提款权（SDR）篮子货币。2016年10月1日，人民币正式加入SDR，并取得了10.92%的份额，仅次于美元和欧元。尽管象征意义大于实际意义，但这是人民币国际化历程中一个具有里程碑意义的重要事件。时任IMF总裁拉加德表示，人民币"入篮"是中国经济融入全球金融体系的重要里程碑，也是对中国政府在过去几年在货币和金融体系改革方面所取得的进步的认可。2022年8月1日，IMF对特别提款权货币篮子份额的最新调整生效，人民币在该货币篮子中的权重上调至12.28%，进一步凸显了人民币在国际货币体系中的重要性。

第六，人民币支付清算的基础设施建设速度加快，成效不断提升。2015年10月，人民币跨境支付系统（CIPS）一期成功上线运行。2018年5月，该系统二期全面投产，符合要求的直接参与者同步上线。截至2021年末，共有境内外1259家机构通过直接或间接方式接入，其中直接参加行75家，较2015年10月上线初期增加了56家；间接参加行1184家，较2015年上线初期增加了近6倍。央行数据显示，2022年人民币跨境支付系统处理业务440.04万笔，金额96.70万亿元，同比分别增长31.68%和21.48%，日均处理业务1.77万笔，金额3883.38亿元。另外，截至2021年末，中国人民银行已在25个国家和地区授权了27家境外人民币清算行。

第七，人民币在全球金融安全网建设中的作用逐步增强。截至2021年末，中国人民银行与累计40个国家和地区的中央银行或货币当局签署了双边本币互换协议，总金额超过4.02万亿元，有效金额3.54万亿元。另外，2022年6月25日，中国人民银行与国际清算银行签署了参加人民币流动性安排（RMBLA）的协议。根据这一安排，每个参与的中央银行须认缴不低于150亿元人民币或等值美元的人民币或美元储备，存放在国际清算银行，形成一个储备资金池。这些央行可以在未来市场波动时寻求此安排项下的资金支持。首批参加方除中国人民银行外，还包括印度尼西亚中央银行、马来西亚中央银行、香港金融管理局、新加坡金融管理局和智利中央银行。随着加入的国家和地区的增多，这一安排将成为市场波动时一国获取人民币流动性的重要来源。①

第八，加强与部分新兴市场经济体的双边支付清算合作。2021年3月，中国人民银行与柬埔寨国家银行签署双边本币合作协议，将本币结算范围扩大至两国已放开的所有经常和资本项下交易。2021年9月，中国人民银行与印度尼西亚银行正式启动中印尼本币结算（LCS）合作框架，并推出人民币/印尼卢比银行间市场区域交易。乌克兰危机爆发后，美元的国际信任度受到一定影响，南美地区一些国家开始与中国加强双边支付清算合作。2023年3月，巴西宣布与中国达成协议，不再使用美元作为中间货币，而是以本币进行贸易，同时采取措施降低使用人民币跨境交易的难度，促进双边贸易投资便利化；4月，阿根廷宣布停止使用美元来支付从中国进口的商品，转而使用人民币结算；6月底，阿根廷决定使用人民币向IMF偿付部分债务；7月，玻利维亚也宣布开始使用人民币结算，并计划设立中资银行，以便于更好推进人民币在双边贸易中的支付和结算。

（二）货币国际化的决定因素

一种主权货币是否能够成为国际货币主要取决于三类因素，即规模（size）、流动性（liquidity）和可信度（credibility）②，如表13-1所示。首先，该国经济规模应该足够大，经济总量、对外贸易规模和金融市场规模等均处

---

① 张礼卿.人民币流动性安排堪比加入SDR货币篮子［EB/OL］.2022-8-12. https://mp.pdnews.cn/Pc/ArtInfoApi/article?id=30556004.

② L.Q. Zhang and K.Y. Tao. Economics of Renminbi Internationalization［J］. Asian Economics Paper，2016，15（1）.

于全球前列。经济总量是贸易和金融市场活动的基础，其重要性不言而喻。对外贸易规模足够大意味着世界其他国家对其在进出口方面的依赖程度足够高，该国在货币选择上也会具有更多的机会和主导权。其次，该国的金融市场足够成熟并且具有高度流动性，意味着金融市场不仅需要有足够大的规模，而且需要有着完备的基础设施、丰富的金融市场工具以及基本开放的资本账户。最后，该国的经济、金融和货币具有可信度，这意味着该国能够保持良好的经济增长态势、稳定的货币价值（尤其是对外货币汇率）、独立的中央银行体系、透明和健全的金融监管体系，以及良好的产权保护制度和友善的投资营商环境等。

表13-1　主权货币充当国际货币的决定因素

规模	流动性	可信度
• 经济总量 • 对外贸易规模 • 金融市场规模	• 金融资产的类型和可得性 • 具有高度流动性的国债市场 • 基本开放的资本账户	• 经济稳定增长的前景 • 货币价值的稳定性 • 独立的中央银行 • 健全的金融监管 • 完善的政治和法律制度

来源：L.Q. Zhang and K.Y. Tao，"Economics of Renminbi Internationalization"，*Asian Economics Paper*，2016，15（1）。

　　货币国际化的相关历史经验显示，这三类因素缺一不可。美元国际化的发展历程显示，具有高度流动性、监管良好和开放的金融市场至关重要，这种重要性甚至超过了经济规模。1914年美元在全球储备货币体系中的占比为零，十年后迅猛增长到70%，首次超过英镑。[①]导致这一变化的主要原因是，

---

① B. Eichengreen and M. Flandreau. The Rise and Fall of the Dollar, or When Did the Dollar Replace Sterling as the Leading International Currency?"［J］. European Review of Economic History，2009，1；张礼卿.理性看待当前的"去美元化"现象［EB/OL］. 2023-5-31. https://baijiahao.baidu.com/s?id=1767400439388478805&wfr=spider&for=pc.

美联储成立后，美国的银行票据承兑市场迅速发展起来。作为金融市场的最基本组成部分，具有规模的票据市场极大地提升了美元的流动性，美元很快成为几乎与英镑同等重要的国际货币。事实上，此后近百年，特别是在布雷顿森林体系瓦解后，美元总体上保持了主导性国际货币地位的原因，就是其拥有规模巨大、产品丰富和具有高度流动性的金融市场。

德国马克的国际化历程也证明了金融市场发展及其开放的重要性。德国马克从20世纪70年代开始成为重要的国际货币，并且一直保持着第二大国际货币的地位（直到欧元诞生为止），主要原因包括两个方面：一是二战后德国始终是全球主要的制成品出口大国，在国际贸易中具有十分重要的地位；二是德国在控制通货膨胀方面一直保持着非常出色的纪录。不过，与作为第一大国际货币的美元相比，德国马克的国际地位还是有很大的差距的，其中一个很重要的原因是，德国金融市场不发达，而且开放时间太晚。德国的金融机构发展受到了各种复杂法规和税收的制约，债券和股票市场的规模明显小于纽约和伦敦，可以交易的金融工具数量比较有限，交易费用也比较高，市场流动性严重不足。虽然早在1958年德国就实现了经常账户交易的可兑换（与大多数其他欧洲货币一样），但其对于跨境资本流动的严格管制一直持续到80年代中期。

日元国际化的过程则证明了经济规模和金融市场有着同样的重要性。20世纪80年代，日本是世界经济强国（与美国差距不大），日元国际化也在十多年内取得亮眼的成绩。日元在国际金融资产中的占比从1980年的3%左右一度上升至1995年的12.4%；日元债券在离岸市场的新发行规模同期从不到5%上升至17%；在80年代到90年代初，日元在全球储备货币体系中的占比也从3%上升至近8%，在一些亚洲国家，这一占比甚至一度高达17%；在亚洲地区，日元甚至在较大程度上已经成为一些国家的锚定货币。然而，自90年代初期起，资产泡沫破裂使整个日本经济开始陷入"失去的十年"，增长停滞，在经济规模上与美国的差距不断扩大，加上金融市场规模小且流动性比较差等因素，日元的国际化进入了停滞不前的阶段，以上各种指标也开始大幅度回落，相比高峰时期基本跌去了一半。

一种主权货币之所以能够成为国际货币，还取决于其在政治、经济、科技、外交甚至军事等方面的综合实力。美元之所以在二战后长期保持其在国际货币体系中的主导地位，与美国拥有强大的综合实力是分不开的。譬如，1944年7月，美国凭借自身综合实力主导了布雷顿森林体系的建立，成功为美元确立了国际储备货币的地位。又譬如，20世纪70年代初，美国借助其对沙特王室的影响力，要求沙特与其签署排他性的美元结算协议，从而获得了石油美元的地位。

在一国货币国际化过程中，网络效应（network effect）的影响非常重要。当一种货币被大量的外国机构和个人使用时，就会形成一个不断扩大的网络。任何新加入使用该货币的机构和个人都会获得很大的正向外部性，享受到使用该货币的极大便利。这种网络效应具有一种自我强化的效果。与此类似，惯性的力量也不容忽视。对于一般的机构和个人来说，要在短时间放弃使用一种用了数年甚至数十年的货币，转向使用一种相对陌生的货币，往往不是一件容易的事情。如果这种新货币与以往的旧货币之间的汇率存在经常性波动，情况可能变得更加困难。

（三）稳慎扎实推进人民币国际化的具体路径

自2009年启动人民币国际化以来，有关方面一直强调人民币国际化主要是市场驱动的过程。不过，近年来逐渐呈现出强调适当发挥政府推动作用的趋向。2020年10月，党的十九届五中全会的有关决议出现了"稳慎推进人民币国际化"的表述；2022年10月，党的二十大报告将"稳慎推进"改成了"有序推进"；2023年10月，中央金融工作会议将"有序推进"改成了"稳慎扎实推进"。从"稳慎"到"有序"，再到"稳慎扎实"，体现了推动人民币国际化进程既要呈现更加积极的姿态，又要稳扎稳打地实施具体策略。

那么，究竟应该如何推进呢？一个很重要的问题是如何理解"推进"。笔者认为，既然人民币国际化基本上是一个市场选择过程，那么"推进"主要就是创造一切必要的市场化条件，激发国内外的机构和个人使用人民币进行清算和保有人民币金融资产的意愿。政府主要发挥间接推动的作用，即在健康的宏观经济政策和灵活的汇率制度配合下，加快和扩大资本账户开放，提供透明和健全的金融监管制度、良好的产权保护制度和友善的营商环境等。同时，推进共建"一带一路"倡议的实施、建立双边和多边货币安排、在双边协议基础上推动人民币结算等努力也具有重要意义。基于上述分析，结合当前国内外经济金融形势，为了稳慎扎实推进人民币国际化，我国应从以下几个方面作出积极努力。

第一，努力保持经济的长期稳定增长。保持经济持续稳定增长对于货币的国际化具有重要意义。当前，由于新冠疫情后经济的疤痕效应、全球经济增长放缓、美国及其盟国的技术封锁和全球供应链转移等因素，中国经济稳步恢复面临很多挑战。政府需要适当加大刺激力度，切实扩大消费和投资需求。由于消费需求的扩大受制于增长和就业恢复本身，同时也受制于很多结构性因素，因而短期内扩大需求的发力点主要还是扩大投资。实施更加积极的财政政策和适度宽松的货币政策，加大对新老基建项目、数字经济、能源转型、以芯片研制生产和人工智能为代表的新技术领域的自主开发和投资。

此外，应努力促进房地产市场平稳健康发展。

为应对可能发生的经济增长持续放缓，为人民币国际化提供持久的基础性支撑，我国需要深化面向市场的经济改革，进一步扩大对外开放，不断完善投资营商环境，特别是加强对民营企业家的产权和权益保护，采取切实有效措施恢复民营企业的投资信心。推进更为广泛和深入的结构性改革，真正让市场在资源配置中发挥决定性作用，让市场活力得到充分发挥。

第二，加快技术进步，构建新的贸易优势，保持国际收支和人民币汇率的长期均衡发展。德国马克和日元国际化的经验均表明，保持出口贸易优势对于货币国际化非常重要。我国自20世纪90年代开始，特别是2001年加入世界贸易组织后，在外向型经济发展战略的指引下，发挥劳动力成本方面相对优势，确立了全球最大贸易国的地位。不过，在人口红利逐渐消退之后，我国需要构建新的出口贸易优势，继续保持领先地位，并以此确保国际收支和人民币汇率的长期均衡发展。新的出口贸易优势将主要来自对先进技术的掌握和运用。在这方面，我国已经在某些领域取得了较大的成功，如新能源汽车、光伏设备、5G和一些电子产品的出口市场份额保持着领先地位。但我国在高端芯片、光刻机、人工智能、量子技术和生物制药等领域与发达国家仍存在一定差距，如果不能在这些领域尽快获得提升，未来我国的出口优势将面临严峻挑战。

第三，深化金融改革，加快建立和完善市场化的现代金融体系。具有高度流动性、规模足够大和开放的政府债券市场，对于人民币国际化极为重要。就规模而言，中国债券市场已经成为全球第三大债券市场，但由于流动性相对不足等原因，仍然难以满足外国投资者拥有高流动性和高安全性人民币金融资产的需要。未来应继续扩大国债市场规模，丰富品种，并且继续推进和完善利率市场化改革。同时，应积极发展直接融资，不断提升A股市场的定价能力和投融资效率，为外国投资者提供具有吸引力的资本市场工具。应继续推进人民币汇率制度改革，增强其弹性，以便在更为频繁和大规模的跨境资本流动环境下维持货币政策的独立性。应加快本外币交易市场的培育和发展，特别是人民币对外币的期货、期权等衍生品交易市场的发展，为境外贸易商和投资者使用人民币计价、结算和投融资提供避险工具。应加快金融基础设施的建设，特别是人民币跨境支付清算体系的建设，增加直接和间接参与行，提高支付结算效率，并且继续在海外布局增设人民币清算行。

第四，适当加快推进资本账户开放，同时加强宏观审慎管理。一方面，资本管制的严格程度是影响人民币国际化的一项重要因素。根据IMF和世界银行有关数据编制的金融开放度指数，截至2021年末，中国的金融开放度大约仅为经济合作与发展组织（OECD）的16%。适当放松资本管制，适当加快推进资本账户开放，将有利于人民币国际化的发展进程。[①]

另一方面，扩大开放的同时也可能会带来更大的金融稳定风险。长期以来，我们对于资本账户的开放一直持有比较谨慎的态度，采取较为稳健的开放策略。而同时也应该看到，经过近20年的实践探索，在管控跨境资本流动风险方面，我国已经积累了较为丰富的成功经验。与跨境资本流动直接相关的措施包括：远期购汇风险保证金比率要求、外汇存款准备金比率要求、企业跨境融资宏观审慎调节系数、境内企业境外放款宏观审慎调节系数，以及人民币对美元汇率中间价报价模型中的逆周期因子等。通过及时调整这些比率和系数，相关部门有效防止了跨境资本在短时间内的大进大出，实现了人民币汇率在合理均衡水平上保持基本稳定。

[①] 张礼卿，陈卫东，高海红，等.如何进一步有序推进人民币国际化?［J］.国际经济评论，2023（03）。

第五，加强国际经济与金融合作，积极参加全球金融治理。人民币国际化是一个市场驱动的过程，这意味着，在人民币国际化过程中，政府的作用主要是促成各种经济和金融条件的形成，从而实现间接推动的作用。而相关的历史经验表明，通过加强国际经济和金融合作，政府实际上也可以在一定程度上进行直接推动。如中国人民银行促成人民币加入SDR货币篮子，就是一种直接推动。在历史上，借助布雷顿森林协议，美国成功确立了美元的国际储备货币地位。当前，中国政府可以通过积极参与G20框架下的宏观经济政策协调、参加低收入国家减债和缓偿进程、不断推进区域经济一体化等各种努力，逐渐提升中国在全球货币金融事务中的影响力。在共建"一带一路"倡议下，不断提升贸易投资合作质量和水平，推动人民币国际化。

第六，继续探索数字人民币在跨境支付领域使用的可行性。我国是世界上最早探索和使用数字货币的国家之一。早在2014年，中国人民银行成立专门团队，开始对数字货币的发行框架、关键技术、发行流通环境及相关国际经验等问题进行研究。2017年，中国人民银行组织部分商业银行和有关机构联合开展了央行数字货币（DC/EP）的研发。在坚持双层运营、现金（M0）替代、可控匿名的前提下，基本完成了DC/EP顶层设计、标准制定、功能研发、联调测试等工作。2019年底，基于这一研发推出的数字人民币相继在深圳、苏州、雄安新区、成都和冬奥会场景启动试点测试。

不过，中国人民银行对数字人民币在跨境支付中的应用一直采取开放但审慎的态度。时任中国人民银行行长易纲指出，数字人民币设计和用途主要是满足国内零售支付需求。跨境及国际使用相对复杂，涉及反洗钱、客户尽职调查等法律问题，国际上也正在深入探讨。

尽管持审慎态度，但有关探索和国际合作尝试并没有停止。中国人民银行数字货币研究所于2021年2月会同香港金管局、泰国央行、阿联酋央行联合发起了多边央行数字货币桥（以下简称"货币桥"）项目。未来，数字人民币在跨境支付领域的探索可以涵盖以下方向。其一，在零售层，数字人民币将主要定位于服务在中国旅居的境外用户，以满足他们的普惠金融需求。为此，要为他们制定开立数字钱包的程序、额度管理和兑换要求等。其二，在批发层，数字人民币可继续积极参与"货币桥"项目有关试验。其三，以开放和包容方式探讨制定法定数字货币标准和原则，在共同推动国际货币体系变革的过程中，妥善应对各类风险挑战。

第七，高度重视地缘政治在人民币国际化过程中的影响。货币国际化不单纯是经济问题。20世纪50年代，在美元国际化的过程中，美国曾通过马歇尔计划、地缘政治安全保证等手段，鼓励相关国家使用美元；70年代，美国再次运用其地缘政治优势地位，以对沙特王室提供安全保障为条件，要求沙特王国——全球最大的石油输出国使用美元对石油交易计价结算，从而确立了美元在大宗产品交易计价结算中的主导地位。一方面，中国如能在地区安全甚至全球安全中发挥更加积极的作用，那么人民币国际化将迎来更多的机遇；另一方面，我们也需要警惕美国及其盟国利用其地缘政治影响妨碍人民币国际化进程的可能性。

十四、建设强大的货币：职能视角的表现、差距与路径

2023年10月底召开的中央金融工作会议提出"加快建设金融强国"目标，2024年1月，习近平总书记在省部级主要领导干部推动金融高质量发展专题研讨班开班式上进一步指出金融强国应当具备一系列关键核心金融要素，将"强大的货币"列为金融强国六大关键核心要素之首，明确指出"货币是金融的根基。强大的主权货币是金融强国的基石"。在强调货币作为金融核心竞争力重要组成部分的同时，凸显了强大的货币对国家经济发展和国际地位提升的重要意义。

主权货币的强大突出表现在其职能的强大。强大的货币不仅需要在国内便捷高效安全地发挥价值尺度、交换媒介、价值贮藏等核心职能，更需要在全球经济体系中展现出更强的稳定性、可信度和影响力。

（一）职能视角下强大货币的主要表现

1.价值尺度职能：币值稳定是基础，计价货币是表现

价值尺度职能是指用货币计量商品和劳务的价值，从而为商品和劳务交换标价。价值尺度职能的强大需要货币具备"锚定价值"的能力。价值的

本文作者为中央财经大学金融学院贾玉革教授。

锚定以币值稳定为基础。货币币值的稳定不仅是国内价格体系有序运行的保障，也是国际信用体系的核心支撑。中国人民银行前行长易纲强调，"币值稳定有两重含义，一是物价稳定，二是汇率基本稳定"。我国1995年颁布的《中华人民共和国中国人民银行法》规定，"货币政策目标是保持货币币值的稳定，并以此促进经济增长"。2003年的修订保持了这个表述。近十年，通过不断完善现代货币政策框架，健全市场化利率、汇率形成和传导机制，我国CPI年均涨幅保持在2%左右，人民币对美元汇率的波动率虽较以前有所提高，但也相对稳定。物价稳定和人民币汇率在合理均衡水平上的基本稳定，为人民币在国内外发挥计价货币的职能打下了良好的基础。

2.交换媒介职能：高效安全支付是重点，结算货币是表现

交换媒介职能是指货币在商品交易中作为交换手段、支付手段，从而提高交易效率、降低交易成本，便利商品交换的职能。交换媒介职能的强大不仅需要货币具备"广泛接受"的能力，更需要具备"便捷高效安全支付"的能力。在境内外商品、金融交易中提供便捷、高效、安全的支付结算服务是货币交易媒介职能强大的重要体现。数字经济时代，商品、金融交易呈现出高频化、碎片化、实时化的特征，金融基础设施作为金融领域的"高速公路"，其现代化程度、运行效率直接决定着资金流转的速度和安全。我国已建成全球最大的移动支付网络和实时全额结算系统，2024年非现金支付业务量达到1.42万亿笔[①]，数字人民币试点场景覆盖民生消费、国际贸易等关键领域。人民币跨境支付系统（CIPS）的覆盖面和推广使用力度不断加大，2023年，CIPS处理业务661.33万笔，金额达123.06万亿元，同比分别增长50.29%

---

① 数据来源：中国人民银行《2024年支付体系运行总体情况》。

和27.27%，共有境内外1484家机构通过直接或间接方式接入CIPS[①]，有效提升了人民币在国际支付结算中的地位。

3.价值贮藏职能：安全资产池深度是保障，投资货币与储备货币是表现

价值贮藏职能是指货币作为总资产的一种存在形式，成为实现资产保值增值的一种手段。价值贮藏职能的强大需要货币具备"跨期信用保障"的能力。货币作为价值贮藏手段的吸引力，取决于其长期保值能力与抗风险属性，需在周期波动中维持实际购买力，并通过金融市场深化为持有者提供多样化避险选择，形成"安全资产池"效应。经过多年建设，中国债券市场已成为全球第二大市场，截至2024年末，债券市场托管余额达到177万亿元。[②] 合格境外机构投资者（QFII）、合格境内机构投资者（QDII）、人民币合格境外投资者（RQFII）等制度的推出与限制的放松，沪港通、深港通、债券通等机制的创新显著提升了我国金融市场的开放度，境外投资者参与我国金融市场的程度逐年加深。截至2023年一季度，境外机构和个人持有境内人民币股票和债券资产均超过3万亿元。与此同时，2016年10月人民币正式加入SDR，成为美元、欧元、日元和英镑之后的第五种货币，截至2024年9月末，全球外汇储备构成（COFER）中，人民币占比2.17%，这些成果反映了人民币在国际货币体系中的重要性在不断提升。

（二）基于国际对标的人民币职能存在的差距

自19世纪70年代国际金本位制度建立以来，英国、美国等主权国家的

---

① 数据来源：中国人民银行《2024年人民币国际化报告》。
② 数据来源：中国人民银行《2024年金融市场运行情况》。

货币陆续成为世界范围的强大货币。英国在18世纪初率先施行金本位制，黄金价值的稳定性使金币被视为一种可靠的价值尺度和交换媒介。19世纪20年代，英格兰银行发行的英镑纸币与黄金绑定，可以随时、无条件地兑付金币，确保了其币值的稳定。随着英国"世界工厂"的示范效应和金本位制的推广，国际金本位制度建立，英镑成为与黄金等同的世界货币。第一次世界大战后，英国经济实力下降，美国经济实力上升，国际货币体系走向金汇兑本位制。

1944年，布雷顿森林体系建立，确立了以美元为中心的国际货币体系，美元与黄金挂钩、其他国家货币与美元挂钩的"双挂钩"制度和固定汇率制保证了美元币值的稳定，美元替代黄金、英镑成为最主要的世界货币。"特里芬难题"揭示了布雷顿森林体系固有的缺陷，20世纪60年代后期美国国际收支逆差导致黄金大量流出，美元危机不断发生，1971年8月美国终止美元和黄金的兑换，各国随后纷纷放弃固定汇率制，布雷顿森林体系随之解体，牙买加体系取而代之。但美元依旧凭借美国强大的综合实力和"石油美元"的确立，在世界经济中充当着计价货币、结算货币、投融资货币、国际储备货币等。与美元相比，人民币在世界范围内发挥货币的相应职能还存在很大的差距。

1.价值尺度：大宗商品定价权的缺失

在全球贸易商品，特别是大宗商品定价中发挥计价货币作用是人民币价值尺度职能国际化的重要体现。根据联合国贸易和发展会议（UNCTAD）发布的全球商品序列，截至2024年12月末，全球45种主要出口商品中，有32种以美元计价，11种以欧元计价，剩余2种以指数计价。

中国人民银行《2024年人民币国际化报告》提及，2023年，我国已上市原油、铁矿石、精对苯二甲酸（PTA）等24个国际化期货和期权产品，引入境外交易者，为大宗商品交易以人民币计价结算提供定价基准。2023年上海期货交易所原油期货总成交量4954.6万手，日均成交量20.5万手，日均持仓量6.5万手，成为仅次于美国西得克萨斯中间基原油（WTI）和英国布伦特（Brent）原油期货的全球第三大原油期货，交易额的扩大和流动性的增强，已使其逐渐显示出成为亚洲油气市场的重要参与者和价格发现机制的潜力。大连商品交易所铁矿石期货总成交量2亿手，日均成交量82.2万手，日均持仓量141.1万手。但总体来看，人民币在世界市场发挥计价货币职能仍处于起步阶段，在大宗商品定价中的话语权较弱。

2. 交换媒介：跨境支付份额的失衡

在环球银行金融电信协会（SWIFT）基于金额统计的全球支付货币排名中，2022年12月，人民币在全球支付中的占比为2.15%，2024年12月升至3.75%，为全球第四大支付货币，但与美元在全球支付中49.12%的占比、欧元21.74%的占比相比，还存在着巨大的差距，如图14-1所示。

3. 价值贮藏：市场深度的不足

从国际储备货币看：其一，2015年11月，国际货币基金组织（IMF）执董会决定将人民币纳入特别提款权（SDR）货币篮子，确定的权重为10.92%，超过日元和英镑，低于美元41.73%的权重和欧元30.93%的权重；2022年5月，IMF完成五年一次的SDR定值审查，将人民币的权重由10.92%上调至12.28%（上升1.36个百分点），美元的权重升至43.38%（上升1.65个百分点），欧元的权重下降至29.31%（下降1.62个百分点）（见表14-1）。其二，根据IMF2024年12月公布的数据，截至2024年9月末，全球外汇储备

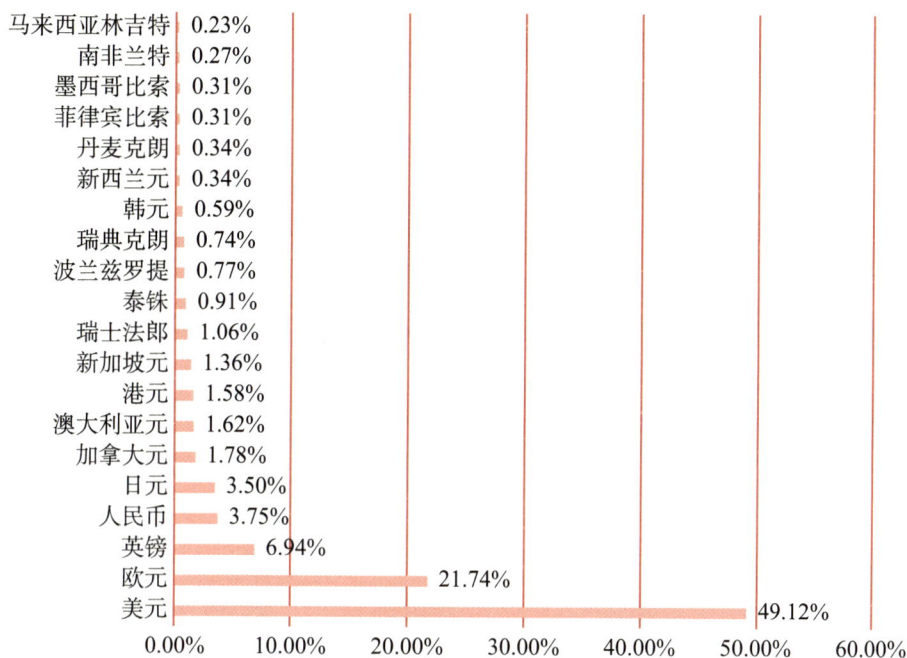

来源：SWIFT。

图14-1 2024年12月全球支付货币排名

构成（COFER）中，人民币占比2.17%，排名第7位。美元仍为最大储备货币，占比为57.39%，欧元居于第二位，占比20.02%，数值远高于人民币（见图14-2）。

表14-1 特别提款权SDR货币篮子构成数据

货币名称	2015年权重（%）	2022年权重（%）	权重变化（%）
美元	41.73	43.38	1.65
欧元	30.93	29.31	−1.62
人民币	10.92	12.28	1.36
日元	8.33	7.59	−0.74
英镑	8.09	7.44	−0.65

来源：IMF。

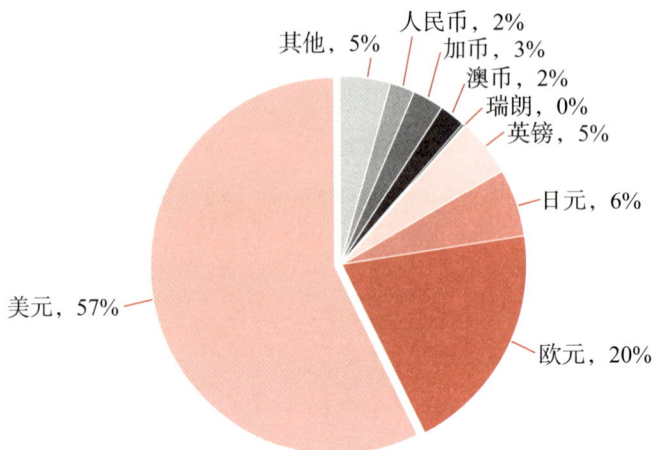

来源：IMF。

图 14-2　2024 年 9 月末全球外汇储备份额

　　从投资货币看：其一，股票市场方面，境外企业在境内交易所发行以人民币计价的股票仍未实现突破，沪港通、深港通渠道是境内外双向投资参与的重要渠道。截至 2024 年第一季度，境外机构持有中国市场股票资金流入规模为 1.02 万亿美元，较去年同期下降 1805 亿美元。其二，债券市场是境外机构投资者参与我国证券市场的主要市场，截至 2023 年末，共有 1124 家境外机构进入银行间债券市场，其中，直接入市 551 家，通过"债券通"渠道入市 822 家，有 249 家同时通过两种渠道入市。[①] 截至 2024 年末，境外机构在我国债券市场的托管余额为 4.2 万亿元，占债券市场托管余额的比重为 2.4%。其中，境外机构在银行间债券市场的托管余额为 4.16 万亿元。分券种看，境外机构持有国债 2.06 万亿元、占比 49.5%，同业存单 1.04 万亿元、占比 25.0%，政策性金融债 0.88 万亿元、占比 21.2%。[②]

---

①　数据来源：中国人民银行《2024 年人民币国际化报告》。
②　数据来源：中国人民银行《2024 年金融市场运行情况》。

对比中美债券市场数据，两国债券市场的差距显著。从规模看，根据国际清算银行数据，截至2024年第一季度，美国债券市场余额56.1万亿美元，我国债券市场余额23.0万亿美元，位列第二；从流动性看，2023年，美国国债的换手率约为8.5，中国国债的换手率约为0.8；从持有者结构看，美国债券市场第一大持仓者是海外投资者，2013年其占比曾高达50%，2023年下降至25.4%，但依然远高于我国目前的2.4%。

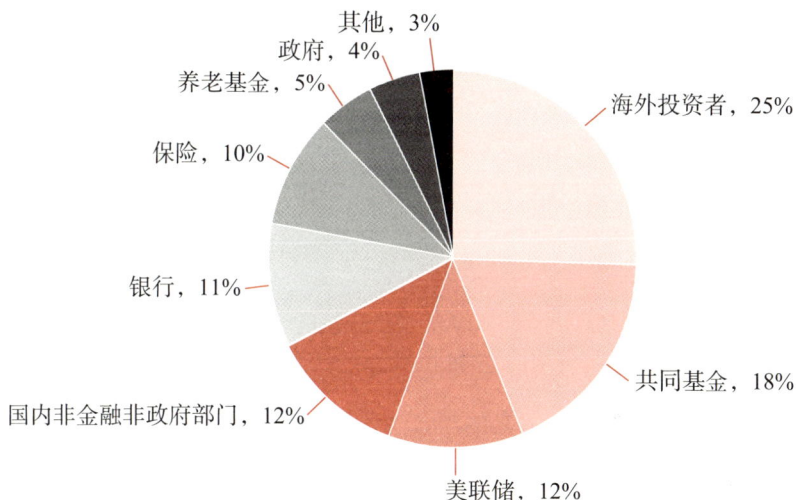

来源：美联储，SIFMA。

图14-3 2023年美国债券持有者结构

4.总体：货币国际化综合指数偏低

为衡量人民币国际化发展程度，中国人民银行构建了货币国际化综合指数。该指数包含四个一级指标，分别反映支付货币、投资货币、融资货币和储备货币功能。二级指标的选用见表14-2。

2017年以来人民币国际化综合指数逐年上升，2022年末为3.16。同期，美元、欧元、英镑、日元等主要国际货币国际化指数分别为58.3、22.18、

7.73和5.24。人民币国际化水平与美元相比，还有很长的路要走。

表14-2 货币国际化综合指数指标

一级指标	二级指标	数据来源
支付货币	全球支付货币份额	环球银行金融电信协会（SWIFT）
投资货币	国际银行业对外负债	国际清算银行（BIS）、国家外汇管理局
	外汇交易市场份额	国际清算银行（BIS）
	外汇即期交易使用份额	环球银行金融电信协会（SWIFT）
	利率衍生品市场份额	国际清算银行（BIS）
融资货币	全球贸易融资货币份额	环球银行金融电信协会（SWIFT）
	国际银行业对外债权	国际清算银行（BIS）、国家外汇管理局
	国际债券发行比例	国际清算银行（BIS）
储备货币	全球外汇储备币种构成	国际货币基金组织（IMF）

来源：中国人民银行《2023年人民币国际化报告》。

（三）以职能强化推动货币强大的建设路径

1.夯实价值尺度根基

夯实价值尺度根基，完善现代央行制度是关键。维护币值稳定是中央银行的基本职责，职责的实现取决于中央银行在维护币值稳定方面的决心和能力，而这以现代中央银行制度的建立与完善作为重要支撑。中央银行需进一步加强独立性建设，增强货币政策决策的科学性和公正性；提高政策透明度，通过定期发布货币政策报告、经济预测和决策依据等，增强市场对政策的理解和信任，减少市场不确定性，提升政策效果；提高货币政策的预期管理能力，通过前瞻性指引，向市场传达未来政策走向，引导市场预期；继续健全市场化利率形成、调控和传导机制，丰富货币政策工具体系，提高政策目标的实现度。

2.深化支付清算体系与数字货币研发的融合

支付清算体系是金融基础设施的重要组成部分，人民币跨境支付系统（CIPS）的完善、跨境支付清算合作机制的建立、CIPS与其他国家支付清算系统的互联互通、支付清算系统安全防护的加强等，有助于提高人民币跨境支付的便利性、安全性和效率性，可以推进人民币的国际使用。数字货币是金融科技发展的重要方向，推动央行数字货币（CBDC）的研发及其与CIPS等支付清算系统的融合，实现数字货币在跨境支付中的应用，可以进一步提高跨境支付的效率，降低交易成本。

3.提升国际贮藏资产吸引力

债券市场是国际资本流动的重要渠道，进一步扩大债券市场开放，打造"人民币资产安全港"品牌，对提升人民币资产的国际吸引力和竞争力，提升人民币国际化水平具有重要意义。进一步放宽境外机构投资者进入中国债券市场的限制，简化准入流程，降低准入门槛，有助于吸引更多境外投资者参与中国债券市场，提高市场的流动性和深度；积极进行产品创新，丰富债券市场产品种类，推出更多符合国际投资者需求的债券产品，有助于满足不同投资者的需求，增强市场的吸引力；完善债券市场的基础设施，提高交易、清算、结算的效率和安全性，有助于提高市场的运行效率，增强投资者的信心。"人民币资产安全港"品牌的打造则需要保持宏观经济政策的稳定性和连续性，提高债券市场的透明度，加强债券市场的风险管理，以此增强投资者对人民币资产的信心及长期持有的意愿。

第三篇

建设强大的金融机构与高水平对外开放

十五、强大的金融机构：内在要求与实现路径

党的二十大提出了要全面建成社会主义现代化强国，以中国式现代化全面推进中华民族伟大复兴的历史任务。在实现中国式现代化的新的历史时期，我国将摒弃传统的发展模式，按照新发展理念，推动经济社会高质量发展。金融是国民经济的血脉，金融机构是金融市场和金融体系的主体，建设强大的金融机构既是金融强国战略的要求，也是中国式现代化的客观要求。

（一）强大的金融机构是金融强国的核心要素

2023年，中央金融工作会议首次把建设有中国特色的金融强国列入国家战略。在2024年1月省部级主要领导干部推动金融高质量发展专题研讨班上，习近平总书记在阐述金融强国的内涵时明确指出，金融强国应当基于强大的经济基础，具有领先世界的经济实力、科技实力和综合国力，同时具备一系列关键核心金融要素，即：拥有强大的货币、强大的中央银行、强大的金融机构、强大的国际金融中心、强大的金融监管、强大的金融人才队伍。把金融强国建设上升到国家战略的高度，是我党在总结了改革开放以来中国经济社会发展的经验教训，面对处于百年变局当中的国内外形势的严峻挑战和中

本文作者为中央财经大学金融学院史建平教授。

华民族伟大复兴的伟大使命，在深刻理解金融的本质与功能的基础上所作出的重大决策。

金融强国的六大核心要素相辅相成，缺一不可。而强大的金融机构是金融强国的核心载体，是一个国家强大的金融体系及其核心竞争力的突出体现。这是因为：

第一，金融机构是资源配置的中枢。资源配置是金融的基础性功能，金融又是全社会资源配置的主要手段，衡量一个国家金融实力的重要指标就是资源配置的能力和效率。金融机构通过金融工具和期限转换、风险定价、规模效应以及信息枢纽等市场化机制，客观上具备优化资源配置、提高社会资源利用效率的作用。尤其是在中国以间接融资为主的情况下，金融机构在资源配置中的地位与作用更为突出。据中国人民银行统计，2024年我国全社会融资规模增量32.26万亿元人民币，通过金融机构贷款的融资额占66.4%，远超企业债券融资（7.9%）、政府债券融资（19.9%）和股票融资（2.9%）等直接融资渠道的占比。金融机构资源配置的能力和效率对于全社会资源配置的最优化具有关键意义。

第二，金融机构是科技创新和产业升级的推进器。金融是国民经济的血脉，金融机构的根本任务是服务实体经济。金融机构在国家产业政策引导下，通过各种金融工具，聚集社会闲散资金，将资金投向实体经济中高效的产业、部门和企业，是其最基本的信用中介职能。金融机构在履行信用中介职能的过程中，客观上推动了科技创新和产业升级，促进经济的高质量发展。近年来，我国金融机构积极服务国家战略，在科技创新、高端制造、小微企业、绿色转型等方面加大投入，有效促进了我国产业结构升级和经济转型，对于确保当前复杂形势下的经济稳定和发展起到了关键性作用。强大的金融机构是金融服务实体经济、实现金融功能最基本的支撑。

第三，金融机构是经济社会风险的缓释器。金融机构和金融体系作为全社会资金运动的枢纽，同时也是经济和社会各种风险的集散地，经济活动中的各种风险都会在不同程度上体现在金融机构的业务风险和经营风险中。金融机构通过其特有的市场化机制，一方面，可以影响市场主体的经济行为，有效地缓解经济活动中的信息不对称问题，大大降低社会资金运动和微观主体经济活动的风险；另一方面，也可以缓释经济活动中产生的各种风险，避免金融风险对经济社会稳定的冲击，形成系统性风险。因此，强大的金融机构是抵御金融风险、保证经济社会稳健运行的重要基础。

第四，金融机构是一国金融竞争力的集中体现。金融机构是金融市场的主体，金融强国的一个重要表现是金融的国际影响力和竞争力，而这种影响力和竞争力必须是通过各种市场化的金融机构在国际金融市场的竞争中得到体现，金融机构是参与国际金融市场竞争、提供国际化的金融服务的主体，没有强大的金融机构，就不可能有强大的国际影响力和竞争力，也谈不上金融强国。

因此，建设一批强大的金融机构既是实现中国式现代化和推动经济高质量发展的客观要求，也是实现金融强国战略的应有之义。我国经过40多年的改革开放，已经形成了以商业银行为主导的，包括银行业金融机构、证券机构、保险机构、信托公司、金融租赁公司、企业财务公司以及小额信贷机构等在内的比较成熟的金融机构体系，为我国经济的持续、高速增长提供了强大的支持。但随着我国经济增长模式的转换，面对百年变局中国际竞争的复杂而严峻的形势，我国金融机构在服务实体经济、风险防控、创新能力、内部控制以及国际竞争力等方面都存在明显的不足，推动金融机构的高质量发展、建设强大的金融机构无疑将成为新时代建设金融强国、实现中国式现代化的必然选择。

（二）建设金融强国对金融机构的内在要求

我国的金融机构作为金融市场的主体，应具备市场化优秀金融机构所必须具备的核心要素，如完善的公司治理、强大的金融服务能力、可靠的风险管控能力、持续的创新能力、可持续的盈利能力、良好的企业文化、优秀的人才队伍等，同时，推进金融强国建设要求金融机构坚持正确的政治方向，坚持金融工作的政治性和人民性，能够服务国家战略，助力中国式现代化的实现。所以，作为金融强国的核心要素，强大的金融机构必须符合以下内在要求。

第一，必须坚持金融工作的人民性。中央金融工作会议首次提出了金融工作人民性的要求。这是中国特色的金融和金融机构区别于西方资本主义国家金融和金融机构的最本质特征。金融机构的人民性是指金融机构的一切经营活动，必须符合人民群众的根本利益。西方国家金融机构是以资本的利润最大化作为其经营活动的根本目的，而中国特色的金融机构肩负着以金融高质量发展和金融强国建设推动中国式现代化的崇高使命，金融机构的一切经营活动都必须以符合人民群众的根本利益为宗旨。这就要求我国金融机构不仅要最大限度地满足人民群众的各种金融需求，更要求金融机构通过自身的市场化机制和业务活动，促进金融的公平和普惠、维护金融的稳定与安全、保障消费者的合法权益、促进经济的绿色可持续发展。中国式强大的金融机构应当在其业务经营过程中，使金融机构自身利益与社会效益、人民群众的利益实现有机的统一。

第二，高效服务实体经济的能力。服务实体经济是金融的"初心"，也是金融机构的根本任务。金融机构服务实体经济是通过履行其固有的职能来实现的。从各类金融机构的发展历史来看，所有的金融机构都是在经济发展过程中，由于实体经济发展的需要而产生的，其"初心"就是服务实体经济。金融机构在服务实体经济的过程中，利用其自身的市场化机制和金融工具，优化社会资源的配置，促进实体经济克服资本和规模的限制，使实体经济得以更高效地发展。同时，金融机构在支持实体经济的过程中自身也得以发展壮大。所以，金融机构服务实体经济，既是其经营活动的本质要求，也是其自身发展的根本保证。要建设强大的金融机构，必须把服务实体经济作为其根本任务，努力提升其服务实体经济的能力。

第三，有效的风险管控能力。金融是国民经济的血脉，金融机构是社会资金运动的枢纽，经济活动中的各种风险都会在金融机构中集中体现。金融机构通过其全面风险管理体系，既能够保证自身的稳健发展、履行服务实体经济的职责，也可以防范系统性风险，确保经济稳定发展。因此，要建设强大的金融机构，必须完善金融机构的风险管理体系。一方面，有效防范自身的经营风险，确保金融机构自身的稳健经营；另一方面，要通过金融机构的经营活动，引导资源的合理、高效配置，促进技术创新和产业结构升级，降低宏观经济运行风险，确保经济的稳定发展。

第四，强大的创新能力。创新是金融机构核心竞争力的体现，也是其服务实体经济能力的源泉。经济社会对金融的需求是不断变化的，为了更好地服务实体经济，满足经济发展和人民群众多样化的金融服务需求，强大的金融机构必须能够及时洞察市场需求变化，不断推出新的金融产品、服务和业务模式。同时，金融机构也需要根据业务发展需要，不断地进行制度创新和管理创新，以适应业务创新发展的需要。

决定金融机构是否强大的因素还有许多，但上述四个方面是强大金融机构所必须具备的要素，四者缺一不可。没有人民性，金融机构的发展就会失去方向；偏离服务实体经济的"初心"，金融机构就失去了生存和发展的基础；没有守住风险底线，金融机构的生存就会受到威胁；不具备强大的创新能力，金融机构也就失去了持续发展的动力源泉。建设强大的金融机构，必须按照其内在要求，去探寻金融机构发展壮大的路径。

（三）建设强大金融机构的路径选择

中国的金融机构经过40多年的改革已经取得了长足的发展。以银行业为例，2024年，英国《银行家》杂志全球1000家最大商业银行排名中，中国商业银行占有143席，而按一级资本排名，在前10家最大商业银行中，中资银行稳占6席，中国工商银行、中国建设银行、中国农业银行、中国银行四大国有商业银行分列前四位。但尽管如此，我国金融机构"大而不强"的问题还十分明显。以反映风险管控能力的资产质量为例，2023年我国四大国有商业银行不良资产比率（1.28%~1.35%）远高于同列前十大银行的美国银行的0.43%、摩根大通的0.65%、三菱日联金融集团的0.68%，说明我国商业银行的风险防控能力与国际先进银行相比还有差距。又以金融机构的国际化程度为例，国际化程度反映了金融机构的国际竞争力和影响力，无论是银行海外业务收入占比还是品牌影响力、跨文化管理能力等，我国的银行与汇丰、花旗、摩根等大银行相比都存在明显差距。

我国全面进入中国式现代化建设的新的历史时期，也开启了建设金融强国的新征程。在金融强国的战略下，我国建设强大的金融机构需要重点从以下几个方面入手。

1.坚持党对金融机构的领导

党的领导是我国各项事业取得胜利的根本保障。金融机构肩负服务实体经济、推动经济社会高质量发展的历史重任，承担着服务国家发展战略、维护金融稳定和安全的责任，这就要求我国的金融机构必须超越自身利益，树立全局观念和宏观思维，以更高的站位开展各项业务和经营管理工作。坚持党的领导，有利于把握金融机构的政治方向，确保党中央的统一部署能够全方位、高效率地得到贯彻执行，使金融机构的人民性得到充分的体现。

坚持党的领导：一是要求在金融机构内部健全党的各级组织，确保党组织覆盖各个部门和业务环节，使党的领导能够在金融机构内部有效贯彻；二是要加强领导班子建设，把政治素质好、业务能力强、群众基础好的干部选拔到领导班子；三是要求金融机构的发展战略、业务经营等全面贯彻党中央的决策部署、服务国家战略，为国家战略的实施提供强有力的金融支持；四是要求将党的领导融入金融机构公司治理的各环节，明确党组织在公司决策、执行、监督中的权责和工作方式，使党组织发挥作用组织化、制度化、具体化。

2.完善公司治理机制

金融机构作为企业，完善的公司治理机制是其稳健运行的基础，也是做强金融机构的条件。近年来，我国金融机构由于公司治理的缺陷而导致的风险时有出现。要做强金融机构，一是要优化股权结构，避免因股权过于集中或过于分散而影响公司决策效率和监督功能；二是要强化内部制衡机制，明确"三会一层"的职责边界，完善决策、执行和监督流程，建立有效的权力制衡机制；三是要加强信息披露管理，明确信息披露的内容、标准和流程，确保信息披露的真实性、准确性、完整性和及时性；四是要构建合理的激励约束机制，将短期激励与长期激励有机结合，综合考虑经济指标和社会责任指标。强化约束机制，健全责任追究制度，有效防范贪腐，形成风清气正的良好风气。

3.做好"五篇大文章"

金融机构服务实体经济具体体现在做好"五篇大文章"中。强大的金融机构突出表现在具有强大的服务实体经济的能力上，也就是体现在做好"五篇大文章"上。一是要大力发展科技金融，通过股权、债权、保险等手段，为科技创新企业提供全链条、全生命周期的金融服务，重点培育和支持科技领军企业、独角兽企业和专精特新企业，发挥金融市场机制的作用，有效管理科技风险和创业风险。二是要推动绿色金融发展。要完善绿色金融标准体系，丰富绿色金融产品和服务，建立有效的激励约束机制，解决绿色金融的"外部性"问题，提高金融机构发展绿色金融的积极性，助力"双碳"目标的实现。三是要致力于发展普惠金融。完善普惠金融的组织体系和产品服务体系，提高普惠金融服务的覆盖面。要着力提升对中小微企业的金融服务质效，重点解决中小微企业的融资难、融资贵问题。通过发展普惠金融，维护社会公平、服务共同富裕的国家战略。四是要创新养老金融服务。我国已快速进入银发经济时代，养老金融具有巨大的市场需求和广阔的市场空间。在金融机构养老保险等金融服务的基础上，要大力创新养老金融，发展适老性金融产品和服务，支持养老产业的高质量发展。五是要着力发展数字金融。数字技术的发展，既给金融机构的服务提供了新的手段和工具，也使金融机构的服务对象产生深刻的变化。因此，金融机构发展数字金融包含了两个方面：一方面是金融机构自身的数字化转型，通过数字技术和数字化的服务体系，金融机构能够大大提升服务实体经济的能力；另一方面是金融机构要致力于服务产业数字化和数字产业化，助力数字中国战略的实施。

4.科技赋能提升服务质效

人工智能、大数据与云计算、区块链、量子计算等技术的快速发展，为金融机构提升服务质效提供了巨大的空间。科技赋能也将成为金融机构生存和发展的必然选择。从已有的实践来看，前沿金融科技的应用，可以极大地优化业务流程、降低运营成本、拓展服务边界、提升客户体验，金融机构的科技水平和数字化程度，已经成为衡量金融机构核心竞争力的关键指标。所以，要做强金融机构，一是必须加大金融科技投入和基础设施建设，引进大数据、人工智能、区块链等先进技术，打造高性能的云计算平台，提高数据处理能力和系统运行效率；二是要利用先进科技手段，推进金融机构的全面数字化转型，将金融科技全方位、全流程地融入金融机构的业务和管理中，切实提高金融服务的质效；三是要大力培养和引进科技人才，改善金融机构的人才结构。科技革命带来了金融机构业务模式的深刻变化，从而对从业人员的知识和技能结构提出了新的要求。强大的金融机构必须拥有一支强大的金融科技人才和金融与科技复合型人才队伍，才能适应业务发展的需要。

5.守住风险底线

金融机构是经营风险的企业，其业务活动中充满了各种风险。风险底线是指金融机构在经营过程中，基于自身的资本实力、业务特点、监管要求及对市场环境的判断等因素，所确定的能够承受的风险边界。金融机构不可能回避风险，而是要主动面对风险，通过其特有的工具和机制管理风险，把可能产生的风险损失控制在可以承受的范围内。守住风险底线既是金融机构自身生存发展的需要，也是维护金融稳定、保护投资者利益、保障经济健康稳定发展的需要。建设强大的金融机构，必须能够面对复杂的经济金融风险，有效防范和处置各种风险，避免陷入危机当中。一是必须建立和健全风险管理制度，强化风险治理架构，确立合理的风险政策和风险偏好，并保持风险管理决策有效执行；二是要加强风险监测与预警，充分利用现代科技手段，实时监控业务运营情况，对潜在风险进行早期识别和预警，提高风险预测的准确性和及时性；三是要保持充足的资本和流动性，增强抵御风险的能力；四是要建立良好的合规文化，严格遵守国家法律法规和监管要求，有效防范法律风险、操作风险和道德风险。

6.提升国际影响力和竞争力

金融强国的一个重要特征是其具有强大的国际影响力和竞争力，建设金融强国，必须大力提升我国金融机构在国际市场上的影响力和竞争力。一是在总体的战略布局上，应构建全球化的金融机构网络与生态，在共建"一带一路"国家和重要的国际金融中心设立海外分支机构，同时通过并购与合资等途径，尽快获取本地化能力。要积极参与国际金融基础设施的建设，深化与外资金融机构和国际多边金融机构的合作，形成良好的金融机构共生共长的生态。二是要通过产品和服务创新，打造差异化的竞争力。我国金融机构可以通过人民币相关产品、绿色金融、数字金融等产品和服务的创新实现"弯道超车"，获取差异化的竞争优势。三是要积极主导或参与国际金融市场规则和标准的制定，推动国际金融治理改革，增强我国金融机构在国际市场上的影响力和话语权。四是要着力打造金融机构的中国品牌，把中国传统文化内涵、人类命运共同体理念等特有的中国元素融入品牌当中，打造我国金融机构强大的"软实力"。

十六、打造强大金融机构　助力金融强国建设

中央金融工作会议鲜明提出"加快建设金融强国"的目标，强调要推动我国金融高质量发展，为全面实现中国式现代化提供有力支撑。金融机构是金融强国建设的重要微观基础，是推动国家经济高质量发展的基石，是提升国家综合实力的重要力量。强大的金融机构是金融强国应当具备的关键核心要素，习近平总书记重要讲话明确了金融强国关键核心要素，提出"六个强大"，其中包括"强大的金融机构"。强大的金融机构要能紧跟党中央的大政方针和决策部署，优化资源配置，将金融服务和国家战略紧密结合，确保资金流向与国家战略高度契合，促进国家重大战略的实施和落地；要能全面贯彻党的二十大、二十届三中全会精神，认真落实中央经济工作会议内容，推动高质量完成"十四五"规划目标任务。

建设强大的金融机构是推动金融高质量发展的必然要求。历史经验表明，大国崛起离不开强大金融体系的支撑。建设强大的金融机构需要深刻把握金融机构与实体经济之间的关系，以服务实体经济为出发点和落脚点，不断提升服务能力和质效。习近平总书记强调"坚持把金融服务实体经济作为根本宗旨"，指出"要以金融体系结构调整优化为重点，优化融资结构和金融机构体系、市场体系、产品体系，为实体经济发展提供更高质量、更有效率的金融服务"。建设强大的金融机构需要优化自身的发展路径，提高自身

本文作者为中央财经大学金融学院郭田勇教授，原载于《清华金融评论》2024年第8期。

的国际竞争力，为实现经济高质量发展，建设现代化强国提供有力支撑。强大的金融机构还需要起到维护金融稳定压舱石的作用，这就要求其建立防范化解金融风险长效机制，对风险早识别、早预警、早暴露、早处置，牢牢守住不发生系统性金融风险的底线。强大的金融机构要扎实做好科技金融、绿色金融、普惠金融、养老金融、数字金融五篇大文章，不断适应经济高质量发展新要求。

（一）金融机构要当好服务实体经济的主力军

支持实体经济高质量发展，服务中国式现代化大局，是新时代建设强大金融机构的本质特征，更是使命与责任的深刻体现。实体经济是国民经济的基石，其高质量发展对于国家整体经济的稳定和增长至关重要。党的十八大以来，党中央不断推动金融回归本源，金融与实体经济的良性互动持续加深。金融机构作为资金融通和资源配置的重要渠道，对于实体经济的支持具有不可替代的作用，是推动经济转型升级、实现高质量发展的核心驱动力。

我国金融体系经过多年发展，已具备相当规模和实力。目前我国拥有全球最大的银行体系和全球第二大的保险市场、股票市场和债券市场。庞大的金融体系为实体经济提供了充足的资金供给，尤其是银行业作为融资主渠道，贷款投放持续快速增长。2024年我国新增人民币贷款超过18万亿元，对实体经济发放的本外币贷款余额从2014年末的81.43万亿元攀升至2024年末的252.53万亿元，年均增速保持在10%以上。在稳健货币政策引导下，企业融资成本逐步下降，2024年企业贷款平均利率比上年同期低0.36%，降至3.43%的历史低位。金融资源不断向重点领域和薄弱环节倾斜，信贷结构持续优化。

在新时代背景下，建设强大的金融机构，需要紧密围绕实体经济高质量发展的需求，充分发挥金融对经济发展的支撑作用。金融机构要深刻认识到自身在实体经济高质量发展中的关键作用，要深入调研企业发展现状，精准对接实体经济需求，提供精准高效的金融支持。首先，金融机构应积极服务国家重大战略，加强对重点领域和重大工程的支持。要强化金融支持力度，积极参与技术改造、设备更新项目，推动上游装备制造、工业互联网平台等产业发展，同时助力下游龙头企业供应链优化，促进新质生产力培育和产业升级。其次，金融机构要深化内部改革，与时俱进创新金融服务模式，积极使用数字化技术提高运营效率和金融服务效率。借助大数据分析了解客户需求，提供更加便捷的金融服务，更好地发挥金融对实体经济的支撑作用，推动实体经济实现高质量发展。最后，金融机构要深入实践走访调研，全面了解民营企业的融资困境，为民营企业提供高效的金融服务和信贷支持，尤其对民营企业中的高新企业、科技型企业等加大贷款力度，满足民营企业融资需求。

此外，金融机构还要充分发挥产业资本的扩展功能，深入挖掘产业潜力，优化资源配置，引导资金流向具有发展前景和竞争力的行业和企业，促进产业链条的延伸和拓展，推动产业结构优化升级，同时要提高资金流转速度，降低融资成本，确保资金能够高效、顺畅地流动，提升运行效率，增强金融体系的韧性，为现代化产业体系的构建提供有力支撑。

（二）金融机构要提高自身的国际竞争力

建设金融强国对于提升国家经济实力与全球影响力具有举足轻重的地位。这不仅要求我国金融机构服务好实体经济，为其注入强劲动力，更要在国际舞台上展现出卓越的竞争力，赢得世界认可和尊重。因此，在新时代背景下，金融机构必须高度重视并积极推进国际化战略，坚定不移地走国际化道路，加强国际金融合作与交流，努力实现高水平开放和金融市场互联互通，积极参与国际金融规则的制定，为金融强国的建设贡献坚实力量。

当前，我国金融机构的国际地位随着综合国力提升而显著提高。一方面，大型银行资产规模位居世界前列，我国的保险公司和证券公司也在全球具有一定影响力。另一方面，我们也要清醒认识到，与国际领先金融机构相比，我国金融机构在全球业务拓展、产品创新和风险管理等方面仍存在差距。

表16-1　2023年全球前5金融大国金融机构实力对比

评价维度与评价指标	美国	中国	日本	英国	德国
规模实力					
总资产规模（万亿美元）	135.9	81.3	36.1	34.8	22.6
总资产增速（%）	6.8	9.3	5.6	-2.2	0.9
金融业增加值（万亿美元）	1.99	1.43	0.18	0.27	0.16
金融机构资产占GDP比例（%）	496.7	454.2	857.5	1029.6	507.9
运营效率					
产品服务可得性（竞争力排名）	1	28	17	11	15
盈利能力（1000银行ROA，%）	1.07	0.72	0.32	0.62	0.41
税前利润（1000银行，亿美元）	2575	3750	425	527	174
成本收入比（%）	57.7	29.4	75.5	63.4	61.8
抗风险能力					
银行一级资本（亿美元）	17215	35552	5776	3873	1988
银行资本充足率（%）	15.2	15.2	15.7	16.7	18.9
银行不良贷款率（%）	0.86	1.62	1.05	1.90	1.84
国际竞争力					
全球布局能力（覆盖国别数量）	95	71	50	62	30

续表

评价维度与评价指标	美国	中国	日本	英国	德国
国际化指数（%）	30	10	25	50	15
全球系统重要性银行数量（家）	8	5	3	3	1
机构门类规模对比					
银行业资产规模（万亿美元）	31.1	50.8	17.0	16.4	11.7
保险业资产规模（万亿美元）	13.0	4.4	3.6	2.9	2.6
其他非银资产规模（万亿美元）	91.8	26.1	15.5	15.5	8.3

来源：Wind、Statista、金融稳定委员会（FSB）。

从表16-1可以看出，与国际顶尖金融机构相比，我国金融机构产品服务可得性和盈利能力稍弱，但成本控制出色；抗风险能力方面，一级资本实力强，总资本充足率较高，但不良贷款率也较高。国际竞争力方面，在全球布局、国际化指数、重要国际银行数量等方面均有差距，保险和证券等其他非银资产规模落后。

为全面提高我国金融机构的国际竞争力，未来应采取多方面的策略措施。一方面，要支持有实力的中资金融机构"走出去"，在风险可控前提下拓展全球布局，扩大跨境业务规模，增强国际影响力；另一方面，应充分发挥本土客户资源优势，围绕中国企业"走出去"和外国资本"引进来"，提供全流程的跨境投融资、结算和风险对冲等综合服务，打造自身特色品牌。

作为我国金融体系的核心支柱，银行业应加快全球化布局，构建境内外、本外币一体化经营体系，全面提升跨境金融服务能力，以更高水平服务中国式现代化建设。一要优化跨境金融服务，加强结算、融资、支付等一体化解决方案，提高跨境资金流动效率；二要深化国际金融合作，借鉴全球先进经验，加强与国际金融机构的联动，推动资源共享、技术互补；三要强化风险管理和合规体系，适应不同国家的监管环境，确保全球业务的稳健发展；四要充分利用多边国际合作平台，完善全球网络布局，持续健全跨境金融服务体系，提高国际竞争力。

证券业在推动资本市场国际化方面发挥着关键作用，对中国资本市场的繁荣起到重要支撑作用。一要借鉴国际先进制度，优化我国资本市场交易机制，提升市场运行效率；二要完善信息披露制度，强化投资者保护，营造公平、公正、透明的市场环境，增强市场流动性和吸引力；三要推动资本市场综合治理，化解不利因素，增强市场韧性，提振投资者信心，扩大国内外投资者参与度；四要积极拓展新兴市场，特别是与中国具有深厚经贸联系的区域，通过设立海外分支机构、获取当地牌照等方式，逐步构建全球化金融服务网络。

保险业在国际化战略中同样具有至关重要的作用，关乎保险资金的全球配置和高效运用。一要积极拓展保险资金运用渠道，鼓励保险公司主动投身到新型基础设施建设等领域，并探索公募基础设施证券投资基金等新投资渠道，以提高资金收益；二要优化资产配置结构，根据市场环境和风险状况，适时调整资产配置结构，降低投资风险并提高收益稳定性，同时加强对投资组合的管理和监控，确保资产的安全性和流动性；三要提升资产负债管理水平，加强对资产负债匹配的管理，确保资产与负债在期限、利率等方面的精准匹配，确保稳健运营。

总而言之，强化内生动能，提高金融机构的业务规模、工作效率、服务质量和管理水平，是新时代建设强大金融机构的核心要义。打铁必须自身硬，金融机构要提高运营效率、降低运营成本、提高盈利能力；要与时俱进，利用大数据、人工智能等技术手段，实现自动化处理和分析，提高处理速度和准确性，通过流程再造、数字化转型等方式，简化业务流程，提高工作效率。此外，管理水平的提升是金融机构实现可持续发展的保障，金融机构应制定明确的发展战略和目标，建立完善的管理体系，营造开放包容的企业文化，提高管理水平，争取早日涌现出更多业务遍及全球、创新能力和风控水平突出的国际一流金融机构，为人民币国际化和共建"一带一路"等提供有力支撑。

（三）金融机构要建立防范化解金融风险的长效机制

防范化解金融风险是金融工作的永恒主题，更是建设金融强国必须关注的重点。当前我国金融体系庞大且金融创新活跃，面临的风险形态复杂多样，因此，防范化解金融风险成为金融工作的重要内容。这需要完善风险防控机制、强化人才队伍建设、建立灵敏风险预警系统、调整风险管理策略、加速存量风险化解。此外，密切跟踪金融制裁演变，增强金融机构对金融风险的识别、驾驭和化解能力，确保金融体系安全和稳健，为新时代建设强大金融机构提供坚实保障。

在风险应对实践和国际经验基础上，金融机构应进一步完善金融风险防控的长效机制。第一，风险管理离不开高素质的专业人才队伍，要强化人才队伍建设，建立一套完善的人才引进机制，积极引进具有丰富风险管理实战经验、深厚金融理论功底以及国际视野的高端人才。第二，注重内部人才培养，通过定期培训、海外研修、案例分析等多种形式，不断提升现有员工的风险识别、评估及应对能力，形成一支既懂业务又懂风险管理的复合型人才队伍。第三，强化职业道德教育，确保每位员工都能坚守职业操守，为金融系统的稳定贡献力量。第四，面对复杂多变的金融市场环境，高效、灵敏的风险预警系统至关重要。金融机构应建立健全风险预警系统和风险协调化解机制，提升风险预警的精准度和化解风险的有效性，积极利用大数据、人工智能等数字技术，构建全方位、多层次的风险监测网络，实现对市场风险、信用风险、流动性风险、操作风险等多类型风险的精准预警。同时，完善风险处置协调机制和应急预案，一旦出现区域性或行业性风险苗头，监管部门应及时启动应急响应，监管部门和地方政府要形成合力，按照风险性质分类施策。通过市场化、法治化方式出清风险存量，避免风险长期累积。

与此同时，还要加强对宏观经济政策、行业动态、监管要求变化的跟踪分析，及时调整风险管理策略和措施，确保风险管理的前瞻性和有效性。在监管体系方面，近年我国通过机构改革理顺了金融监管架构，强化了风险监管的统筹协调。2023年新组建的国家金融监督管理总局整合原有银行保险监管职能，并统筹金融控股公司等业态的监管职责，与中国人民银行、证监会形成分工明确、协同配合的监管格局。针对系统重要性金融机构，我国引入总损失吸收能力（TLAC）等国际监管新规，降低大型银行在危机来临时对金融体系的冲击和蔓延。

在风险管理策略方面，金融机构要根据经济周期、市场环境、监管政策等因素的变化而适时调整、因时而变、顺势发展，建立定期评估机制，对现行风险管理策略的有效性进行回顾和评估，及时识别策略中的不足和漏洞，并基于最新的风险状况和业务发展需求，制定更加科学、合理的风险管理策略。要注重风险管理策略的创新，以适应金融业态的快速变化，进而全方位、多层次地推进和构建更加稳健、高效、安全的金融体系。

针对金融机构在地方债和房地产等领域存在的风险敞口，要加速推动存量金融风险化解，消除潜在隐患，可通过资金支持、战略咨询等方式助力地方债、房地产等领域的风险化解，避免相关风险向金融体系蔓延。此外，还需要密切跟踪金融制裁的演变情况，特别是关注相应制裁手段、方式及主体变化情况，深入研究可能产生的影响，前瞻性分析并提出应对预案。

（四）金融机构要做好金融"五篇大文章"

扎实做好科技金融、绿色金融、普惠金融、养老金融、数字金融五篇大文章，是新时代建设强大金融机构的主要抓手。这不仅关系到金融体系的稳健运行，更直接影响到经济高质量发展的整体进程。金融机构要在服务科技创新、支持绿色发展、促进普惠金融、优化养老金融、加快数字化转型服务等方面持续发力，完善相关制度体系，强化创新驱动，为经济社会可持续发展提供有力支撑。

科技金融是金融助力科技创新、推动产业升级的重要支撑。科技是第一生产力，创新是第一动力，金融机构应建立健全科技金融的支持体系，强化对科技型企业的全生命周期服务；通过设立科技金融专项基金、优化科技企业信贷审批流程、扩大知识产权质押融资覆盖范围等方式，加大对科技型中小企业的支持力度；加强与科研机构、高新技术企业的合作，推动产融结合，促进科技成果转化，助力我国科技创新体系建设。针对科技型企业技术含量高、创新能力强、轻资产、高风险等特征，建立并持续优化专属信贷服务体系，解决科技型企业"识别难、准入难"的问题；发挥金融机构联动作用，为科技型企业提供认股安排、上市培育等股权投融资顾问服务。

绿色金融是推动绿色发展、实现"双碳"目标的重要手段。绿水青山就是金山银山，金融机构应加快绿色金融产品和服务的创新，制定有利于环保和可持续发展的信贷支持政策，引导社会资本流向绿色产业；优化绿色贷款审批流程，为企业提供低利率、长期限的绿色信贷支持，鼓励企业实施节能减排项目；完善金融机构绿色金融制度体系建设，将绿色投资纳入整体投资管理框架，践行绿色低碳经营理念；建立健全绿色金融风险评估和管理机制，确保绿色金融可持续发展，为生态文明建设提供强有力的金融支撑。

普惠金融是促进共同富裕、推动经济公平发展的重要举措。金融机构应进一步拓展服务网络，增强农村和偏远地区的金融可及性，缩小城乡金融服务差距；要创新普惠金融产品，简化贷款审批流程，提供灵活的还款方式和优惠利率，切实降低小微企业和个体经营者的融资成本；要强化普惠金融服务体系建设，优化普惠金融信贷产品供给，健全普惠金融长效服务机制，保持小微信贷业务政策制度的连续性和稳定性，优化信贷业务流程，提高普惠金融服务效能。

顶层设计加力发展养老金融，促进金融和养老事业融合发展，是新时代建设强大金融机构的现实需要。支持中国式养老事业，服务银发经济高质量发展，以"金融所能"服务"银发所需"，是应对人口老龄化挑战、保障民生福祉的关键举措，也是促进银发经济蓬勃兴起、实现中国特色金融与养老事业深度融合发展的重要路径。一方面，金融机构要积极响应国家号召，不断丰富和完善个人养老金产品体系，有序开展适老化改造，包括优化网点布局、简化业务流程等，确保老年人能够便捷、安全地享受金融服务。另一方面，金融机构应出台更多支持养老产业发展的政策措施，积极推进多支柱养老产业、银发经济的建设，建立养老金融服务的正向激励机制。要加快制定实施专项养老信贷政策，为养老服务机构提供低息贷款等优惠条件，助力银发经济成为经济增长的新引擎，实现中国特色金融与养老事业的和谐共生与共赢发展。

数字金融能够提高金融资源的配置效率，要乘势加快推进数字金融发展，推动数字化转型，推进各项业务流程的数字化，提升金融服务的智能化和便捷性；要加强对新型数字基础设施建设、数字技术创新和薄弱环节、产业数字化转型等重点领域的综合金融支持；要不断优化用户界面和操作流程，提供更加流畅和便捷的服务体验，提升客户满意度，借助大数据和人工智能技术，强化对数字金融业务的风险监控和管理；要深入推进数字金融服务与经营体系建设，深化数字化运营新布局，夯实数字化运营队伍建设。

（五）金融机构要贯彻党中央的大政方针和决策部署

金融是国家重要的核心竞争力，金融安全是国家安全的重要组成部分。建设金融强国要求金融战线牢牢坚持党对金融工作的集中统一领导，自觉将党中央的大政方针和决策部署贯彻到金融改革发展稳定等方面。

金融机构要切实提高政治站位，胸怀"国之大者"，强化使命担当，聚焦党中央关切的重点领域，补齐金融服务短板。一方面，要坚持以人民为中心的发展思想，把满足人民群众日益增长的美好生活需要作为金融工作的出发点和落脚点。着力加强对中小微企业、"三农"等薄弱环节的支持，补齐民生领域金融服务短板，推动养老产业升级，更好服务共同富裕。另一方面，构建金融有效支持实体经济的体制机制，加大对科技创新、先进制造、绿色低碳等领域的金融供给，推动产业智能化、数字化转型，服务经济高质量发展。

党中央的决策部署通过一系列金融政策和改革举措得以贯彻，并深刻影响着金融机构的经营行为和改革方向。稳健的货币政策提供了合理充裕的流动性环境，促进金融机构降低融资成本、优化信贷投向。利率市场化改革引导银行加强自主定价和风险管理，财政与货币政策协同推出的结构性工具则要求银行将更多信贷资源投向小微企业、绿色产业等重点领域。资本市场注册制改革等措施推动证券行业转变业务模式，提升专业能力，以适应新的市场环境。个人养老金等金融改革举措的落地，为银行、保险、基金等机构带来新的发展机遇，激励金融机构开发契合政策导向的养老金融产品和服务。

展望未来，金融政策仍将以服务高质量发展和防控系统性风险为主线。政策将更加注重结构优化和质量提升，继续深化金融供给侧结构性改革。这包括进一步优化金融机构体系，推动大型银行综合化、国际化发展，支持中小银行深耕特色领域、服务下沉；完善金融市场体系，健全多层次资本市场，稳步推进人民币国际化。与此同时，随着《中华人民共和国金融稳定法》等法规落地，宏观审慎管理和风险处置机制将更加健全，金融监管将"长出牙齿"，坚决守住不发生系统性金融风险的底线。金融机构应主动适应未来政策走向，在战略规划中前瞻布局，不断提高政治站位和大局意识。要坚持服务国家战略不动摇，及时根据政策导向调整业务重点，继续加大对关键核心技术、绿色低碳转型、乡村振兴等领域的金融支持力度，严格遵循监管要求，筑牢风险防线。各机构还应加强与政府部门和实体企业的协同配合，形成政策传导的良性机制。

加快建设金融强国，是新时代赋予我国金融业改革发展的崇高使命和宏伟目标。实现这一目标，需要打造一批稳健而强大的金融机构作为坚实支撑。金融机构必须肩负起服务实体经济的主力军角色，以实际行动夯实经济金融良性互动的根基。工欲善其事，必先利其器。要努力磨砺自身，提升自身实力和国际竞争力，在经济全球化浪潮中赢得主动。筑牢风险防线，守护安全基石，要建立长效的风险防控机制，确保金融体系行稳致远。深耕"五篇大文章"，提高金融服务的质量和效能。在国内国际"双循环"新发展格局下，金融机构既要立足国内，也要放眼国际，促进金融业的对外开放，以更加开放的姿态融入全球经济体系，为加快建设金融强国贡献智慧和力量。

十七、金融体制改革深化中的中国多层次资本市场建设

作为一种金融制度创新，以1990年上海证券交易所的设立为标志的资本市场在中国出现和发展的时间并不长。30余年间，中国资本市场以市场化、法治化和国际化为改革目标取向，在上市公司数量、融资规模、交易量等方面均实现了极为迅猛的增长，成为社会主义市场经济体系的重要组成部分，其在经济社会发展中发挥的作用日益受到各方重视。但从实践来看，2008年以来，伴随着美国次贷危机进而全球金融危机的爆发和国内经济增长模式转型的推进，资本市场价格呈现出较为明显的长期低迷态势，迥异于实体经济持续增长的运行状况，且融资和资源配置功能也受到了较大冲击，导致相对商业银行体系而言，其在金融体系中的地位一度呈现出边缘化态势，金融结构失衡加剧。正此背景下，多层次资本市场建设作为党中央、国务院从经济社会发展全局和改革开放大局出发，科学认识和准确把握社会主义市场经济条件下建设和发展资本市场的规律，结合当前经济发展和深化改革的根本要求提出的一个重大改革目标举措，成为新时代中国金融体制改革深化的关键一环。

本文作者为中央财经大学金融学院应展宇教授。

（一）中国的多层次资本市场：历史与现状

历史地看，上海和深圳两个证券交易所创建之初带有颇为浓厚的"试验"色彩，且肩负着为国有企业提供廉价（甚至是免费）资金的功能，导致相当长的一个时期仅国有企业才能融资和上市，进而也就没有分层设置市场的设想。直到2003年，党的十六届三中全会才首次提出了要"建立多层次资本市场体系"。此后20余年间，随着2004年5月中小企业板（2021年已与主板合并）和2009年10月创业板在深圳证券交易所的相继创设，2012年9月全国中小企业股份转让系统（在中国也称作"新三板"）的设立以及2019年科创板在上海证券交易所的开板，2021年北京证券交易所的开市，再加上之前存在的区域性股权市场和代办股份转让系统，一个错位发展、有机互联、功能互补的多层次资本市场基本成形。

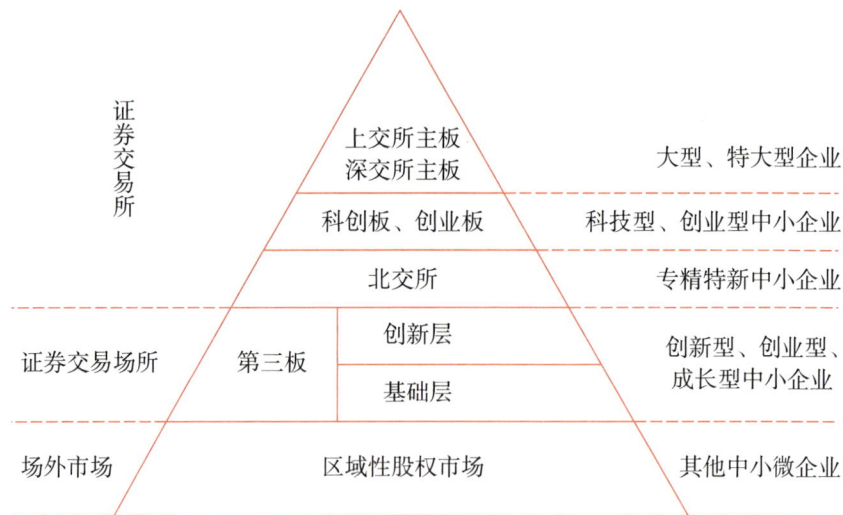

图17-1 中国多层次资本市场体系层次结构构成

借助图17-1可以看到，随着证券发行注册制的深入实施，中国资本市场的不同板块在强化"层次差异化"市场定位——位于沪深证券交易所的主板突出服务具有行业代表性的"大盘蓝筹"的特色；创业板则面向成长型创业企业，重点支持资助成长型创业企业，支持市场前景好、带动能力强、就业机会多的成长型企业；科创板坚持"硬科技"定位，面向世界科技前沿、面向经济主战场、面向国家重大需求，主要服务符合国家战略、突破关键技术、市场认可度高的科技创新企业，新一代信息技术、高端装备、新材料、新能源、节能环保以及生物医药等高技术产业和战略性新兴产业的科技创新企业，互联网、大数据、云计算、人工智能和制造业深度融合的科技创业企业；北交所打造服务创新型中小企业主阵地，通过允许红筹企业、未盈利企业、同股不同权企业上市，制度包容性逐步提升，市场服务的覆盖面和普惠性不断拓宽，较好地满足了来自实体经济的差异化投融资需求的同时，促进了创新资本形成，赋能科技成果转化。目前，多层次资本市场已成为科技金融发展的重要支撑平台，在大力促进"科技－产业－金融"的良性循环中推动了经济的高质量发展。

值得指出的是，2015年以来，随着多层次资本市场体系建设的推进，尤其是2019年注册制试点的落地，股票发行市场的板块分布和产业分布呈现出众多新的变化，其中最为突出的就是包括中小板、创业板、科创板等在内的"二板市场"首次公开发行（IPO）公司数持续增长，除个别年份（2018年）外均超过了主板上市数，长期以来主板上市公司占据绝对主导的"倒金字塔"结构得到明显改善——借助表17–1，可以发现截至2024年底，尽管沪深主板仍占据主体地位，但科创板上市公司已达581家，IPO融资9176.12亿元；创业板注册制后新上市公司558家，IPO融资5380.72亿元；北交所上市公司共262家，累计融资552.37亿元；新三板挂牌企业6101家（其中科技型企业3887家，战略性新兴产业企业1481家，国家级专精特新"小巨人"企业

1091家）；26家区域性股权市场"专精特新"专板共服务企业11908家（其中专精特新"小巨人"企业1103家、专精特新中小企业7315家）。此外，就上市公司产业分布看，2024年底，科创板、创业板、北交所新上市公司中高新技术企业占比均超过9成的同时，全市场战略性新兴产业上市公司市值占比已超过4成，资本市场服务科技创新、产业创新的质效明显提升。

表17-1　2024年底中国资本市场各板块发展状况

		上市公司（家）	占比	市值（万亿元）	占比
主板		3185	59%	74.22	79%
	上证主板	1693	31%	53.13	57%
	深证主板	1492	28%	21.09	22%
创业板		1365	25%	12.46	13%
科创板		581	11%	6.72	7%
北交所		262	5%	0.54	1%

来源：上海证券交易所网站、深圳证券交易所网站、北京证券交易所网站。

（二）多层次资本市场建设是中国金融体制改革深化的重要内容

在当前，建设多层次资本市场体系不仅是深化中国金融体制改革，助力金融体系模式转型的重中之重，而且是为战略性新兴产业、中小微企业提供高效金融支持，满足人民日益增长的财富管理需求的关键举措。

1.多层次资本市场建设有助于中国金融宏观功能定位的转变

从宏观视角着眼，中国银行主导的金融体系最值得称道的体现在两个方面：一是储蓄动员，二是宏观经济稳定。首先，在市场经济条件下，储蓄主体和投资主体分离的倾向日益突出，使得金融体系的储蓄动员和资源配置功能的重要性日益凸显。从储蓄动员角度看，中国现有的金融体系还是较为有效的——1995—2020年间，中国的年均储蓄率达到了44.77%，其中隐含国家信用支持的国有银行发挥了重要作用，银行储蓄存款始终维持了较高的增长势头，为中国高投资率，进而为经济的持续增长态势的维持提供了最为重要的金融支持。其次，从宏观稳定的维持来看，以国有银行为主导的中国金融体系也提供了一个非常便利的调控机制，1997年东南亚金融危机和2007年美国次贷危机两个特殊时期中国宏观经济的相对平稳运行，就非常清晰地显示了国家对国有主导金融机构体系的控制能力及效果。

但问题是，较为突出的储蓄动员和宏观稳定能力并不意味着以国有商业银行为主导的中国金融体系资源配置效率较高，进而与实体经济运行间的适应性强。这一点在中国经济告别了以要素投入为内核的高速增长模式，转向以创新为引领的高质量发展阶段后表现得更为明显：一方面，全社会信息透明度的提升一定程度上削弱了银行原来通过其传统业务获得的一些经济优势，致使一些经济主体（特别是大企业以及偏好风险的储蓄者）有着强烈的动机发展多层次资本市场，利用证券的直接交易来满足各自目标，且有效的司法执行体系可以确保贷出者对资金回流的信心的同时，提供了契约不完全时的稳定救济预期；另一方面，当经济发展到一定规模之后，社会财富的积累使得资金相对于投资机会而言变得较为充裕，这时如果市场被管制进而无法有效地发挥奖优罚劣的作用时，银行体系在资金分配上的缺陷日益凸显，良性的优胜劣汰机制缺失，无法支持"创造性破坏"。这实际上就意味着在当前"创新是第一发展理念，科技是第一生产力"的大环境下，中国金融结构的转型——相对于银行体系而言，多层次资本市场的地位日益凸显进而重要性上升——成为金融功能从资源动员转向支持创新的关键所在。

2.多层次资本市场建设有助于降低宏观杠杆率、维护国家经济安全

从宏观经济层面看，信贷、债务快速累积导致的高杠杆是金融风险的源头。2024年底，我国宏观杠杆率已经超过290%，与2008年的143%相比上升了逾1倍。2017年，习近平总书记就明确指出，"这么高的杠杆率，有其客观原因，同高储蓄率和发展阶段性特征有关系，但高杠杆和杠杆结构不合理容易带来宏观经济不稳定性和脆弱性，助长投机行为，扩大资不抵债的规模和压力，干扰社会预期，加大政策调控和市场调节难度"，"资本市场是我国金融体系的短板，直接制约着去杠杆进程"。

借助多层次资本市场的建设，众多高成长性中小企业获得了至关重要的市场化权益融资途径，减少了对债权债务性资金的需求。有效降低企业杠杆率的同时，也为创业投资的退出提供了更多选择，既促进了一级市场的投资活动，又为二级市场提供了优质标的公司，进而在形成"投资-退出-投资"良性循环的基础上，促进跨周期、跨产业、跨群体分散风险，极大地强化了企业乃至产业、地区和国家层面经济运行的韧性，有力保障了国家经济安全的实现。

3.多层次资本市场建设有助于促进战略性新兴产业、中小微企业发展，推动科技创新

创新是当前中国经济发展，也是产业结构优化升级的根本动力之一。多层次资本市场不仅为创新者提供了市场化的资金支持和退出机制，也为包括风险投资家等在内的投资者提供了与创新相关估值的激励，进而使得在产业、行业周期性的发展、更迭过程中，依托创新获得高成长的战略性新兴产业企业、中小微企业以及新业态、新行业得到充分和迅速的发展，率先实现

并推动其他产业的升级换代。因此，以多层次资本市场为依托，鼓励和规范发展天使投资、风险投资、私募股权投资，更好发挥政府投资基金的作用，发展耐心资本就成为当前中国金融改革的重要任务。这意味着多层次资本市场建设成为形成与新质生产力更相适应的生产关系、促进各类先进生产要素向发展新质生产力集聚、大幅提升全要素生产率的重要制度基础。

4. 多层次资本市场建设有助于为居民带来财产性收入，夯实金融的财富管理功能

长期以来，中国资本市场过于强调融资功能，为企业发展和经济增长作出了巨大贡献，但其投资属性相对较弱，没有充分发挥财富管理的功能，显著抑制了投资者信心。随着国民收入的快速增长，包括居民在内的各类经济主体的储蓄更多地以金融资产的形式存在。资本市场中投资者买卖有价证券从事投资活动的主要目的是资产保值增值。他们持有金融资产的本质是拥有对社会财富的索取权。当股票等证券交易价格发生变化时，持有者的财富数量会发生改变，从而使以金融资产形式存在的财富在不同持有者间进行转移和再分配。多层次资本市场通过创设收益和风险在不同程度上匹配的众多金融资产，在扩大投资者资产组合选择范围、增加财产性收入的同时，为社会创造了一种与经济增长相匹配的财富成长模式，建立了一种在经济增长基础上大众可自由参与的财富管理分享机制。

（三）当前中国多层次资本市场建设面临的主要问题

1. 市场透明度不足，市场完整性仍存在较大提升空间

建立在"公开、公平、公正"基础上的透明度及市场完整性是资本市场得以存在进而健康发展的制度保证。但总体来看，当前中国资本市场透明度并不高，市场完整性与成熟市场经济体存在一定差距。

第一，司法体系不完善。近年来，我国资本市场的法治建设已取得了相当的成就，但仍存在不少问题和局限。一是整体上缺乏充分的、高位阶的法律作为规范基础。目前我国已经形成以《证券法》为基础的资本市场法律规范体系，但由于资本市场监管立法规范较为庞杂，且相关法律文件的法律位阶较低，缺乏上位法的支撑，容易产生规则之间的冲突且影响执法效率。二是相关规范的制定过程缺少公众参与。根据《证券法》规定，国务院证券监督管理机构与证券交易所享有一定的规则制定权，但由于我国没有规范性文件的司法审查制度，以及证监会与自律组织之间的紧密联系，相关规范的制定难以形成有效的外部监督。三是资本市场监管展现出较强的行政化与政策化色彩，监管权力的运行缺乏一定的可预期性。此外，在为投资者提供救济规范方面，我国有关投资者保护的制度（公司内部治理、关联交易、内幕交易等行为的监管制度以及信息披露制度）安排仍有待完善。

第二，上市公司财务信息质量不高，违法违规现象颇为常见。高质量的财务信息是金融体系平稳、有效运转的基本前提。但在中国，由于会计准则、信息披露制度的要求通常比较薄弱，金融体系中财务市场信息的可得性、准确性、完备性、全面性往往无法保证，使得人们难以准确地评估借款人的财务状况，极大地制约着股票市场运转的有效性。以上市公司年报信息披露为例，根据证监会发布的《上市公司2023年年度财务报告年报会计监管报告》，沪深两市5354家公司披露的年度财务报告，209家公司年度财务报告被出具非标准审计意见的审计报告，占比近4%。2024年共有1011家上市公司因违规行为被罚，占A股上市公司总数的18.78%，较2023年的16.96%有所提升。

第三，证券监管执行力度不够。由于相关法律法规的缺失以及法律执行的低效率，再加上金融监管机构设置、专业人员配备以及权力制约等因素，中国现有的证券监管体系无法很好地适应经济金融全球化背景下的金融创新的要求，监管模式相对较为僵化，更多的时候倾向于以牺牲效率为代价来换取经济金融的稳定。此外，从中国目前的情况看，鉴于银行、证券、保险以及信托的混业已经成为现实，市场中存在诸多内在功能极为相似、但形态各异的金融业务或产品，机构监管的有效性受到了很大的影响。

2. 市场运行的基础制度性缺陷依然存在

从市场运行的角度看，中国资本市场中长期存在的一些制度性缺陷可能是导致市场信心缺失的另一个不容忽视的重要原因。在我们看来，资本市场运行层面的制度性缺陷大致表现在三个方面：一是部分制度内容背离市场运行的内在规律，存在较多的不合理之处；二是制度稳定性较差，相关内容变化频繁致使市场无法形成稳定的预期；三是制度不完善，在一定程度上与市场的快速发展脱节。

第一，制度不合理。这里仅以再融资制度来做一个说明。证监会于2006年5月发布的《上市公司证券发行管理办法》对上市公司的（再）融资与股利分配政策挂钩做了一般性规定。而自2008年证监会发布《关于修改上市公司现金分红若干规定的决定》以来，高现金分红已成为当前中国上市公司获得再融资资格的基本前提和内在要求。此后证监会2012年发布的《关于进一步落实上市公司现金分红有关事项的通知》与《上海证券交易所上市公司现金分红指引（征求意见稿）》又对现金分红与再融资挂钩的政策取向进一步强化。这一制度体系一方面限制了上市公司再融资的便捷性，另一方面也使得部分上市公司出现了一边再融资、一边进行高派现的较为矛盾的资本运作行为，甚至"分红"也名正言顺地成为某些大股东套现手段。直到2020年2月，证监会发布了修订后的《上市公司证券发行管理办法》才解除了对上市公司再融资的必要限制。2024年7月被暂停的转融通业务也主要是因为制度设计中对融券交易中涉及的证券来源的规定与现行证券法的相关规定存在一定冲突，进而不尽合理。

第二，制度不稳定。2008年以来，IPO制度的变化可能是中国股票市场制度不稳定最为典型的例证。为了稳定市场，2008年至今中国股票市场至少经历了三次IPO的暂停，分别是2008年9月16日到2009年6月29日、2012年11月16日到2013年12月30日、2014年3月到2014年6月，在此期间没有一家公司获得中国证监会的股票发行核准。IPO的暂停，是证监会对IPO在核准对象判断依据、询价对象、定价方式、资金筹集管理、中介机构责任等相关制度内容的不断修正。客观地说，尽管这一时期总体上新股发行制度的市场化程度有了较大的改进，但制度的反复调整从根本上打乱了拟上市公司、（证券公司等）证券服务机构以及投资者的预期，成为影响市场运行的重要原因。

第三，制度不完善。尽管从形式上看，与资本市场运行相关制度，诸如发行审核制度、退市制度、并购制度等在中国都已存在，但其中很多制度缺乏实施细则，内容不够完善，直接导致其几乎流于形式，缺乏可操作性的同时，不同板块市场之间的"转板"制度至今仍未明确落地。转板制度的缺失使得资本市场中现有不同交易所和板块过于独立，彼此之间产生了较为明显的市场分割，不利于提升市场之间的竞争效率，且不同层次板块之间缺乏灵活的"升"和"降"，导致多层次资本市场的合作衔接性不足。

3.资本市场运行波动过高的同时，其与实体经济之间的背离较为显著

1990年以来，对于中国资本市场运行最为形象的描述可能就是"熊长牛短"和"波动剧烈"两个词汇，而这一态势无疑与中国持续、强劲的实体经济增长形成鲜明对比。

众所周知，1979年以来的40余年间，中国无疑是世界上发展速度最快、增长最有活力的经济体——从总量上看，以1978年3678.7亿元人民币的GDP为起点，中国2024年的GDP总量达到了134.9万亿元人民币，创造了一个持续时间40余年的经济奇迹。从理论上说，经济的持续增长为中国股价的变化（或者说上升）提供了强有力的基本面支持。但遗憾的是，现实地看，中国股价的变化却似乎没有反映出实体经济的这种持续成长态势，股价指数的变动呈现出一种大起大落、相对发散的无规则状态——以上证指数为例，从1990年11月19日的100点起步，尽管在2001年、2007年以及2009年分别达到过2226点、6124点和3468点的阶段性高位，但2013年底收盘时仅2115.98点，23年的平均增长率为14.2%。尽管2014年7月开始指数显著上升，但到年底收盘也仅3157.6点。行情在2015年一路上涨至5178.19点后大幅回落，2018年底上证指数再次低迷并跌破2500点，其后股价缓慢恢复，2019年上证指数收盘为3050.12点，2021年底上证指数收盘为3639.78点，2024年底上证指数则又降至3351.76点。

（四）加快多层次资本市场建设的政策建议

当前，尽管以破解资本市场运行中的制度性缺陷为抓手，提高直接融资比重为目标，加快资本市场改革，尽快形成融资功能完备、基础制度扎实、市场监管有效、投资者合法权益得到充分保护的多层次资本市场已成为社会共识，但如何改变市场运行长期低迷的状态，使市场走上持续、快速、健康的发展之路仍是一个棘手难题。在我们看来，近年来银行信贷规模增长进而M2急剧扩张、宏观流动性相对充裕的大背景下，破解这一难题的关键在于恢复或提振投资者市场信心。现实地看，一方面，面对当前中国资本市场运行所表现出的市场信心极度缺失以及由此导致的价格持续低迷这一局面，要想恢复投资者对市场的信心，使市场真正摆脱颓势的关键并非监管层反复强调的"救市"决心或者说出台一些带有"强心剂"意味的短期"救市"举措，而在于能否回归市场的本来功能定位，弱化融资考虑，强化市场规则或秩序，尤其是要通过一以贯之的立法与执法，强化社会契约执行和信息披露要求，严格打击虚假陈述、内幕交易和操纵市场三大证券违法行为，夯实市场基础设施，为中小投资者提供有力的保护；另一方面，随着党的二十届三中全会《决定》中涉及深化金融体制改革的公布，可以发现，在中国，未来一个阶段金融改革的重点将不再局限于商业银行等机构层面，利率和汇率市场化改革的推进将使市场导向、市场建设成为改革的根本，多层次资本市场建设的重要性不断上升的同时，金融监管面临的挑战也更为突出。

在这样一个大背景下，要想加快多层次资本市场，促进资本市场的健康发展，中国的政策导向必须在强调投资和融资相协调的资本市场功能定位的基础上大力推进制度性变革。

具体而言，就中短期而言：

1.以市场发挥决定性作用这一思想为指导，进一步修改完善现行《证券法》，为中国资本市场的制度重构奠定基础、稳定市场预期的同时，提高市场化程度，在建立增强资本市场内在稳定性长效机制的基础上，优化金融市场化运作模式，深化利率市场化等价格机制的改革，推动区域性股权市场规则对接、标准统一，提高金融市场价格形成的有效性，提高资源配置的合理性。

2.着眼于宏观稳杠杆、微观增活力，以支持创新为导向，稳步扩大资本市场服务的覆盖面，在坚守科创板"硬科技"定位，完善创业板成长型创新创业企业评价标准，强化北交所服务"专精特新"中小企业定位的基础上，坚持错位发展、适度竞争的理念，适时推出并持续优化各层次市场间的转板机制。

3.重新反思当前中国发行上市、兼并收购、信息披露等制度改革的基本取向。在市场乃至公司治理等其他支撑制度并不健全的前提下，单纯强调发行上市以及定价制度的市场化可能会引发巨大的利益冲突，一定程度上可以说就是在存在巨大信息不对称的前提下，以损害中小投资者利益为代价来为内部人或大型机构投资者输送利益。需要在进一步完善金融基础设施的基础上，强化上市公司、中介机构（含证券公司、会计师事务所、律师事务所、资产评估机构等）责任。一旦出现问题，相关责任人一定要一追到底，以严刑峻法来保证证券发行环节的质量。

4.进一步完善相关证券立法的同时，强化证券犯罪打击的高压性、一贯性与持续性，证券违法打击的执法力度千万不能出现"阶段性"或"因人而异"的变化特点。

5.进一步完善和改进上市公司治理，完善大股东、实际控制人行为规范约束机制和上市公司分红激励约束机制，健全投资者保护机制，规范市场参与者行为，整治金融市场乱象，依法规范和引导资本健康发展，对各种违法违规活动进行严肃处理，引导投资者重长期投资，上市公司重成长、重分红，监管机构重规则，中介机构重信誉。

6.加快机构投资者发展，优化投资者结构。一是发挥好私募股权和创投基金支持创新的战略性、基础性作用，进一步提高监管透明度和服务效率，畅通募、投、管、退各环节；二是继续扩大证券基金投资规模，完善基金治理结构；三是改革社会保障制度，使养老金成为资本市场上重要的机构投资者；四是更加积极地推动保险资金进入资本市场。

7.推动金融产品的创新，丰富产品种类以满足不同需求，降低交易成本。监管机构要积极鼓励金融创新，同时要对各种产品的风险进行穿透性监管。科学设计以保证金融产品风险和收益的匹配性，真正保护长期投资者和金融消费者权益，提高资本市场的有效性。

8.积极推动资本市场的国际化，吸引外资进入，促进国内企业"走出去"，提升市场的竞争力和影响力。

长期来看，中国多层次资本市场的建设需要在坚持市场化、法治化和国际化取向的基础上更为寻求和重视金融监管（稳定）和金融创新（效率）之间的一个恰当平衡。客观地说，中国目前对资本市场创新及主体行为的监管范围和力度要远大于成熟国家，这在规避出现较大市场动荡、有效防范系统性金融风险爆发的同时也一定程度上损害了效率，致使多层次资本市场运行中不少应该发挥的功能和上市公司的理性行为选择停留于理论层面，很难在实践中落地。而要实现资本市场运行中的一种动态平衡则需要坚持党的领导，在构建和完善更多软性基础设施——知识产权、法治、透明度、金融自由和开放等基础上，发挥好有效市场和有为政府的作用，在更大程度上将经济决策分散到私人部门，并提高决策的质量。唯有如此，一个安全、规范、透明、开放、有活力、有韧性的多层次资本市场才能在中国成为现实。

十八、趋利避害规范程序化交易　增强资本市场内在稳定性

　　党的二十届三中全会审议通过的《中共中央关于进一步全面深化改革、推进中国式现代化的决定》指出，要健全投资和融资相协调的资本市场功能，防风险、强监管，支持长期资金入市，建立增强资本市场内在稳定性长效机制。程序化交易是信息技术进步与资本市场融合发展的产物，在我国市场起步较晚，但近年来发展较快，已成为证券市场重要的交易方式。然而近期，量化和程序化等概念引发市场关注，尤其是2024年初量化私募参与的微盘股崩盘等事件，让量化交易一度被贴上"砸盘元凶""助涨杀跌""割韭菜"等标签，对投资者信心产生了不利影响。何谓程序化交易，其对市场产生了什么影响，近期的政策举措从哪些方面进行了规范，针对市场出现的新情况应该如何做好下一步工作，本文将通过回答以上问题，为更好落实党的二十届三中全会重要决定，增强资本市场内在稳健性，提升服务实体经济质效提供政策建议。

（一）程序化交易对市场影响存在理论争议

　　近年来我国股票期货市场程序化交易规模持续上升，逐步成为市场投资

本文作者为中央财经大学金融学院王曰涵讲师。

者重要交易方式之一。从境内外经验与学术研究成果来看，程序化交易在提升交易效率、增强市场流动性等方面发挥了一定的积极作用，但2015年美股"闪崩"等一系列事件也暴露出在特定市场环境下，程序化交易可能引发或加大市场波动，不利于股票市场稳定发展。2024年4月12日，国务院印发的《关于加强监管防范风险推动资本市场高质量发展的若干意见》（以下简称《意见》）就提出了"增强资本市场内在稳定性"，并明确了需要"加强交易监管"的工作方向，程序化交易也成为证券监管加强规范的主要对象之一。

广义上讲，一次完整的交易流程通常包含两个步骤：第一，从外部获取数据与信息，经过人脑或计算机对信号进行加工后形成投资决策；第二，将决策转化为交易指令，通过证券公司在交易所执行交易。根据证监会发布的《证券市场程序化交易管理规定（试行）》（以下简称《管理规定》），程序化交易是指通过计算机程序自动生成或者下达交易指令在证券交易所进行证券交易的行为。因此我国对程序化交易的监管，范围涵盖形成交易决策与执行交易决策两个步骤，任一步骤通过计算机程序完成均可视为受约束对象。

程序化交易的自动化特性，使得交易信号可以通过计算机程序在短时间内以高速度生成并下达，这就是高频交易的关键要素，其关注重点是在第二步下达指令环节。因此从表现上来看，程序化交易在下达指令频率达到一定水平后即可称为高频交易，这是一个量变的过程。

另一个与程序化交易相关的概念是量化交易，量化交易指基于对资本市场中的特征变量进行数量化分析，并以此作为依据的交易模式。其主要与主观投资相对，强调通过分析海量数据寻找统计学规律形成投资决策。而在交易工具的运用、交易风控系统方面都可以基于定量化分析。总结来看，量化投资和程序化交易更多是对现代交易模式从不同角度的理解，程序化交易强调利用计算机程序工具，而量化投资强调运用定量化方法和统计学手段。

由以上定义可知，首先，虽然目前的监管措施主要瞄准高频交易，但此次针对程序化交易提出的诸多举措，其政策覆盖面是比较广的。即使投资者只是通过计算机进行数据分析并操作下达交易指令，因其包含生成交易指令的过程，也可以被视为程序化交易。其次，程序化交易不一定是高频交易，市场上存在某些低频投资策略都采用了量化手段或程序化交易手段，但从交易特征上看其与某些主观投资并无明显区别，实际上也很难从中区分。

有关程序化交易对于市场影响的讨论，主要从市场有效性和市场福利两个角度来进行。市场有效性主要讨论程序化交易是否增强了市场的流动性或市场稳定性，而市场福利则从市场结构角度，分析程序化交易是否利用其速度优势损害他人来获利，或者通过军备竞赛而导致了市场参与者普遍福利的下降。

从市场有效性角度，程序化交易尤其是高频交易在提供市场流动性方面的作用是毋庸置疑的。在美国等成熟市场，程序化交易的交易量占比超过50%。基于美国、日本和英国的研究都指出，程序化交易尤其是高频交易可以帮助市场上的交易者迅速找到对手方，降低买卖价差和匹配时间，为市场提供了交易流动性，使得股价更加趋近随机游走。此外，程序化交易通常分散度远高于一般基金，更可以为中小市值股票提供交易流动性。但诚如证监会指出的，一系列研究通过高频交易引入作为冲击的事件研究法或区分不同市场状态，发现程序化交易比例的增加会导致市场上更为严重的信息不对称，继而带来逆向选择问题，导致部分普通交易者退出市场，反而降低了市场流动性。针对市场稳定性，Jones（2013）[①]的文献综述总结发现高频交易

---

① Jones C M. What do we know about high-frequency trading? [J] . Columbia Business School Research Paper, 2013 (13-11) .

的引入没有损害市场稳定性并且降低了短期波动性。在市场风险暴露、交易执行和风险管理等方面，量化交易大多执行着基于先进技术手段的、更严格和系统化的交易制度，以提高交易效率、减少市场冲击、管控投资组合的风险等。针对"闪崩事件"及其背后的市场结构变化，Brogaard等（2018）[①]发现即使在股价极端变化时，程序化交易也依然发挥了缓解波动的作用。

从市场福利的角度来看，程序化交易如果能够确定性的比其他交易方式获得超额收益，则因其高投入的特点将会提高再投资门槛，产生市场不公平，最终导致贫富分化。绝大多数学术研究与实证结果都证实了高频交易导致的不公平情况。Baron等（2014）[②]的研究发现，当高频交易者存在时，其他投资者有信息报单被执行可能性将会降低，即使被执行其报单也往往因逆向选择问题产生最终亏损。因此程序化交易在信息获取利用以及交易下单方面的速度优势的确会转化更多的交易机会与超额收益，导致了不公平获利，最终使得其他投资者退出市场。有关军备竞赛问题，程序化交易尤其是高频交易出于对速度的追求，大量依赖最为先进高效的计算设备与信息传输网络设备。在我国，具有资源优势和人力优势的高频交易机构已经开发使用FPGA等更为高速的计算设备来获取微秒级别的速度优势。美国程序化交易投资者为了获得从芝加哥到纽约3毫秒的信息传输优势，需要花费千万美元以搭建短波通讯基站链路。"军备竞赛"不仅无法提升市场福利，甚至随着硬件设备的迭代更新还会产生较为严重的电子垃圾与重复建设问题。

---

① Brogaard J., Carrion A., Moyaert T., et al. High frequency trading and extreme price movements [J]. Journal of Financial Economics, 2018, 128（2）: 253–265.

② Baron M., Brogaard J., Hagströmer B., et al. Risk and return in high-frequency trading [J]. Journal of Financial and Quantitative Analysis, 2019, 54（3）: 993–1024.

（二）程序化交易迅速渗透推动监管措施加速落地

我国程序化交易领域当前表现出"内低外高"的特点，即内资在中低频领域占据主导，外资在高频领域具有显著优势。据证监会所披露的数据，我国程序化交易起步晚但发展速度快，目前程序化交易投资者持股市值占A股总流通市值的比重在5%左右，交易金额占比约29%。账户层面，2023年9月证券交易所建立程序化交易报告制度，截至2023年底，全市场报告程序化交易账户11.9万个，已实现"应报尽报"。参考市场研究报告，由于公募基金在交易频率和交易种类上都存在一定限制，因此私募量化在采用程序化交易方面更为积极。根据中国基金业协会数据，截至2021年末，在协会备案且勾选量化的私募基金数16850只，规模1.08万亿元。其中以指数增强策略和市场中性策略为主，高频量化只占少数。

作为监管重点关注的高频交易，占程序化交易总额的约60%。其中，以Jump Trading、Optiver、Tower等为代表的海外高频量化机构在交易系统开发方面，依靠长期的技术积累和底层私有网络相比国内团队具有巨大的优势。据调研，Jump Trading的报价数据处理能力明显优于中资量化投资机构。在市场数据获取方面，Jump Trading、Tower等国外9家公司垄断了从美国芝加哥到上海的最快微波链路，其CME原油、黄金、白银等产品数据比其他市场参与者至少快1毫秒。这些优势支撑Jump Trading在进入中国市场短短数年就成为了上海黄金交易所第一大交易商，也让外资高频交易商在中国资本市场上获取了大量利润。

2023年9月以来，证券监管机构针对程序化交易出台了一系列监管政策。2023年9月1日，沪深京三家交易所发布了《关于加强程序化交易管理有关事项的通知》和《关于股票程序化交易报告工作有关事项的通知》。2024年4月12日发布的新"国九条"（《意见》）对于证券程序化交易提出"趋利避害、突出公平、从严监管、规范发展"的原则要求。同时提到："加强交易监管。完善对异常交易、操纵市场的监管标准。出台程序化交易监管规定，加强对高频量化交易监管。制定私募证券基金运作规则。强化底线思维，完善极端情形的应对措施。严肃查处操纵市场恶意做空等违法违规行为，强化震慑警示。"同日，证监会就《管理规定》公开征求意见，并于5月11日正式发布。在起草说明中证监会提到："程序化交易特别是高频交易相对中小投资者存在明显的技术、信息和速度优势，一些时点也存在策略趋同、交易共振等问题，会加大市场波动。"6月7日，三家交易所就《交易所程序化交易管理实施细则（征求意见稿）》（以下简称《实施细则》）公开征求意见，提出"瞬时申报速率异常、频繁瞬时撤单、频繁拉抬打压、短时间大额成交"四种程序化交易适用的异常交易情形，并明确提出了高频交易的量化标准。值得一提的是，这是交易所继2015年后，第二次就程序化交易管理实施细则向社会征求意见。7月4日中证协就《程序化交易委托协议（示范文本）》向证券公司征求意见。

我国当前对于程序化交易的监管主要思路是从事前报告、交易行为、信息系统、高频交易四个维度切入。首先，对经营机构及其客户等提出了事前报告制度，要求其对账户、资金、交易特征、软件信息进行报告，经过核查完成方可进行程序化交易。其次，事中通过交易所实时监测，对异常程序化交易行为进行及时处理，并落实经营机构合规风控要求。再次，对信息系统也提出了测试和报告要求，尤其是对交易单元、主机托管服务进行规范。最后，此次着重对高频交易提出了限制性要求，包括完善认定标准、计划实施差异化收费和重点监管等举措。而相较2015年版本，此次《管理规定》也提出了内外资一致原则，对沪深股通渠道进行统一管理。

事实上，监管部门对程序化交易发挥的作用也给予了肯定。《管理规定》指出"程序化交易是信息技术进步与资本市场融合发展的产物，有助于为市场提供流动性，促进价格发现"。因此总体上，对程序化交易的监管坚持了"趋利避害、突出公平、从严监管、规范发展"的原则。主要瞄准三大问题：一是相对于其他投资者，高频量化交易利用其资源和信息技术优势，损害了交易公平性；二是程序化交易依赖计算机程序，程序本身存在技术风险，会影响交易秩序和市场稳定；三是程序化交易策略存在趋同性，可能在特定场景下产生踩踏，放大市场波动。2024年7月10日，证监会发文表示下一步工作包括指导交易所出台程序化交易管理实施细则，公布实施异常交易监控标准，制定北向资金程序化交易报告指引，明确高频量化交易差异化收费安排等。

近期系列政策的推出对资本市场健康发展产生了积极而深远的影响：首先，政策通过提升交易成本，有效地降低了市场的交易频率。这一变化对于市场参与者，尤其是那些依赖于高换手率来实现超额收益的策略，是一个重要的调整。增加的交易成本意味着频繁交易的成本上升，这促使投资者和量化投资机构重新评估其交易策略，转而更多地关注那些基于中低频交易的基本面量化策略。这种转变有助于市场资金的长期稳定，鼓励投资者进行更为系统化和深入的分析，捕捉股票的内在投资价值，从而对市场估值的合理化起到了积极的推动作用。其次，政策的推出强化了行业内的竞争，促进了行业结构的优化。一些小型高频量化私募基金在新的政策环境下可能面临策略盈利能力下降的挑战，这迫使它们不得不转向中低频交易策略，参与到更为激烈的市场竞争中。对于资本积累较为雄厚的量化基金来说，这是一个机遇，它们可以利用自身的技术优势和产品优势，在竞争中脱颖而出，从而提高整个行业的集中度。根据证监会2024年7月10日公布的数据，截至6月末，全市场的高频交易账户数量年内下降了20%，这表明政策已经开始产生效果。此外，针对国内外高频交易策略投资机构在账户结构上的差异，从账户层面进行高频交易的认定与监管可以改变当前外资高频量化机构"赢者通吃"的局面，有利于培育和发展内资小型高频量化交易机构，有效缓解市场"军备竞赛"问题。最后，政策的实施有助于维护市场的公平性，并促进市场的长远健康发展。例如，2024年1月28日，证监会加强了对限售股出借的监管，全面暂停了限售股出借，并调整了转融券市场化约定申报的时间，从T+0改为T+1，对融券效率进行了限制。这些措施，结合对程序化交易的规范，有效地维护了证券市场交易秩序的稳定，确保了市场的公平性。通过限制程序化交易投资者相对于中小投资者在融券方面的速度优势，政策有助于更好地保护中小投资者群体的利益。监管的效果已经初步显现，截至6月末，触及异常交易监控标准的行为在过去3个月内下降了近60%。

（三）适度合理规范程序化交易保障市场稳定发展

政策出台后，市场上陆续出现了有关市场流动性下降、高频交易标准设定不合理、沪深港通机制存在监管漏洞的担忧。主要表现如下。

首先，市场流动性受到影响，不利于发挥融资功能。程序化交易的重要功能就是为市场提供流动性，根据《证券时报》2021年的报道，A股市场量化交易日成交额约在2000亿元，成交占比在20%左右，在市场流动性提供方面发挥了重要作用。从实际来看，沪深京交易所2024年8月中旬连续多天不足5000亿，创下2019年12月以来接近5年的新低，对程序化交易的规范化限制是导致交易减少的原因之一。较低的市场流动性会增大市场参与者寻找交易对手方难度，增大交易成本。同时令市场深度降低，放大市场价格波动，不利于市场长期稳定。更重要的是，较低的市场流动性会导致企业通过股票市场IPO发行融资意愿受到影响，扩大了融资活动影响，不利于发挥直接融资功能，影响资本市场支持实体经济力度。

其次，存在潜在套利空间，削弱政策效果。第一，正如日本金融厅FSA在2017年12月针对高频交易的公开评论中指出，"如果频率成为高频交易的判定标准，那么如果从事高频交易的投资者通过多个金融机构进行下单，这将使得监管难以确认，从而无法保证监管有效性"。目前的《实施细则》中，对高频交易的判定主要依据单个账户申报、撤单的最高笔数达到每秒300笔或每日20000笔。而从德国、日本等其他国家经验来看，对高频交易的判定通常基于其是否为了最小化时延采取如服务器直连等措施，或其交易行为是否存在很高的撤销率或短时撤销情况（Ohyama等，2021）。单纯限制账户层面申报撤单数量可能存在技术操控空间，这将在削弱政策效果的同时增加监管难度。第二，对于沪深股通渠道，由于香港采用了与内地不同的二级托管制度以及非穿透式账户监管，要求香港交易商提交逐笔订单信息或整合机构账户交易信息存在一定难度，这也为内地和境外程序化交易者提供了监管套利空间。

最后，对市场内在稳定性影响值得讨论。党的二十届三中全会《决定》指出要建立增强资本市场内在稳定性长效机制，而程序化交易对资本市场稳定性的影响在学术领域尚无定论。而普遍关注的"闪崩"现象，现有研究总体认为高频交易虽然可能放大某些特殊情况下的市场波动，但高频交易并非诱发"闪崩"的原因。从我国实际情况来看，因策略相似而导致的趋同交易、主观投资中的行为偏差如羊群效应更可能是市场脆弱性根源，量化投资方式反而可以降低非理性因素，有利于市场稳定。此外对于量化类机构，每日20000笔申报的限制意味着每日每只股票下单不超过4次，不仅可能阻碍其通过分散投资降低风险，被迫将分散化订单统一下达还会造成更大市场冲击。

针对程序化交易的监管可以从以下几方面进一步完善。

第一，推动落实行为监管要求，完善异常行为判定标准。在异常交易实时监控的基础上，完善对高频交易的判定标准，更多从交易行为对市场影响角度划分不同类型交易行为。从撤单率、持仓时长、下单时延等角度明确高频交易标准，完善包含高频交易的操纵市场、拉抬股价、虚假交易等行为的认定规则并及时进行处理。对有助于稳定市场、提供流动性、降低市场冲击成本为目的的被动式拆单交易（VWAP、TWAP）和IOC等特定交易行为根据其报价行为特征进行认定与豁免。同时对于可能出现的隐藏行为或其他违规行为，及时修订调整标准，以确保监管框架能够趋利避害，促进市场的公平与效率。

第二，从交易执行层面采取措施，维护市场公平性。针对程序化交易导致的市场不公平情况，可以对程序化交易账户采用多种执行层面限制措施。例如"速度坡道"增大交易时延方式。通过引入交易时延，降低程序化交易账户的交易速度，从而减少其对市场的即时影响；阶梯式交易费用根据交易频率和交易量对程序化交易账户收取不同级别的交易费用抑制过度交易行为，减少市场波动；执行次优交易价格以减少程序化交易者利用算法优势获取的不当利益，从而维护普通投资者的交易公平性。此外，直接市场访问（DMA）产品允许投资者通过电子平台直接下单交易股票，通常伴随较高的杠杆率。通过限制这类产品的规模和杠杆使用，也可以有效降低系统性风险，保护市场稳定。以上举措的实施依赖于交易所实时监控与风险防控系统，也依赖于明确的投资行为规则以及券商管理责任的有效落实。

第三，加快出台沪深港通配套制度，落实穿透式监管。坚持内外资一致原则，加快建立北向程序化交易报告机制，在高频交易判断标准制定上考虑北向投资者本身交易A股存在高时延、标的覆盖面广、交易撮合模式多样的实际特点，从加强市场稳定性出发建立全覆盖的监管标准。完善利用现有北向交易投资者识别码制度落实穿透式监管，定期整合更新各二级托管商报告客户信息，实现对境外投资者账户信息集中管理，做到内外资监管与信息收集报告标准统一。加强跨境监管合作，提高对高频交易的监管标准，包括额外报告机制、差异化收费等，以确保市场的公平性和秩序。

第四，强化机构内部合规管理，推动内外部协同发力。对市场参与机构和投资者的程序化交易合规风控制度以及信息系统运行参数进行不定期检查，确保这些制度和参数符合最新的监管要求。这包括对交易行为的实时监控，以及对可能影响交易所系统安全或交易秩序的异常交易行为的重点监控，如短时间内大量申报和撤单等。明确有关责任人员，定期开展合规标准培训，提高市场参与者对合规重要性的认识，确保他们了解并遵守相关法律法规，对违规行为采取市场禁入等严厉措施。要求会员对报告客户信息和异常交易管理责任落实到位，对未履行职责的会员采取相应的监管措施。这包括对客户程序化交易行为的监控、及时识别和报告异常交易行为，并配合监管机构采取相关措施。技术层面对信息系统违规情况进行备案、处置并公布，以提高透明度并起到警示作用，确保用于程序化交易的技术系统符合规定，具备有效的监控和管理功能，并在发生故障时能够及时响应和处理。

第五，加强机构投资者信息公开披露，维护市场公平。参考成熟资本市场经验，扩大私募基金、保险理财等机构投资者信息公开范围，例如要求达到一定规模的机构投资者定期上报证券市场持仓情况并对外公布，降低投资者间信息不对称，增强市场信心，维护市场公平。同时扩大非公开信息报告范围，包括投资、借款和交易对手风险敞口等，帮助监管机构更好地监控系统性风险。缩小公募基金、私募基金、保险等各类机构投资者在投资限制方面的差距，为公募基金吸引人才、提升策略水平创造更有利的条件，从而增强基金投资者的获得感。

随着DeepSeek为代表的人工智能技术应用的更广泛普及，投资者参与资本市场的交易工具将愈加丰富，程序化交易的门槛也将不断降低。如何在维护市场公平、保障普通投资者权益与推动金融市场数字化转型，确保我国在数字金融的发展浪潮中保持前沿地位之间寻求平衡，将是长期摆在金融、经济、法律研究者面前的一道问题，也更需要政策制定者始终保持高度的专业性、前瞻性与科学性，以促进资本市场健康稳定发展。

十九、金融高水平对外开放：畅通金融双循环路径与机制

金融高水平对外开放的逻辑，是通过创新政策和举措激发跨境货币和资本循环的效率，同时有效保障国家金融安全。在金融高水平开放框架下探索金融双循环的路径和机制，具有重要理论和现实意义。本文从资本和货币双循环相互促进的视角，探索金融高水平对外开放畅通金融双循环的路径和机制。

（一）新发展格局中的金融双循环定位

2020年7月30日，习近平总书记在中共中央政治局会议上强调：坚持新发展理念，统筹发展和安全，加快形成以国内大循环为主体、国内国际双循环相互促进的新发展格局。党的十九届五中全会将"加快构建以国内大循环为主体、国内国际双循环相互促进的新发展格局"写入"十四五"规划和2035年远景目标建议。构建双循环新发展格局，是中国寻求实现强国目标过程中基于国内发展需要和国际形势变化做出的战略调整。

国内国际双循环是一个开放、互动的复杂经济系统，需要深入研究经济运行系统各领域改革开放关联性和各项改革开放举措耦合性，使各项改革

本文作者为中央财经大学金融学院张碧琼教授。

开放在政策取向上相互配合，在实施过程中相互促进。我们根据一般系统结构理论，将国内国际经济循环区分为资源、技术、资本、市场和货币五个路径，构建双循环系统结构（见图19-1）。

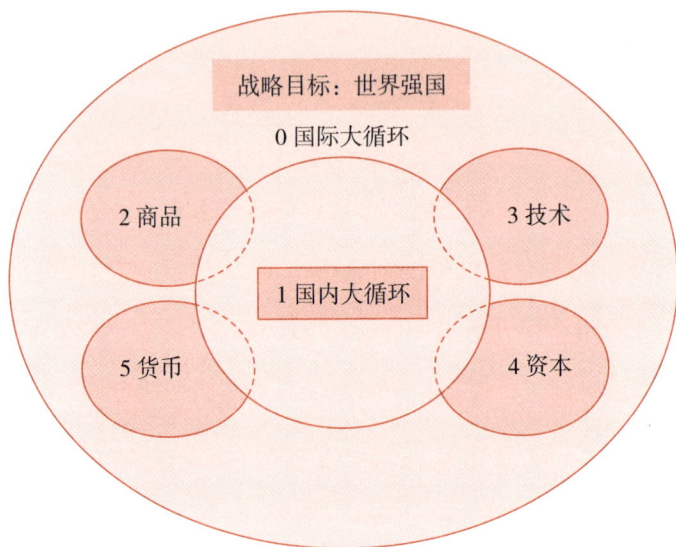

图 19-1　新发展格局的双循环系统结构与路径

图19-1中将商品、技术、资本和货币四大资源介质在国内大循环和国际大循环中设为基层节点，内外资源跨境配置交叉构成新发展格局的四大双循环子系统，每个子系统体现双循环相互促进特征，同时四个子系统之间又相互影响，具有复杂网络特征。

双循环大系统由包含商品、技术、资本和货币节点，跨越0和1的4个小双循环子系统构成，即每个小循环有国内与国际循环交叉部分。其中商品、技术双循环构成跨国实际资源交易的双循环，货币与资本双循环构成跨国金融交易的双循环。基于以上设计，构建双循环新发展格局，具体对应建设社会主义强国的四大战略目标：贸易强国、科技领先、做强企业和做强货币。

商品双循环是指进出口贸易形成的双循环系统（双循环2）；技术双循

环是指以高科技产品或无形技术贸易进出口形成的双循环系统（双循环3）；商品和技术双循环反映实际资源跨境配置状况，属于实际资源跨境交易范畴。金融服务于跨境交易结算和资本要素的跨境配置，核心是跨境货币流通和资金融通，包括资本双循环和货币双循环。

资本双循环是指以国内投资为主，通过对外投资和利用外资相互，形成国内国际投资相互促进的跨境资本运营系统（双循环4）。开放经济的资本双循环核心是产业资本的流入（FDI）和流出（OFDI），世界各国对产业资本流动的政策相对友好和开放。从企业层面看，通过对外直接投资成长为跨国企业，是提高国际竞争力的跳板。金融高水平开放旨在服务于资本跨境流动，引导未来战略产业的技术发明和创新，提升贸易竞争优势，打造跨国企业全球生产网络协同能力和产业链主导能力。

货币双循环是指国内货币流通和资金融通为主，国内国际货币流通和资金融通相互促进的金融稳定新格局（双循环5）。表现为国际结算中本外币兑换及定价，存在汇率不确定性和主权货币通用性问题。如果货币双循环运行稳定，汇率服务开放经济发展有力，国内信用和国际信用相互促进，则主权货币信用上升，推动实现货币国际化进程。

（二）金融高水平开放畅通金融双循环路径

金融开放是畅通国内大循环和促进国内国际双循环的制度保障。构造稳健的金融双循环体系是在当前国内外大势下，塑造我国金融新优势和金融强国建设的战略抉择。这要求推进金融开放水平的提高，全面提升金融系统性风险管理能力，以金融创新引领金融体系服务"双循环"新格局。金融高水平开放的目标是通过畅通国内国际双循环相互促进发挥引导性作用，具体路径是畅通货币双循环服务于货币国际化及畅通资本双循环服务于做强企业。

目前，我国金融市场已经形成金融业务负面清单式开放、金融机构通道式开放和人民币国际化"三位一体"的开放新格局，资本和货币双循环路径更加清晰（见图19-2）。

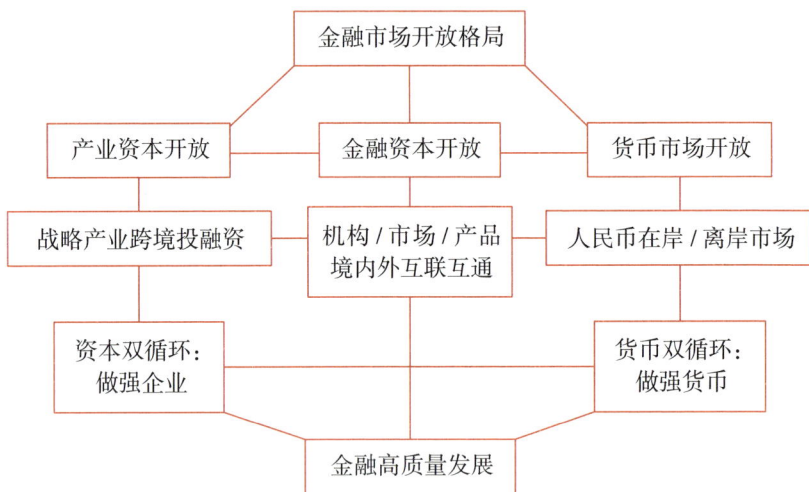

图 19-2　畅通货币和资本双循环的路径与目标

1.产业资本流动与畅通资本双循环

产业资本是我国资本账户开放最早和开放度最大的领域，基本实现了境外产业资本的国民待遇和全面负面清单制度，同时取消证券、银行、基金、期货等方面的外资股份限制，实现了外资金融机构的国民化待遇，产业资本双向流动更加便利。

外国产业资本投资中国产业主要集中于我国低成本、低生产要素的传统制造业，国内产业资本也多依靠承接发达国家的产业链转移而设立。我国不仅面临着美国产业链转移的"堵截"，还遭遇东盟一些国家依靠更低人力成本不断削弱我国产业竞争力的追击。只有驱动战略性新兴产业发展，突破国际对我国产业投资的"前堵后追"，以产业自身的高预期、强发展、稳回报，打造国际产业资本的"引力场"，才能不断吸引境外产业资本向境内流动。应当立足新能源和数字产业的国际产业资本"引力场"，探究政策合理缩减境外资本在华投资高新技术产业、战略性新兴产业的负面清单，推动产业资本在更大范围、多维度、高层次的开放。

2.金融资本流动与畅通货币双循环

通过金融领域通道式开放创新，我国先后建立了涵盖证券、基金、理财等方面的互联互通机制。实现了外资可见、可控以及资金出境投资的合理管制，外汇资金的双向流动更加稳定可控。

金融资本既是境外投资"引进来"的载体，也是境内投资寻找稳定回报和低风险的渠道。在开放制度设计中应当从三个方面发挥金融市场职责。

第一，以支付清算服务为基础推进银行业对外开放。制度化完善外资金融机构在境内的准入机制，落实外资机构在华投资的国民待遇，依托数字化制度建设不断拓展商业银行支付、结算、交易等方面转型。

第二，跨境投融资中适度提升境内外直接融资的比重。不断满足和丰富基础交易制度、跨境交易品种。政策上降低境外发行和境外上市的限制，便利境外资金募集、股息分红等需求，构建金融投资的"全流通"渠道。

第三，丰富跨境金融衍生品，完善市场风险管理工具。在制度设计上不断拓展外汇市场、股票期货和大宗商品的期权和期货品种设计，优化境内外市场的参与机制，在满足境内投资规避和对冲市场风险诉求的同时，吸引更多境外资本参与境内投资交易。

3.货币资金流动与畅通货币双循环

通过货币市场开放，畅通货币双循环，打造人民币国际化优势。较长时期以来，我国经常项目持续顺差，对外储蓄增加。以中国香港为中心的离岸人民币市场快速发展，打开人民币在国际大循环中内外贯通的堵点。通过境内银行开设NRA离岸外币账户，方便中小企业将境外资金转换成人民币，不仅有效解决中小企业跨境结算的难题，还能够实现对境外资金的有效管理。国际货币竞争中，人民币被纳入SDR体系，意味着中国资金和资产将会以人民币为载体在国际金融市场扮演更重要角色。

离岸市场发行人民币债券试点政策，有效增加境外离岸人民币需求规模。"引进来"与"走出去"相结合，政策鼓励国内商业银行参与离岸的人民币外汇交易，不仅能不断积累内资适应国际市场波动的经验，亦能增加境外人民币市场的流动性。同时，打造离岸人民币循环系统，整合各个自贸区、自由港的离岸人民币的试点经验，建立境外统一人民币离岸大系统，减少不同系统之间的摩擦成本，不断提升市场对人民币的认可度。

（三）金融高水平开放畅通金融双循环机制

金融高水平开放旨在畅通金融双循环系统，路径是货币和资本双循环相互促进。内循环核心是保障金融体系繁荣和稳定，提高中国资本和货币的国际影响力。外循环的核心是以制度创新扩大跨境交易规模和提升交易质量，以货币和资本双循环相互促进的机制，保障金融高质量发展。

1.畅通资本双循环机制：外循环主导做强企业

经济循环的主体是企业，强国首先要强企业，打造具有世界竞争力的企业群。从生产资本双循环的角度，如何做强企业？这既是理论机制问题，也是现实中企业自身的重要拷问。本文从国际循环角度，通过对外投资（OFDI）和利用外资（FDI）相互促进，探讨生产资本双循环相互促进机制。

（1）产业资本双向投资演化机制

迄今为止，关于企业对外直接投资行为的文献研究很丰富，以邓宁为代表的学者提出的投资发展路径理论最著名。20世纪80年代初，邓宁（Dunning，1981，1988）等学者先后在国际生产折中理论基础上建立一个动态分析框架，用以解释发展中国家对外直接投资行为，建立了投资发展路径理论（Investment Development Path，IDP）。

投资发展路径理论的中心命题是"发展中国家对外直接投资倾向取决于其经济发展阶段、该国拥有的所有权优势、内部化优势和区位优势"。其基本假设是随着一个国家经济的发展，外资企业优势的构成和即将在海外投资的本国企业OLI优势的构成会交互发生变化。实证研究表明，这一发展规律与世界各国国际投资地位的变化大体吻合。

IDP理论将发展中国家对外直接投资划分为四个阶段：第一阶段：没有任何内向和外向投资（人均GNP在400美元以下）；第二阶段：来自外国的FDI开始不断增加，基本上没有外向投资（人均收入在400~1500美元之间）；第三阶段：外商直接投资增长率低于国内企业对外直接投资增长率，有一些企业开始向处于更高阶段的发达国家进行投资；第四阶段：外向投资与内向投资实现动态平衡（国内企业在国内、国际市场的竞争力均得以加强，所有权优势和区位特定优势都大幅提升）。

在IDP理论中，学者将一国经济发展周期与企业的竞争优势因素有机结合起来，以说明一国的国际投资地位是如何随着其竞争优势的成长而相应变化的。在随后的研究中，邓宁等（如Dunning and Narula，1996）又进一步修订了IDP理论，增加第五阶段，以描述全球经济中领导经济体。领导经济体是指拥有全球竞争力的高质量发展的大型跨国企业。

（2）双向FDI外循环与企业高质量发展

根据对外投资路径理论，进入第三阶段的国家，企业对外直接投资成为获取技术、品牌和销售渠道，提升企业综合竞争力的重要手段。进入第四阶段的国家，利用外资和对外投资平衡增长，跨国公司开始具有技术、资本垄断优势，通过跨国经营、兼并等在全球形成了生产网络，开始探索走向全球产业链供应链上游。

①正向和逆向技术溢出效应

正向溢出效应是指外国直接投资促进东道国技术进步的效应；逆向溢出效应是指企业对外直接投资促进母国技术进步的效应。Damijan等（2013）基于10个转型经济体国家企业数据的研究发现，外资在这些国家确实产生较为显著的技术溢出效应。Van等（2001）对13个工业化国家对内和对外直接投资数据进行对比研究发现，东道国对母国具有显著的反向技术溢出，而且这一反向溢出与母国国内研发投入和投资流量正相关。

②生产率效应

生产率效应是指通过利用外资或对外直接投资，促进了企业生产率的提高。多数研究文献的测算结果表明，发达国家的对外投资对母国企业具有显著的生产率效应。Edvard Orlic（2018）使用欧洲五个转型国家企业层面的数据研究了FDI的溢出效应与制造业企业生产率的关系，发现东道国制造业企业受益于外国的特定企业，获得企业生产率提升。蒋冠宏和蒋殿春（2014a）

基于2004—2006年中国企业层面数据，运用倍差法研究发现，对外直接投资显著提升企业生产率，但提升程度随着时间推移逐渐降低。

③出口能力效应

跨国企业是国际贸易主体，世界贸易的80%以上是通过跨国企业完成的。外向FDI与母国对东道国出口之间的关系取决于贸易形式。如果是最终品贸易，则替代母国出口；如果是中间品贸易，则促进母国出口；如果既有最终品又有中间品贸易，则它们的关系是不确定的。研究发现，中国企业对外直接投资的出口效应呈现"倒U"形。

（3）OFDI增速超过FDI面临的挑战

文献研究表明，只有生产率较高的企业才有可能倾向对外投资，而对外投资反过来通过各种传导机制进一步推动企业生产率的提升和高质量发展。目前，我国双向投资规模大体平衡的背景下，产业资本成长打造中国企业的全球生产网络协同能力，提升产业链主导能力，切实带动国家产业结构转型升级的阶段。

基于投资发展阶段理论，我国OFDI和FDI流量处于平衡状态，但OFDI增长更稳健，也意味着中国企业国际化的步骤加快。例如，2024年，全国新设立外商投资企业59080家，同比增长9.9%；实际使用外资金额8262.5亿元人民币，同比下降27.1%。2024年1—9月，我国全行业对外直接投资8846亿元人民币，同比增长10.6%。鉴于对外投资不确定性和利用外资增长下降，我国面临对外投资风险和国内就业压力的双重挑战。

2025年的政府工作报告提出，持续营造市场化、法治化、国际化一流营商环境，让外资企业更好发展，充分展现我国以高水平对外开放更大力度吸引和利用外资的决心，有助于更好增强跨国公司对华投资信心。同时，支持中国企业"走出去"，提升我国全球价值链分工水平，保护企业境外资产的权益。

2.畅通货币双循环机制：内循环主导做强货币

货币双循环的核心是本币流出和回流循环运动，也是主权货币迈向国际化的第一步。这一循环运动需要国际交易支持，但国家政策与制度对世界的交易需求具有引导作用。因此，畅通货币双循环的货币主导力重点，是提高人民币的国际信誉。

（1）货币主导力—网络外部性

网络外部性是指一个消费者从产品或服务中获得的效用随着消费同一产品的消费者数量的增加而增加。网络外部性可以分为直接网络外部性和间接网络外部性。其中，直接网络外部性是指由于消费某一产品的用户数量增加而直接导致的产品价值增大，也即使用同一产品的消费者可以直接增加其他使用者的消费效用；间接网络外部性则指随着某一产品使用者数量的增加，该产品的互补品数量增多、价格降低，从而间接增加了消费者从该产品中获得的效用。

已有的文献研究认为，货币国际化的决定因素是多方面的，主要包括：政治经济实力、币值稳定性、贸易规模、金融市场发展、货币惯性及网络外部性等。一国货币的币值稳定性主要体现在两个方面：对内币值稳定和对外币值稳定。这两个方面相对应的指标就是国内通货膨胀与该国货币的汇率水平。一般用我国消费者价格指数的季度环比变化率衡量对内币值稳定性；而使用人民币对美元汇率或者人民币的实际有效汇率的季度环比变化率衡量对外币值稳定性。

（2）强国崛起中的货币主导力

货币双循环的主导力是指通过国内信用和国际信用相互促进带来宏观效

用的增加程度。人类历史迄今为止，任何主导力量都有更替趋势，而且主导力量持续时间，与货币主导力有关。纵览历史，在不同时期的主导地位国家有：荷兰、英国和美国。在每个阶段，它们的货币伴随其强大的经济和军事力量成为世界储备货币。

①荷兰兴衰与荷兰盾主导力

荷兰盾是第一个世界性的储备货币。它伴随荷兰的崛起而成为世界储备货币。在荷兰盾崛起为世界性储备货币之前，西班牙是当时西方世界的经济主导力量。荷兰在1625年到1780年成为西方世界的主导力量，人均收入是当时欧洲多数国家的两倍，识字率是世界平均水平的两倍。

荷兰的强大得益于金融循环机制的建立。荷兰出现了第一家上市公司：荷兰东印度公司。此外，荷兰于1602年创建了第一家证券交易所，建立了当时世界上最为发达的债务市场，这让荷兰的经济和军事实力剧增。在17世纪巅峰期，荷兰占据世界主要发明的25%左右，占据国际贸易的三分之一。荷兰的投资市场充满创新和盈利机会，吸引了大量的投资者，阿姆斯特丹成为世界金融中心，而荷兰盾则成为世界上第一个"世界储备货币"。

②英国兴衰与英镑主导力

英国的崛起让英镑成为继荷兰盾之后的世界储备货币。在英国、俄罗斯、奥地利以及普鲁士赢得对拿破仑的战争之后，战胜国重新设计世界秩序，这为英国的崛起奠定基础，也逐步推动英镑成为世界储备货币。

而且，英国东印度公司也取代荷兰东印度公司成为当时世界上最强大的跨国公司。此外，1760年左右，英国诞生了工业革命，通过蒸汽机的发明解放了生产力。英国在贸易、经济、军事力量上全面领先世界，为英国带来了长达100多年的主导期。

伦敦取代阿姆斯特丹成为世界金融中心，持续推出创新金融产品，吸引大量投资人进入。这跟当初阿姆斯特丹的吸引力如出一辙。而此时的世界储备货币不再是荷兰盾，而是英镑。在19世纪巅峰期，英国创造了20%的世界收入，控制全球出口的40%以上，英镑成为世界储备货币。

③美国崛起与美元主导力

在英国主导的中后期，美国得到充分发展。美国的发展开始是拷贝英国的技术，而后来在钢铁、汽车、电力、通信方面取得巨大突破，电话、电灯、留声机陆续被发明。美国的力量在不断上升，而英国的相对力量开始下降，开始大量借贷，维护帝国的成本变得高昂。

在20世纪早期，不同国家的财富差距和分配存在巨大的争议，导致欧洲国家之间产生经济和军事冲突。这些冲突最终导致第一次世界大战，由于德国击沉美国商船，最后美国也卷入。一战后，美英等战胜国试图通过签署《凡尔赛条约》来确立新世界秩序。但世界新秩序并未因此确立，又积累了大量债务。1929年债务泡沫破灭，导致经济大萧条。国际冲突叠加，第二次世界大战爆发。

二战后，战胜国再次提出新秩序动议，希望通过布雷顿森林会议、雅尔塔会议、波茨坦会议来塑造新世界秩序。其中建立新货币和信贷体系，就是各国签订美元跟黄金挂钩，而其他国家的货币跟美元挂钩的布雷顿森林体系。美国在当时拥有三分之二的世界黄金储量，美元成为当然的世界储备货币。虽然布雷顿森林体系解体，但美元的网络外部性，至今没有其他货币超越。

（3）货币双循环主导力与人民币国际化

货币双循环的主导力是指通过国内信用和国际信用相互促进，提升主权货币的国际认可度。主权货币的国内循环和世界货币职能的双循环相互促进机制的建立，受各种内外因素的影响。通常内循环水平由实际经济发展水平决定，而外循环除经济发展水平外，更受国际贸易和汇率波动影响。

①货币内循环的主导力

货币双循环的主体是内循环。货币流通层面的内循环指货币伴随着国内贸易（企业获取劳动、资本等生产要素；企业将最终产品与服务出售给消费者）流动。进一步畅通国内大循环，促进资金融通内循环发展，要求国内金融市场进一步改革与发展。

重点聚焦推动完善利率市场化改革；完善科创金融体系，支持金融机构按照科技创新生命周期规律，为科技创新企业提供全方位金融服务；建设独立自主的高质量金融基础设施，加快中央银行法定数字货币的研发和可控试点，保障支付安全；推动征信市场和信用评级规范发展；支持金融机构通过产品创新、内外联动向产业链核心企业和上下游企业提供集成化金融解决方案。

②货币外循环的主导力

货币外循环指货币伴随着国际贸易（同样包括原材料与最终产品和服务的进出口）的资金跨境流动，包括跨境投融资引起资金跨境流动。外循环主导力指通过跨境投融资便利等措施，保障资金在国际金融市场上的顺畅流动。

在实际经济条件确定，仅考虑金融因素的情况下，内循环的规模受利率因素的影响，外循环的规模受汇率与利率差双重因素的影响。外循环的主导力，是货币使用公信力。主权货币使用的公信力具有网络外部性，是循序渐进的过程，金融高水平开放政策重点是谋求汇率和利率稳定的市场化改革。

自2005年7月21日起，我国开始实行有管理的浮动汇率制度。2015年8—11月汇改后，强化了汇率形成机制的市场供求机制并取得成效。这次汇改以后，央行更多的是采取"外汇储备""外汇风险准备金"等措施，这些措施更加贴合市场。未来更多的政策补丁和汇率改革，将更加针对"人民币国际化"的需求展开。

③人民币双循环相互促进机制

货币循环涉及货币流通和资金融通两个层面。货币流通双循环畅通有助于生产与消费的顺畅进行，资金融通双循环的平稳运行有助于促进金融稳定，提高资金使用效率，带来经济长期稳定的增长。货币流通与资金融通的外循环相互协调，有助于促进国际贸易发展，减轻货币错配风险，提高人民币的国际化水平。

维持金融市场稳定和有效管理资金流动的外部风险，是金融高水平开放的底线思维。围绕货币双循环相互促进机制建设，国家先后出台了一系列举措：全面落实准入前国民待遇加负面清单制度；加快推进上海国际金融中心建设；支持中国香港离岸人民币市场发展；促进粤港澳大湾区金融市场互联互通；精细化管理提升人民币使用的便利化程度和接受度等。

小结

1.基于商品、技术、资本和货币交易介质的四个开放经济的逻辑节点，构建基于一般系统结构理论的双循环大系统，探索金融在双循环格局中的定位：在服务实际资源跨境交易中实现金融高质量发展。

2.基于资本和货币双循环运动轨迹，构建金融双循环格局及路径，探索优化资本和货币双循环服务于实体经济双循环的路径与机制。

3.畅通资本双循环的机制的重点是外循环，通过双向FDI的技术溢出效应、协同效应和创新效应做强企业。

4.畅通货币双循环的机制的重点是内循环，通过货币流通和资金融通的金融市场体系建设，提高金融市场吸引力，提升人民币使用的国际需求。

5.金融双循环系统稳定运行，核心是构造资本和货币双循环相互促进机制，培育有竞争力的中国跨国企业和推进人民币国际化进程。

二十、金融高水平对外开放：统筹开放与安全视角下的风险防范

党的十八大以来，在以习近平同志为核心的党中央领导下，金融部门服务实体经济、防控金融风险、深化金融改革各项工作取得重大阶段性成就，金融业对外开放深度、广度持续提升，为我国经济高质量发展提供了有力支持。2023年的中央金融工作会议提出"要着力推进金融高水平开放，确保国家金融和经济安全"，明确未来将在统筹金融发展与安全的基础上，稳步扩大金融高水平双向开放。本文从统筹开放与安全视角出发，首先回顾我国金融高水平对外开放的特征与成果，其次深入分析开放进程中的风险挑战，最后提出相应的防范措施与政策建议。

（一）金融业高水平对外开放的深化与融合

金融开放是我国对外开放的重要组成部分，也是深化金融供给侧结构性改革、实现高质量发展的内在要求。近年来，我国金融领域持续高水平开放，与全球市场建立了更为紧密的联系。从银行业、保险业的率先开放到证券、资管等领域的全面放开，逐步形成了多层次、宽领域的开放格局。主要体现在开放政策与实际融合两个方面：

本文作者为中央财经大学金融学院陶坤玉副教授。

1.高水平金融开放政策的逐步深化

高水平对外开放离不开配套政策的不断深化，体现为市场准入、业务拓展、股权参与等多方面展现出更大范围、更宽领域、更深层次的开放格局。我国大幅放宽金融服务业市场准入，不断完善准入前国民待遇加负面清单管理制度。从2018年至今，我国持续推出放宽金融领域外资限制的相关措施，包括放宽外资银行市场准入、取消外资投资资产要求、修订QDII和RQFII制度以及彻底取消银行、证券、基金、期货、人身险领域外资股比限制，截至2024年末境外投资者持有境内股票、债券、存款和贷款四类资产规模近10万亿元人民币。

市场准入限制的放宽为外资金融机构进入中国市场打开了大门，推动外资金融机构在华业务范围迎来持续拓展。例如，在债券市场方面，债券市场吸引境外机构参与的深度和广度不断拓展。截至2024年末，共有1156家境外机构主体入市，其中，592家通过直接投资渠道入市，830家通过"债券通"渠道入市，266家同时通过两个渠道入市。与此同时，外资持股比例的提升也是中国金融业高水平对外开放的重要标志之一。2018—2024年，中国分别取消了证券公司、基金管理公司、期货公司以及银行保险管理公司的外资持股比例限制，为外资金融机构在中国市场的深度参与提供了坚实的制度保障。

近年来，金融业高水平对外开放逐步转向"制度型开放"，即通过规则、规制、管理、标准的国际接轨，构建系统性开放框架。例如，自贸试验区试点对接国际高标准金融规则、优化跨境投融资便利化政策等。

2.金融市场的国际化融合程度明显提升

中国金融市场的国际化融合程度显著深化，成为全球资本配置的重要枢纽。沪深港通、债券通、跨境理财通等双向开放通道的扩容，推动境内外资本流动规模持续攀升。截至2024年底，境外投资者持有中国股票和债券的规模分别为近3万亿元和4.5万亿元。同时，A股被纳入MSCI、富时罗素等国际指数，人民币资产在全球外汇储备中的占比提升至2.4%，国际资本对中国市场的配置需求日益增强。

市场结构方面，跨境金融产品创新与规则接轨成为融合关键。离岸人民币债券发行量、跨境贸易人民币结算规模连续多年增长，2023年分别达1.2万亿元和36.4万亿元。外资机构加速布局中国，全球前50大资管机构中约80%已通过QFII、WFOE等形式在华展业。此外，中国与共建"一带一路"国家的金融合作深化，人民币跨境支付系统（CIPS）覆盖110多个国家和地区，进一步拓展了国际化网络。

（二）高水平金融对外开放的风险与挑战

1.外部冲击风险传导多维化

金融开放进程中，外部风险冲击呈现多样化与异质性的特征，体现为：一方面，国际金融市场波动冲击复杂化。在金融高水平开放持续推进的背景下，国际金融市场波动通过资本流动与汇率渠道的传导效应显著增强。国际货币基金组织2024年10月发布的《世界经济展望》显示，全球跨境资本流动规模预计达1.72万亿美元，同比上升6.11%，显示国际资本配置活跃度持续回升。在此过程中，人民币汇率市场化改革特征更加凸显：2024年在美元指数强势升值的压力下，人民币对美元汇率维持在7.0~7.3区间双向波动，CFETS人民币汇率指数呈现震荡走升态势，全年年化波动率降至3.04%，但离岸人民币汇率日内波动幅度扩大至645个基点。这一现象折射出开放环境下的新型风险传导机制——通过"利率平价－资本流动－资产价格"的三重渠道形成冲击链，凸显出金融开放进程中跨境风险传导压力的复杂化。另一方面，地缘政治风险高企，中美战略竞争以"技术封锁－金融制裁－市场准入"三位一体格局深化。2024年美国升级对华半导体出口管制，受制裁企业美元债发行利率较市场水平高出2~3个百分点，中资科技股在美融资规模2024年Q4环比缩水28%，离岸人民币单日汇率波幅扩大至1.2%，HIBOR隔夜利率单日跳升85基点。俄乌冲突下，美欧等西方经济体利用SWIFT制裁俄罗斯，强烈冲击着世界经济金融格局，破坏了国际支付清算体系的公平性，使得高水平对外开放面临较大的政治地缘风险。

2.市场竞争结构调整引发风险演变

在金融全球化与数字化转型的浪潮下，中国金融市场正经历结构性调整，风险形态随之演变。金融机构竞争格局的重构表现为头部券商加速整合，中央汇金通过整合7家券商牌照（如中金与银河证券的合并）形成"航母级投行"，以应对国际投行竞争，而中小券商因资源错配与同质化业务陷入生存困境。外资持股比例限制取消后，证券业竞争呈现两极分化：高盛、摩根士丹利等国际投行在衍生品业务市占率已达35%，而中小券商被迫转向区域性股权融资等利基市场。保险业则面临产品设计能力的代际差距，外资寿险公司凭借长期护理险、基因检测定制险等创新产品，在高端市场占据较高份额，倒逼本土机构加速"保险＋健康管理"生态布局。

与此同时，在金融科技领域的生态竞争中，外资科技公司正通过开放政策积极布局数字金融基础设施。蚂蚁集团与新加坡星展银行等金融机构合作，利用区块链技术优化跨境支付效率。例如，万里汇通过与全球金融机构共建"全球多币种统一结算平台"，支持40多种收款币种和100多种付款币种，覆盖200多个国家和地区。该平台结合AI风控技术，实现分钟级开户和秒级支付审核，欺诈风险率低于万分之一，显著降低商户运营成本。这种竞争倒逼国内机构加速分布式数据库、隐私计算等技术研发与金融科技相关的专利研发。

3. 风险传染呈现网络化特征

随着跨境金融交易的不断深入，风险传染呈现出跨市场、跨区域、跨机构的网络化特点。第一，跨市场传染的反馈机制进一步加强。股票市场、债券市场与外汇市场之间的风险共振具有非线性特征，表现为市场间的联动性增强和风险溢出效应放大。例如，2020年全球主要金融市场因疫情冲击出现剧烈震荡：道琼斯指数从近30000点暴跌至18213.65点（跌幅近40%），同期英国富时指数从7000点跌至4898.79点，日经指数从23400点跌至16358.19点。这种波动通过跨境资本流动和投资者情绪传导至中国，导致A股市场短期内出现同步下跌。第二，跨区域风险的链式传导溢出效应明显。新兴市场的金融动荡通过贸易、投资和资本流动渠道产生显著的跨区域溢出效应，其根源包括过度依赖外部借贷、政治经济结构脆弱性以及全球经济周期联动等因素。例如，2022年斯里兰卡债务危机导致卢比贬值80%，通过贸易依赖链冲击中国等贸易伙伴的出口和投资。国际货币基金组织（IMF）研究指出，新兴市场资产价格波动可解释全球股汇市约1/3的波动，而美联储货币政策调整通过跨国企业渠道进一步放大溢出效应。第三，金融机构关联风险的隐蔽扩散。金融控股公司因复杂的股权结构和跨领域业务，成为风险隐蔽扩散的典型载体。例如，"明天系""安邦系""华信系"等企业集团通过交叉持股、循环注资和关联交易，将风险渗透至银行、证券、保险等多个领域，如安邦集团在2018年被接管时，通过虚假注资和关联交易套取资金的规模超千亿元；"明天系"旗下9家金融机构因资本违规操作于2023年被监管部门接管，暴露了跨机构风险的传染。

4.金融科技发展下监管体系有效性被削弱

在金融开放深化背景下，宏观审慎管理框架对新型风险的覆盖仍存在显著短板。跨境理财通业务2024年资金规模达856.74亿元，较初期增长6.2倍，但跨市场风险监测依赖传统头寸报告制度，缺乏穿透式监管工具，且复杂产品风险评估标准尚未统一。外债管理方面，尽管全口径外债负债率保持13.7%的安全水平（2024年9月末），但证券投资类外债面临监管盲区，其短期交易行为如美联储加息引发的集中抛售缺乏逆周期调节机制。同时，跨境资金流动监测对嵌套多层交易结构的追踪仍以机构自主申报为主，自动化实时监控体系尚未健全，凸显开放进程中的风险防控非对称性矛盾。与此同时，金融科技领域的快速发展也对监管提出了更高水平的要求。例如，出现了跨境支付和资产形态多样化、资金跨境边界模糊化、跨境资金流动极速化、跨境业务经营主体多元化等现象，这导致现有监管措施的有效性在一定程度上被削弱。

（三）金融业高水平对外开放进程中的风险防范策略

随着我国金融高水平对外开放的深入推进，在增强国际竞争力的同时，有效防范风险具有十分重要的意义。2023年中央金融工作会议指出，要"统筹发展和安全，牢牢守住不发生系统性金融风险的底线"，在"着力推进金融高水平对外开放"的同时，"确保国家金融和经济安全"。统筹平衡好发展与安全的关系，构成了推进高水平对外开放的主线。为防范金融高水平对外开放过程中可能面临的风险与挑战，本文提出以下四点政策建议。

1.优化宏观审慎管理，健全完善宏观审慎政策框架

首先，进一步完善宏观审慎政策框架，明确相关政策工具和操作机制，将更多金融资产、机构和市场纳入管理范围。这不仅有助于全面识别和评估金融开放带来的各类风险，还能提前制定精准有效的应对措施，防止风险的积累和扩散，确保金融体系在复杂多变的开放环境中稳健运行。同时，优化跨境资本流动管理，可通过完善跨境资金流动风险预警系统发挥其预防作用，防范化解未来可能发生的系统性风险。

其次，积极引入先进数据技术监管跨境资金流动。加强金融科技研究及时跟进监管技术，在掌握数字虚拟资产交易数据的基础上，实现数字虚拟资产交易的有效监测。将数据化、数字化的金融资产，与现代通信、人工智能等数据技术相结合，并主动对资金流动数据进行转化、分析，从而实现智能化、自动化的监管状态。通过对监管对象的金融产品信息进行实时监测和采集，应用数字化技术追踪、分析违规行为，建立专业、有效的风险防范模型，构建现代化跨境资金监管技术体系。

最后，强化金融监管协调。一方面，建立有效的金融监管协调机制，加强各部门之间的信息共享和沟通协作，形成监管合力，共同应对金融开放过程中出现的复杂风险。另一方面，加强跨境资金流动监管的国际合作，通过建立跨国项目进一步推动金融数据的共享与监管，在制定和推行国际监管标准和规则中争取更多话语权。积极参与反洗钱金融行动特别工作组等相关组

织活动，实现国内外跨境资金信息互通互认，联合各国监管、执法机构，共同打击涉及跨境资金活动的犯罪行为。

2.加强金融基础设施建设

金融基础设施是金融资源交易运行的"道路桥梁"，在金融市场运行中居于枢纽地位，是金融市场稳健高效运行的基础性保障，是实施宏观审慎管理和强化风险防控的重要抓手。我国金融基础设施主要包括金融资产登记托管系统、清算结算系统（包括开展集中清算业务的中央对手方）、交易设施、交易报告库、重要支付系统、基础征信系统六类设施及其运营机构。一方面，要进一步完善支付清算系统，确保跨境资金流动的安全、高效和稳定，降低跨境支付清算风险。因此，以人民币跨境支付系统（CIPS）为核心，完善跨境支付清算网络，推动与SWIFT系统互联互通。

另一方面，加快金融科技基础设施建设，支持金融机构与头部科技企业共建联合实验室，重点突破区块链在贸易融资、供应链金融等场景的应用瓶颈。同时，要继续推进监管科技（RegTech）基础设施建设，构建"数据采集–智能分析–风险预警–处置反馈"的全链条监管平台，从而全面提升金融体系韧性与服务效能。

3.提升金融机构风险管理能力

目前我国金融机构在境外投资方面处于增长态势，我们需要平衡开放与风险。一方面，通过政策鼓励金融机构加大境外投资，拓展全球市场，吸引更多客户，扩大业务版图，更好地与国际市场接轨。另一方面，考虑到境外市场的复杂性与不确定性，我们还需要进一步提升金融机构的风险管理能力。第一，对于开展国际业务的银行与证券机构，应打造一套覆盖信用风险、市场风险、操作风险等多维度的"全口径"评估模型，精准识别各类潜在风险点。第二，推动金融科技在风控领域的深度应用，支持头部机构建设基于区块链的跨境资金流动监测平台。第三，加强金融机构内部风险管理团队建设，加强国际化风险管理人才队伍建设，重点提升金融机构从业人员在管理复杂衍生品定价风险和汇率风险等领域的专业能力。

4.加强金融高水平对外开放相关的法律法规保障

现有金融法律法规在应对传统金融问题方面具备优势，但面对新兴业务形态和跨境活动可能存在监管真空或监管效能不足。因此，首先，应加快金融法律体系的现代化转型，重点修订现有法律中与国际规则不适应的条款，明确跨境金融活动的法律适用、监管权限及争议解决机制，为金融机构"走出去"和"引进来"提供可预期的制度环境。其次，推动金融机构建立健全合规管理体系，强化内部监督和审计机制，确保境内金融机构在参加跨境金融交易的过程中符合国内外监管要求。最后，加强国际金融监管合作与协调，积极参与国际金融规则制定，推动建立公平、透明、包容的国际金融秩序。

第四篇

建设强大的金融监管
与维护金融安全

二十一、现代金融监管体制改革助力金融稳定

中央金融工作会议指出，"金融是国民经济的血脉，是国家核心竞争力的重要组成部分，要加快建设金融强国，全面加强金融监管，完善金融体制，优化金融服务，防范化解风险"。当前，金融风险在多个国家或地区以多种形态频繁聚集显现，成为威胁全球金融体系的重要风险源。党的二十大报告明确要求，"强化金融稳定保障体系，依法将各类金融活动全部纳入监管，守住不发生系统性风险底线"。在此背景下，中国以积极姿态和系统措施，深化金融监管体系改革，有效适应"两个大局"下经济金融发展新形势、新业态、新需求，以新安全格局保障新发展格局，在确保中国金融稳定基础上，为全球金融稳定注入新动能。

（一）中国金融领域改革的"硬骨头"

自2017年金融严监管工作启动以来，我国金融改革发展不断取得重大成就，金融风险总体收敛，金融体系保持稳健运行，为应对"风高浪急"和困难挑战赢得了时间与空间，部分重大金融风险被妥善化解，野蛮生长的金融乱象也得到遏制。但同时也应注意到我国金融行业不断经受复杂环境的冲击考验，发展形势复杂严峻，新老问题叠加共振，中小金融机构风险暴露、区

本文作者为中央财经大学金融学院党委书记王辉教授。

域风险相对集中、监管标准不够统一、"地方保护主义"等问题亟待解决。[①]
原有金融监管体系不能很好匹配"两个大局"下经济金融发展新形势、新业态、新需求，同实现国家治理体系和治理能力现代化的要求还不完全适应，同构建高水平社会主义市场经济体制的要求还不完全适应。我国金融领域仍长期存在突出矛盾和问题，还有一些"硬骨头"有待破解。[②]

一是部分人员信念缺失，金融腐败事件频发。近年来，部分金融从业者及监管者服务实体经济、防范化解风险等决策部署不力，弃守监管职责等问题突出；部分高管存在"靠金融吃金融""管贷款吃贷款"等严重违纪违法问题。据中央纪委国家监委网站披露的"执纪审查"人员不完全统计，2023年金融系统内接受执纪审查的干部共104名。

二是监管模式存在真空地带，投资者保护力度不足。新兴科技与金融业务融合日益密切，打着金融创新名义的金融乱象也相伴而生，给原有的分业监管模式带来挑战。例如，互联网平台形成的金融控股公司，到底由谁来管、谁来发牌照，在此前一段时间争议颇多，一度处于无人监管的状态。另外，原有模式过于注重机构监管而非行为监管，容易忽视对投资者利益的保护。例如，部分机构假借网络借贷信息中介平台名义进行非法集资，或假借扶持中小微企业、养老服务、互联网新零售、政府和社会资本合作（PPP）之名，通过虚构项目标的、承诺高收益、设立资金池借新还旧等手段，进行自融或变相自融，形成庞氏骗局，触碰非法集资底线，极大损害了投资者利益。

三是监管职责交叉，削弱监管合力。金融监管职能分散于中国人民银行、原银保监会（金融监管总局）、证监会和地方金融监管局（或金融办）

---

① 李诗林.我国新一轮金融监管体制改革的动因、考量与未来展望［J］.价格理论与实践，2023（03）：44-51.

② 郭章冉，尹利永.我国金融监管体制的现状及改革建议［J］.理论学习，2016（08）：43-44.

等，监管主体繁多、监管边界不清。例如，一些地方的金融办对小额贷款公司进行监管，融资担保公司由地方经信委或中小企业局负责监管，融资租赁企业及典当行的监管则由商务厅负责。同时，金融监管职责存在交叉，在监管时经常以联合调查组的形式进行监管，加大了监管成本。例如，按照国务院关于农村信用社的改革方案，农村信用社的管理交由地方政府负责，但由于农村信用社为存款类金融机构，其同时接受原银保监会实施的金融监管，双方职责的划分不清易造成重复管理。

四是地方监管机构目标多元，实际操作中很容易顾此失彼。部分地方监管机构既负责维护金融稳定，又肩负行业或地区发展之责，在实际操作中往往容易因为片面追求经济发展而忽略金融稳定，由此造成区域性金融风险累积。例如，2012年互联网金融兴起之后，部分地区为吸引更多金融业态，大力发展小额贷款公司业务，将原本仅服务于支农支小的小额贷款公司，创新成为"互联网小贷"，为一些互联网平台的金融业务发展提供便利，加剧了地方金融风险累积。

五是央地金融监管分散，工作协调有待加强。过往体制下，中央难以对游离于银证保体系之外的地方金融进行直接监管，央地存在明显信息不对称，地方出于政绩考虑，可能对区域金融风险"捂盖子"，或任由蔓延形成系统性金融风险。例如，原银保监会、证监会未设立县级分支机构或办事处等派出机构，大多数小额贷款公司、融资担保公司、典当行等都设在县乡村级行政区域。在风险处置属地责任下，地方金融监管机构不得不设立相关监管处室，"越位"弥补中央监管的不足。地方金融监管对象繁杂、创新层出不穷，但监管能力不强而难以有效应对，导致部分金融风险外溢至中央监管体系，加重中央监管体系负担，给中央金融监管政策在地方的落实带来不确定性和风险。

六是地方监管力量短缺，能力建设滞后。受制于地方经济财政能力，大部分地方金融监管能力建设相对滞后，金融监管人才紧缺，综合素质有待提高。在人员配置上，省级金融办工作人员一般只有几十名，而市级及以下的金融办往往只配备个位数的工作人员，且多数人员缺乏金融管理从业所需的知识储备及实践经验，日常工作仅仅停留在行政管理、公文处理等层面。在监管手段上，地方金融办普遍只注重事前审批，而忽视对于日常经营的持续监管，同时开展非现场监测及现场检查所需的信息资源及监管技术也尚未建设到位。这导致地方在事前、事中监管力度不强，无法及时识别及处置地方金融风险。

（二）监管体系改革主要内容

党的二十大报告指出，要"深化金融体制改革，建设现代中央银行制度，加强和完善现代金融监管，强化金融稳定保障体系，依法将各类金融活动全部纳入监管，守住不发生系统性风险底线。健全资本市场功能，提高直接融资比重。加强反垄断和反不正当竞争，破除地方保护和行政性垄断，依法规范和引导资本健康发展"。习近平总书记强调，"必须加强党对金融工作的领导"。以党的二十大精神为指引，对金融监管领域进行机构职责优化和调整，围绕加强和完善现代金融监管和金融稳定保障体系等方面进行系统部署，既是强化党对金融工作集中统一领导的重要体现，也是完善现代金融监管体系的内在需要，更是以金融安全助力经济高质量发展的必然要求。

2023年3月，中共中央、国务院印发《党和国家机构改革方案》，对金融监管领域进行大幅度的机构职责优化和调整。此次金融监管机构改革围绕建立现代中央银行制度、完善现代金融监管和金融稳定保障体系、健全资本市场功能进行了系列部署和安排，延续了从2017年以来从"分业监管"向"综合监管"的发展趋势[1][2]，在机构设置上更加科学、在职能配置上更加优化、在体制机制上更加完善、在运行管理上更加高效。

在党中央机构改革方面，我国采取了重要举措以加强金融领域的统一领导和党的建设。首先，为了加强党中央对金融工作的集中统一领导，我国决定组建中央金融委员会。该委员会将承担起金融稳定和发展的顶层设计、统筹协调、整体推进以及督促落实等重要职责。这意味着，中央金融委员会将成为金融领域中的核心决策机构，负责制定和执行相关政策，以确保金融市场的稳定和持续发展。同时，为了更好地整合资源并提高工作效率，国务院金融稳定发展委员会的职责也将被划入中央金融委员会。其次，为了加强金融系统党的建设，我国还决定组建中央金融工作委员会。该委员会将统一领导金融系统中的党的工作，并负责指导金融系统党的政治建设、思想建设、组织建设、作风建设以及纪律建设。通过这一举措，我们期望能够进一步提升金融系统中党员干部的素质和能力，增强党组织的凝聚力和战斗力，从而为金融事业的健康发展提供坚强的政治保障。

在国务院机构改革方面，我国为了更高效地监管金融市场并防范潜在风险，采取了一系列重大措施。第一，为了整合监管资源并提升监管效能，我国决定在中国银行保险监督管理委员会的基础上，组建国家金融监督管理总局。这一新机构将承担起除证券业之外的所有金融业监管职责，确保各类金融市场和金融机构的合规运营和风险防控。第二，为了加强地方金融监管的

---

① 潘功胜.加快现代中央银行制度建设构建中国特色现代金融体系［J］.中国金融家，2023（12）：17-19.

② 魏革军.我国金融监管体制改革的历史逻辑和实践逻辑［J］.清华金融评论，2023（08）：16-19.

针对性和有效性，我国深化了地方金融监管体制改革。这一改革的核心是建立以中央金融管理部门地方派出机构为主的地方金融监管体制。通过这样的体制安排，我们能够更好地了解和掌握地方金融市场的实际情况，及时发现并应对潜在风险。第三，为了进一步提升资本市场监管的专业性和独立性，我国将中国证券监督管理委员会调整为国务院直属机构。这一调整旨在强化资本市场监管职责，确保资本市场的公平、透明和规范。同时，中国证券监督管理委员会还将统一负责公司（企业）债券发行审核工作，以简化审核流程并提高审核效率。第四，为了更好地适应金融发展的需要并加强金融市场的区域协调性，我国统筹推进了中国人民银行分支机构的改革。这一改革将使大区分行重回省分行体制，从而更贴近地方实际，更好地服务于地方经济发展和金融稳定。第五，为了完善国有金融资本管理体制并提高国有金融资本的使用效率，我国决定将中央金融管理部门管理的市场经营类机构进行剥离。这一剥离将有助于厘清政府与市场的边界，使国有金融资本更加专注于服务实体经济和防范金融风险。第六，为了加强金融管理部门工作人员的管理并提升其整体素质，我国决定将金融管理部门工作人员纳入国家公务员统一规范管理。这一举措将有助于建立一支高素质、专业化的金融管理队伍，为金融市场的稳定和发展提供有力的人才保障。

与此同时，地方金融监管体制改革也在稳步推进，多个省份相继召开会议，部署、动员机构改革工作。这一轮的地方金融监管体制改革，在很大程度上参照了中央的改革模式，体现了中央与地方在金融监管方面的紧密协作与一致行动。在具体的改革实践中，各省份纷纷成立了省级党委金融委员会及金融工作委员会，这两个机构在多数情况下选择合署办公，以提高工作效率并加强部门间的沟通与协调。据统计，截至2024年2月，已有20多个省份顺利完成了这一改革步骤，成立了地方金融委和地方金融工委，为地方金融监管工作注入了新的活力。此外，省级以下的金融监管机构改革也呈现出了一些新的特点。为了优化资源配置并提高工作效率，许多地方取消了原有的地方金融监管局，或者将其整体划转至政府办、财政部门或发改部门等更具综合性和战略性的部门。这些调整旨在使地方金融监管机构能够在金融监督管理总局的指导下，更加专注于对7+4类金融行业的全面监管，从而确保地方金融市场的稳定和健康发展。

（三）监管体系改革为中国金融高质量发展保驾护航

本次金融监管机构改革系统、深刻且全面，多措并举打通金融监管过程中的硬关节。后续改革措施的逐步落地，将有效化解我国金融领域长期存在的矛盾和问题。[1][2]

一是坚持党的集中统一领导，强化金融发展的政治保障。此次党中央机构改革组建中央金融委员会和中央金融工作委员会，将加强党中央对金融工作的集中统一领导，强化金融系统的政治建设。加强干部思想政治教育，弘扬清廉文化，锻造政治过硬、作风优良、业务精通的金融先锋，确保金融改革发展方向正确，形成全国一盘棋的金融发展格局，积极稳妥推进重要领域和关键环节金融改革。引导金融机构从业人员以政治性和人民性为前提，树立更加科学合理的政绩观与业绩观。

二是筑牢监管防火墙，加强行为监督和金融消费者保护。中央金融工作

---

① 高培勇，李扬，蔡昉等.深化经济与金融改革推进中国式现代化——学习贯彻党的二十大精神专家笔谈［J］.金融评论，2022（06）：1-21.

② 张晓东.金融监管体制现代化探索：缘起、逻辑与展望［J］.金融理论与实践，2016（09）：7-11.

会议提出"依法将所有金融活动全部纳入监管，全面强化机构监管、行为监管、功能监管、穿透式监管、持续监管"。经过改革和调整，形成了通过宏观审慎监管维护金融稳定和防范系统性风险、通过市场监管规范金融机构行为加强金融消费者保护的监管模式，确保金融监管无死角、无盲区、无例外。例如，国家金融监督管理总局聚焦保险业偿付能力，加强保险公司功能监管和穿透式监管，形成偿付能力硬约束，促进保险业高质量发展。

三是监管权责清晰，形成监管合力。曾经的分业监管与机构监管分离的模式导致政策协调性不佳，还存在不少监管空白、监管套利的情况。其中，影子银行和数字金融等缺乏有效的监管，无证经营的处置责任也不清晰。监管政策法律、法规体系相对完整，但执行不太理想，有法、有规不依的现象较为普遍。此次改革构建"五大监管"体系，明确由新组建的国家金融监督管理总局统筹负责金融消费者权益保护，并承担对金融控股公司等金融集团的日常监管职责。深化地方金融监管体制改革，地方政府设立的金融监管机构专司监管职责，权责清晰，将有效发挥金融监管职能。

四是建设现代中央银行制度和完善现代金融监管体制，降低多元目标间政策冲突。建设现代中央银行制度是推进国家治理体系和治理能力现代化的重大任务[1][2]，加强和完善现代金融监管是推动高质量发展的内在需要。此次改革坚持以人民为中心的根本立场，央行专注货币政策与宏观审慎职能[3][4]，国家金融监管总局统筹微观审慎监管与行为监管职能，证监会资本市场监管职责进一步强化。宏观调控与金融监管相对分离以执行不同的职能，各司

---

[1]　易纲.建设现代中央银行制度［J］.中国金融，2022（24）：9-11.

[2]　易纲.建设现代中央银行制度更好服务中国式现代化［J］.清华金融评论，2023（05）：16-17.

[3]　宣昌能.建设现代中央银行制度［J］.清华金融评论，2023（05）：2.

[4]　杨其广.扎实推进现代中央银行制度建设［J］.中国金融家，2023（03）：46-48.

其职，最大限度降低多元目标间政策冲突，有助于中央银行发挥出货币跨时空配置资源的积极作用，促进经济持续健康发展，有助于监管部门健全风险预防、预警、处置、问责制度体系，持续完善权责一致、全面覆盖、统筹协调、有力有效的现代金融监管体系。

五是理顺金融监管央地事权关系，全面增强金融监管力量。建立以中央金融管理部门地方派出机构为主的地方金融监管体制并优化力量配备，避免地方政府对地方金融机构的过多干预，加强中央对风险的预防和化解以及打击金融犯罪的力度，同时重新配置和加强监管资源，有效解决地方监管手段缺乏、专业人才不足等问题，将有效协调中央与地方的金融监管职能、平衡央地在金融监管中的功能内核、职责边界、事权分配以及责权博弈等关系。[①]

此次金融监管机构改革将初步形成具有中国特色的综合金融监管体系，有利于提高管理效率、减少监管套利、降低金融风险、保护金融消费者和投资者权益，对我国金融高质量发展具有深远影响。[②]一是严监管细监管态势延续，牢牢守住不发生系统性风险底线。此次金融监管机构改革将党的领导、防范金融风险和加强金融监管等放在重要位置，严监管态势将进一步延续，区域性金融风险将进一步化解。二是压缩监管套利空间，金融机构回归主业。此次改革注重"综合监管"，过去处于真空地带的不当创新将被依法监管，这要求以商业银行为代表的金融机构聚焦主责主业，降低"不当创新"风险。三是资本市场功能完善，直接融资比重或将上升。此次改革将证监会由国务院直属事业单位调整为国务院直属机构，划入企业债发行审核的

---

① 仇兆燕.加强金融监管强化央地协同［N］.中国银行保险报，2023-12-18.

② 王俊.金融监管体制改革的国际经验与政策启示［J］.经济界，2022（06）：21-27.

职责，这将显著提高资本市场的地位，打破资本市场分割，强化直接融资服务经济高质量发展的能力。四是投资者保护加强，投资者和金融消费者获得感逐步提升。此次改革将原来多头监管的消费者保护职责统归国家金融监督管理总局，这将强化对投资者的全面保护，切实为投资者、金融消费者构筑金融安全网，为金融市场持续健康发展夯实微观基础。

（四）完善的中国金融监管体系有利于全球金融稳定

不稳定的全球金融市场给世界经济发展带来巨大风险，成为阻碍经济复苏的绊脚石。2008年国际金融危机暴露出一些国家金融监管体系不足，并导致全球范围金融大幅动荡和经济长期衰退。当前，经济全球化遭遇逆流，金融风险事件频发，全球金融不稳定性增加：英国养老金风波蔓延引发金边债、英镑市场动荡；欧美银行业危机持续发酵，深层矛盾不断浮现；美债违约疑云频现，不断透支美国信用并进一步增添金融市场不确定性。国际货币基金组织于2023年4月发布的《全球金融稳定报告》提出警告：随着全球金融体系的弹性受到更高通胀和碎片化风险的考验，金融稳定风险迅速增加。全球金融体系是相互依存的系统，各国金融稳定相互关联，中国金融稳定对全球金融体系稳定至关重要。

首先，中国金融环境稳定是全球贸易顺利进行的重要保障。我国是全球第二大经济体，是全球经济复苏重要引擎，是全球贸易重要参与者和供应链重要环节。中国金融稳定与全球贸易和供应链的顺畅运行息息相关。一旦中国金融市场出现问题，将影响全球商品价格、国际支付和全球供应链稳定。其次，中国金融环境稳定是提升对外投资质量的重要前提。一方面，我国积极推进金融市场开放和国际化进程，吸引大量外国投资和资金流入；另一方面，我国积极推进共建"一带一路"倡议，大力推动国际贸易和对外投资，资金流动和国际投资对全球金融市场产生深远影响。最后，中国金融环境稳定是促进全球合作协调的关键要素。中国在国际金融合作中扮演着重要角色，积极参与国际金融组织和多边金融合作机制。习近平总书记指出，"要遏制全球通胀，化解系统性经济金融风险，特别是发达经济体要减少货币政策调整的负面外溢效应"。

中国金融监管改革引发世界广泛关注，但也不乏政客借题发挥。例如，美议员提出《2023年中国金融威胁缓解法案》，要求"评估中国金融部门改革对美国和全球金融体系的任何风险影响"。习近平总书记指出，"以意识形态划线，搞集团政治和阵营对抗，只会割裂世界，阻碍全球发展和人类进步"。以"去风险化"之名，行"去中国化"之实，完全视客观经济规律于不顾，既忽视了当前日趋复杂的世界经济金融局势需要包括中国在内各国协调合作的现实需求，也忽略了完善的中国金融监管体系将成为全球经济金融最为坚固的稳定器。

第一，减少多元目标政策冲突以有效防范系统性金融风险并化解与实体经济发展目标之间的矛盾，为世界各国提供政策安排重要参考。以美联储在疫情期间的操作为例，其"直升机撒钱"的策略虽然在一定程度上缓解了经济压力，但却成为引发高通胀的"元凶"。在疫情后期，美联储又无视国内的客观经济环境，连续加息，这一举措使得欧美银行的流动性状况急剧恶化，金融不稳定性加剧。这一系列的政策失误，充分暴露了缺乏系统观念的政策安排的严重弊端。因此，中国全面系统地深化金融监管体系的改革，不仅对本国经济金融的稳定发展具有重要意义，同时也为世界各国的经济金融政策安排提供了宝贵的借鉴和参考。

第二，健全投资者保护制度并持续完善资本市场融资功能，为投资者打造更为健康的"避风港"。一方面，国家金融监督管理总局承担起统筹责任，全面负责金融消费者权益保护工作，其中自然也包括投资者保护。通过强有力的监管和制度保障，中国将能够有效提高市场参与者的行为规范性和诚信度。这不仅有助于营造一个公平、透明的市场环境，减少金融市场的操纵和各类不当行为，还能进一步提升投资者信心，促进市场健康发展。另一方面，我国正不断强化直接融资服务经济高质量发展的能力，中国资本市场需要在稳定中寻求创新，在规范中寻求发展，以更加健康和稳定的姿态展现在世界面前。通过优化融资结构、提升服务质量、加强风险管理等措施，我国将进一步提升资本市场的运行效率和抗风险能力，进而助力全球金融市场实现更高效率和更稳定的发展，不仅中国投资者的利益将得到更好保障，全球金融市场的繁荣与稳定也将因此受益。

第三，持续完善现代金融监管体制，不断促进国际合作与协调迈向新阶段。一方面，新的监管体系更加灵活、全面，更能适应金融发展的新形势。在此背景下，我国将更为积极地参与国际金融监管的各种机制，与全球各国的金融监管机构建立更为紧密、多层次的合作关系。通过这种广泛的合作，我们能够共同应对那些日益复杂的跨境金融风险，确保全球金融市场的健康与稳定。另一方面，我国在不断完善金融监管体制的过程中，始终结合自身国情，对监管模式进行有针对性的改革与优化。这种实事求是的态度和方法，不仅使我国的金融监管更为高效、有力，也为广大发展中国家提供了宝贵的经验和启示。他们可以从我国的实践中，学习到如何结合自身国情，不断完善自身的金融监管体系，从而更好地应对各种金融挑战，促进本国经济的持续、稳定发展。

二十二、以稳定宏观杠杆率为抓手的守住不发生系统性风险底线研究

党的二十大报告指出要"强化金融稳定保障体系，依法将各类金融活动全部纳入监管，守住不发生系统性风险底线"。金融安全是国家安全的重要组成部分，防范化解金融风险也是金融工作的重要任务。与此同时，党的二十届三中全会明确提出"探索实行国家宏观资产负债表管理"。这一新的要求凸显了国家资产负债表对于健全宏观经济治理体系的重要意义，为后续我国优化宏观杠杆率等指明了方向。为此，需要通过改革创新的方法来破解难题，牢牢守住不发生系统性风险的底线。本文从稳定宏观杠杆率的角度出发，对如何守住不发生系统性风险底线进行深入研究。

（一）厘清近年来我国宏观杠杆率上升和系统性风险的成因

随着经济结构优化的逐步推进，我国通过遏制资金"脱实向虚"以稳定宏观杠杆率的成效显著，夯实与之相关的理论基础显得尤为重要。本文旨在从宏观层面深入剖析"脱实向虚"的稳杠杆效应，并提出相应的理论补充与政策建议。

本文作者为中央财经大学金融学院郭俊杰副教授。

　　党的十九大以来，中国以供给侧结构性改革为主线，通过促进金融和实体经济良性循环以遏制资金"脱实向虚"，开拓了防控金融风险的新思路。防范化解重大金融风险攻坚战取得重要阶段性成果，宏观杠杆率持续过快上升势头得到有效遏制。新冠疫情之前的2017—2019年，宏观杠杆率年均上升2.7个百分点，年均涨幅相比于2008—2011年和2012—2016年两个时期分别减少了5.5个和9.6个百分点。稳定宏观杠杆率的突出成效，一定程度上表明了通过遏制资金"脱实向虚"以稳定宏观杠杆率的有效性。这一新思路不仅突破了既有理论和国外政策实践要么从债务端、要么从产出端调节宏观杠杆率的局限性，也有助于更好地完成"十四五"规划与2035年远景目标纲要提出的"保持宏观杠杆率以稳为主、稳中有降"的新时代重要任务。不过，已有研究还鲜有从宏观层面分析遏制资金"脱实向虚"的稳杠杆机理，并缺乏对遏制"脱实向虚"的稳杠杆路径与传统稳杠杆路径效果的系统比较。可见，针对新时代中国这一重要政策创新的理论基础亟待夯实。

　　既有关于稳杠杆的理论研究主要是围绕债务端和产出端两条传统去杠杆路径展开。已有研究发现，从债务端去杠杆虽然能更为直接有效地压缩债务规模，但基于金融加速器理论机制可知，信贷收缩会以产出水平的显著下降为代价，甚至会使经济陷入持续的衰退之中，因而通常被称为"痛苦的去杠杆"。一旦产出水平下降速度快于债务规模下降速度，宏观杠杆率反而会上升，出现实际债务压力加大的局面。20世纪30年代的美国"大萧条"、20世纪90年代日本大衰退以及2008年全球金融危机爆发的重要原因均在于，政府部门试图通过收紧货币政策抑制信贷增长，以降低整个经济体的杠杆率，反而触发了更为严重的经济危机。从产出端去杠杆倡导实施积极的宏观政策，特别是偏宽松的货币政策以帮助去杠杆。虽然积极的宏观政策会刺激信贷规模的扩张与提高债务总额，但信贷扩张也能够刺激产出水平上升与提高通胀，因而可能会呈现产出水平上升更快从而使宏观杠杆率下降的局面，这一理想结果通常被称为"完美的去杠杆"。不过，扩大产出以去杠杆的成功需要以资本回报率上升速度大于债务扩张速度或新增产出与新增债务比值上升等严苛条件为前提，而且更多是适用于"债务—通缩"等特定情形，并非放之四海而皆准的去杠杆路径。

"脱实向虚"虽然是近年来国内外研究关注的重点问题，但在宏观层面上将其与去杠杆问题相联系的理论研究还较少。2008年全球金融危机之后，受潜在增速持续下滑导致实体经济回报率显著下降等因素影响，"脱实向虚"成为主要经济体面临的突出问题，表现为金融部门相对于实体经济部门过度膨胀、非金融企业生产经营活动中金融活动比例持续上升等多个方面。国外对于"脱实向虚"问题的研究主要聚焦于资产泡沫的宏观效应问题。国内相关研究更多是关注"脱实向虚"对实体经济投资、影子银行规模和风险以及资产价格等方面的影响。已有研究指出实体企业的金融化程度上升会抑制实体投资尤其是技术创新投资，不利于企业健康发展以及长期经济增长。实体企业的"脱实向虚"也会增加企业融资成本并导致影子银行的规模和风险上升，不利于实体经济的发展。与此同时，实体企业的"脱实向虚"会加剧个股的崩盘风险以及股票间的同步性，不利于金融市场的稳定。可见，国内外研究还较少在宏观层面将"脱实向虚"与宏观杠杆问题相联系，也尚未对遏制"脱实向虚"的稳杠杆效应展开深入分析。

基于以上的文献梳理，本文认为需要构建含有实体和金融两部门的动态一般均衡模型，以刻画资金"脱实向虚"倾向增强的典型特征，并模拟宏观杠杆率持续攀升的趋势。本文主要有以下三点研究发现。第一，在资金存在"脱实向虚"倾向时，无论是从债务端还是产出端等传统路径去调节宏观杠杆率，均难以推动经济达到社会最优均衡。要么是去杠杆导致产出收缩，要么是促进产出但宏观杠杆率显著上升，由此陷入稳增长和去杠杆的两难。这可以较好地解释后全球金融危机时期传统去杠杆路径效果欠佳的原因。第二，遏制"脱实向虚"核心是通过资产端的"再配置效应"提高债务端的乘数效应，由此能够提高信贷资金使用效率并提高经济产出，显著改善去杠杆效果。但遏制"脱实向虚"不代表把"脱实向虚"程度压得越低越好，"脱实向虚"程度与经济相对于社会最优的偏离度呈现U形关系，遏制"脱实向虚"的力度存在一个最优水平。第三，由于现实中资产泡沫难以精准识别，遏制"脱实向虚"不能仅依靠加强金融监管。金融监管难以精准把握资产泡沫信息会误伤实体经济并削弱去杠杆效果。应通过增加安全资产供给、降低宏观税负与提升潜在增速等方式，更好地发挥遏制"脱实向虚"的去杠杆效应。

本文研究发现，资产泡沫的出现是近年来宏观杠杆率攀升和经济增速下滑的重要原因之一。其机制如下：一方面，经济增速持续下滑在一定条件下会催生资产泡沫，资产泡沫会驱动信贷需求增长，推动宏观杠杆率上升；另一方面，信贷需求增长会通过抬高融资成本挤出实体经济投资，降低经济增速并进一步驱动资产泡沫扩张。上述两方面的交互作用就会导致经济长期陷入"高杠杆、低增长"局面。本文定义这一机制为"债务—泡沫"机制。随着资产泡沫的增加，资产泡沫的破裂风险也会相应上升。由于资产泡沫破裂通常会导致资产价格大幅下跌，这将使得企业和个人的资产负债率上升，进而影响到企业的投资和消费，增大系统性风险。

（二）全面梳理近年来我国宏观杠杆率变化趋势的特征事实

近年来，我国宏观杠杆率变化呈现出两大显著特征。

2012年以来，我国宏观杠杆率与GDP增速出现了较为明显的分化走势。根据国际清算银行的数据，中国宏观杠杆率（非金融部门的杠杆率）从2012年末的191.9%大幅攀升至2020年末的289.5%，如果剔除新冠疫情的影响，2019年末宏观杠杆率也达到了263.0%。相比之下，中国的GDP增速则呈现趋势性下滑特征。2008年全球金融危机之前，中国GDP保持了30年平均增速高达10%左右的快速增长。全球金融危机时期，在宏观政策的有效应对下，2008—2012年中国经济增速的均值依然能够达到9.5%左右。不过，自此之后中国经济增速出现了下滑态势，2013—2019年间中国GDP增速均值降至6.9%。宏观杠杆率与GDP增速的反向走势也给中国宏观政策的制定带来了较大的挑战，宏观政策一直在"稳增长"与"防风险"两大目标间左右为难。由此可见，后金融危机时期高杠杆问题特征的转变，即从以往宏观杠杆率与经济增速之间的正向关系转为负向关系。

宏观杠杆率与GDP增速出现分化的同时，资产泡沫也出现了上升的趋势。这突出表现为资金流入实体经济的意愿下降，流入虚拟经济的比例显著增加，由此金融部门的资产负债表扩张速度显著超过经济增速，推动金融部门资产/GDP比值快速上升。2000—2008年中国金融部门资产/GDP基本稳定在25%左右，而在2009—2016年，伴随着"脱实向虚"问题的加剧，金融部门资产/GDP从33.0%大幅攀升至77.9%，达到历史最高点。与此同时，中国宏观杠杆率也随着"脱实向虚"问题的加剧而不断攀升，2009—2016年从173.0%大幅上升至238.8%，涨幅达65.8个百分点。

为什么"脱实向虚"的有效遏制与宏观杠杆率趋稳会存在密切关系？一个可能存在的渠道是，"脱实向虚"问题得到遏制后，滞留于金融部门空转的资金比重下降，实体经济吸纳的资金比重上升。得益于资产结构的优化，新增信贷中有更大比例的资金可以惠及实体经济，促进经济产出水平上升。

这就意味着，一单位新增信贷可以带来更大幅度的产出水平提高，即债务乘数效应上升。由此，宏观杠杆率的分子（债务规模）相对减少、分母（产出水平）相对上升，宏观杠杆率趋于下降。

（三）稳定宏观杠杆率的对策建议

稳定宏观杠杆率对于维持我国经济的稳健运行与可持续发展至关重要，守住不发生系统性风险底线是经济平稳发展的关键保障。探寻行之有效的稳定宏观杠杆率的对策意义重大，可以从以下几方面入手。

第一，增强实体经济资本回报率与金融资产回报率的匹配度，化解"脱实向虚"问题以更好地稳定宏观杠杆率。本文突破既有分析框架，从资产结构视角分析了稳杠杆的新路径。党的十九大以来，中国以供给侧结构性改革为主线，通过促进金融和实体经济良性循环遏制资金"脱实向虚"，在稳定宏观杠杆率方面发挥了重要作用。二十届中央财经委员会第一次会议进一步明确提出，"要坚持以实体经济为重，防止脱实向虚"。结合本文研究来看，要从根本上化解"脱实向虚"问题，核心是要解决实体经济资本回报率偏低、金融资产回报率偏高的不匹配问题。一是应通过降低实体企业税费负担、提高研发费用加计扣除比例，以及增加设备投资和升级的补贴力度等方式，多措并举降低实体经济的投资与生产成本，提高实体经济回报率。二是深化利率市场化改革，丰富金融产品供给并加强监管，引导个体对金融资产投资回报形成合理预期，避免对一些资产过度投资，加剧"脱实向虚"并形成资产泡沫风险。三是适当增强产业政策的力度和覆盖范围，从而支持技术创新和产业升级，有效引导社会资本流向高增长、高回报的领域，改善企业部门的杠杆率。当前，企业部门去杠杆速度加快的重要原因之一是实体经济投资回报率偏低，导致企业的利润下降以及信心不足，因而减少信贷需求。为此，政府通过发行专项债等方式筹集资金，从而扶持新基建、数字经济等领域，减少对低效产能的依赖，降低杠杆风险。例如，政府可以通过设立创新基金、提供技术研发补贴来支持企业研发和技术改造。这将不仅提升企业的市场竞争力，还能使其在全球供应链中占据有利位置。通过引导资本流向科技创新领域，经济的生产力将提升，同时减少低效率企业的比重，进而优化经济的宏观杠杆率结构。

第二，在结构政策协调配合下，货币政策和财政政策等稳定政策可以适度加大力度，有助于更好地兼顾稳增长与稳杠杆。本文的分析结果表明，存在"脱实向虚"问题的情况下，通过稳定政策推动产出扩张，会导致宏观杠杆率更快的攀升，难以较好地兼顾稳增长与稳杠杆。由此，稳定政策的力度容易受限，导致经济下行压力难以较好化解。这就需要结构政策的配合，拓宽稳定政策的发力空间。通过结构政策疏通资金流向实体经济的堵点，畅通金融与实体经济的良性循环，有助于遏制"脱实向虚"。在此情况下，稳定政策应加大力度发挥稳增长作用，尤其是在疫情之后的恢复期加大稳定政策的支持力度更为重要。其中，货币政策应着重在降低实际利率水平上发力，财政政策应着重在企业减税降费与促进居民消费上发力。稳定政策稳增长效果的提升有助于提高实体经济回报率，进一步吸引资金流入实体经济，提高债务乘数效应，从而同步起到稳定宏观杠杆率的作用。例如，可以加大货币财政政策等宏观经济政策的扩张力度，提振居民信心，带动居民部门修复需求，从而稳定居民部门杠杆率。近年来，由于收入预期转弱，居民的消费需求下降。在此情况下，居民倾向通过增加储蓄，减少购房、购车等大额支出以及提前还贷等方式逐步降低自身的杠杆率。居民去杠杆的过程，实际上是家庭资产负债表的调整。虽然个体去杠杆有助于降低个人财务风险，但是居民部门过度的去杠杆行为可能会加剧经济放缓的趋势，造成合成谬误，从而造成经济螺旋式下行。在当前内需不足的宏观环境中，需要加大货币财政政策等宏观政策的力度，提振居民部门信心和消费需求，扭转居民部门过快去杠杆的趋势。例如，政府可以通过对地方政府进行转移支付，支持地方提升消费品以旧换新能力，这不仅可以提升居民消费需求，同时也促进当地的经济增长和居民收入的上升，避免居民部门过快去杠杆。与此同时，货币政策通过加大降准降息等政策工具的力度引导资金成本下行，有助于减轻居民部门的利息负担，缓解还款压力，从而稳定居民部门的杠杆率。

第三，更加重视安全资产在改善资产结构与稳定宏观杠杆率方面的重要作用。由于现实中存在信息约束，依靠金融监管的方式压缩金融泡沫资产，可能出现生产性资本也受到抑制或者"脱实向虚"程度遏制过度等情况。增加安全资产供给是遏制"脱实向虚"的另一重要途径。基于政策模拟实验发现，通过增加安全资产可以挤出金融泡沫资产，改善资产结构。同时，将安全资产筹集得到的资金投向实体经济，能进一步提升生产性资本规模，更有助于提升产出水平与稳定宏观杠杆率。安全资产供给不足也是现阶段中国经济面临的重要问题，未来中国可以从国债、养老保险与个人养老金等多个方面丰富安全资产的供给，并要加快构建畅通渠道将安全资产筹集的资金有效转化为实体经济资本积累。比如，人口老龄化背景下通过提供更加丰富的养老金产品，有效增加安全资产供给，满足居民养老需求。吸纳的养老资金由于期限长，可以转化为重点领域与行业的长期股权投资，有效提升生产性资本规模，进而提高潜在增速水平并有助于稳定宏观杠杆率。为此，建议有关部门适当扩大超长期特别国债的发行规模。这除了有助于提供更多的安全资产以外，还可以筹集资金从而置换地方政府的负债，稳定地方政府的杠杆率。例如，2024年5月起，财政部发行1万亿超长期特别国债，目的是调动各类社会资源，为国家重大战略实施和重点领域安全能力建设提供资金支持，缓解关键领域财政资金压力。而且，此次特别国债资金全部通过转移支付安排给地方使用，有助于缓解地方政府的支出压力，从而稳定地方政府杠杆率。

二十三、金融科技与金融风险防范

习近平总书记在2024年1月16日省部级主要领导干部推动金融高质量发展专题研讨班开班式上发表重要讲话中要求"坚持把防控风险作为金融工作的永恒主题"。随着大数据、人工智能、区块链、云计算等新兴科技在金融领域的广泛应用，金融科技日益受到学术前沿、金融业界与监管部门的关注。科技兴则民族兴，科技强则国家强，金融行业亦然。金融科技被金融行业的各个领域广泛应用已成为不可阻挡的趋势，我们也有必要以积极的心态掌握好、应用好金融科技，并将金融科技服务于增强一系列关键核心金融要素。在拥抱金融科技的过程中，为了响应党中央着力防范化解金融风险的要求，本文以金融科技作为主要研究对象，厘清金融科技与金融风险防范的关系，为健全金融监管体系、防范化解金融风险提供政策建议，从而兼顾以科技兴金融、用科技防风险。

（一）我国金融科技发展现状

1.我国金融科技的发展历程

我国金融科技的发展大致可以划分为三个阶段：第一阶段是2004年以前的金融电子化阶段。金融科技的萌芽发源于金融公司内部的IT部门，由于经

本文作者为中央财经大学金融学院魏旭教授。

济全球化以及金融自由化的快速发展，消费者产生了大量的金融服务需求，在此阶段，金融服务与电子信息技术初步融合，压缩了传统金融部门的运营成本，提高了其业务效率。1974年，中国银行用计算机主机系统自动化处理部分手工业务拉开了金融电子化发展的序幕。该时期政府为产业科技的发展提供相关的政策支持，1993年，《国务院关于金融体制改革的决定》明确提出了"加快金融电子化建设"。第二阶段是2004年至2018年的互联网金融阶段。金融科技的发展进程加快，互联网科技迅速发展，信息技术革新引领金融模式转变，如传统金融的销售渠道与业务模式变革，推动金融机构从线下向线上的转变。以P2P网贷、第三方支付等创新性业务为代表的互联网金融[①]飞速发展，极大丰富了传统金融的服务范围和场景。第三阶段是2018年以后的金融科技阶段。在此期间，新兴技术发展，金融科技创新不再局限于互联网。科技与金融深度融合，数字技术与金融创新融合，更加注重数字化发展。

2.金融科技发展现状

金融科技的出现不仅彻底改变了传统金融服务的运作方式，而且对整个金融行业的未来走向产生了重要影响。在2018年11月举行的第九届财新峰会上，来自政府机构、金融科技领域的领军企业和经济学界的专家学者们形成共识，认为中国的金融科技自2018年起迈入了数字化时代。互联网科技、云计算和大数据分析等新兴信息技术的发展将不断深化技术与金融的融合，为普惠金融在中国的迅速发展提供了动力引擎。2019年8月，中国人民银行正式出台《金融科技发展规划（2019—2021年）》，标志着金融科技的发展被提升至国家战略层面，为金融科技的发展方向、任务和实施路径提供了明

[①] 金融科技的前身，互联网金融是金融科技的重要组成部分。

确的指导，为推动行业健康长远发展提供了重要抓手。2022年1月，中国人民银行推出了《金融科技发展规划（2022—2025年）》，为我国金融科技向更高质量阶段发展提供指引。

我国金融科技发展在经历了早期的快速扩张后，已经进入了高质量发展阶段。一方面，就行业发展而言，金融各行业的金融科技投入规模不断增加（见图23-1），金融科技发展方兴未艾。各大金融机构都将发展金融科技上升到了战略地位，我国六大国有银行金融科技投入不断增加（见图23-2），金融科技蓬勃发展。

另一方面，我国地方政府也十分重视金融科技，纷纷出台相关政策规定引导支持金融科技产业的发展（见表23-1），要求加强金融科技基础设施建设，建设市场化服务体系，加强相关人才培养，建设示范区等，从人财物多个角度助力金融科技产业高质量发展。

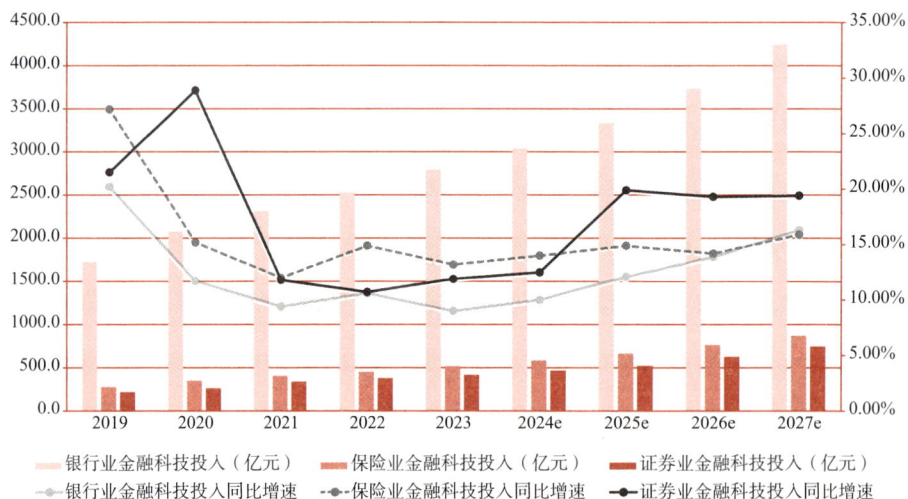

图23-1 金融各行业金融科技投入规模

注：横坐标表示时间（2024e–2027e表示预测），左侧纵坐标轴表示金融各行业在金融科技方面的投入规模（亿元），右侧纵坐标轴表示增长率（%）。总体表明金融科技在金融行业各领域方兴未艾。

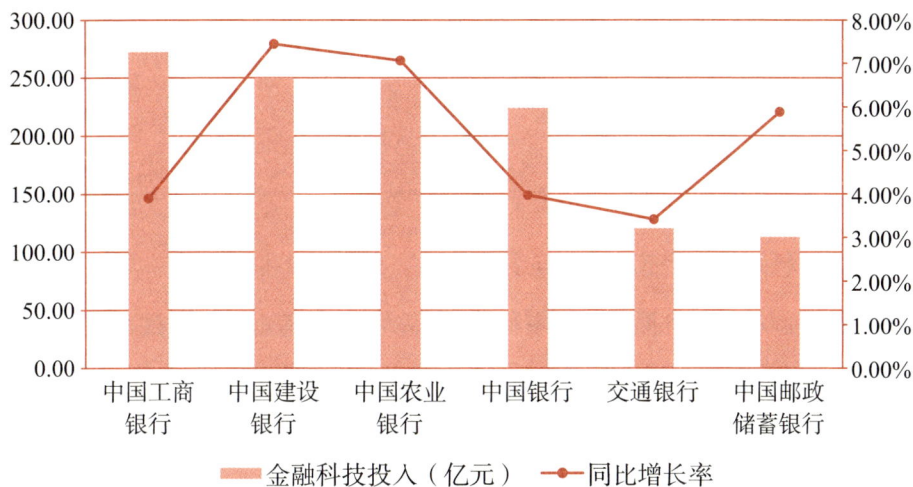

图23-2　2023年大型国有银行金融科技投入规模与增长率

注：图23-2展示2023年大型国有银行在金融科技上的投入规模与增长率。图23-2表示金融机构在当下十分重视应用金融科技。

表23-1　我国典型城市的金融科技支持政策

地区	时间	金融科技支持政策
北京	2018	《关于首都金融科技创新发展的指导意见》
上海	2020	《加快推进上海金融科技中心建设实施方案》
	2024	《上海高质量推进全球金融科技中心建设行动方案》
广州	2018	《广州市关于促进金融科技创新发展的实施意见》
深圳	2022	《深圳市扶持金融科技发展若干措施》
重庆	2020	《关于推进金融科技应用与发展的指导意见》

（二）金融科技发展与风险防范

金融科技的广泛应用对金融风险防范存在两方面的影响：一方面，金融科技提高了风险防范的难度，带来了新的风险，同时使传统风险产生了新的变化，对系统性风险产生了新的影响，为风险防控带来新挑战；另一方面，金融科技也能通过助力监管部门和金融机构，增强金融系统的风险防控能力。

1.金融科技对风险防范的消极影响

金融科技作为科技与金融的深度融合，既体现出科技特性，又反映出金融的特征。从科技方面看，金融科技将人、钱、物借由网络连接在一起，通过数据和生态创新驱动业务发展。这些特点使其相应的业务呈现出新的特征，如交易频率更高、客户分布更加广泛、业务模式更加开放等，这些新的特征也带来了新的风险，传统风险也随之发生变化，对系统性风险也产生了新的影响。

金融科技中的新型风险主要包括以下几个方面：

数据合规风险。数据合规问题是金融科技领域最核心的风险之一。随着数字技术的深入应用，金融机构通过智能设备、社交平台、支付终端等渠道采集的用户数据已覆盖行为轨迹、生物特征、交易记录等敏感信息。根据国家互联网信息办公室统计，2024年金融类App平均申请的权限数量达28项，其中62%的权限与核心业务无直接关联。过度的数据采集行为不仅违反《个人信息保护法》关于"最小必要"原则的规定，更形成了数据滥用的灰色地带。数据集中化存储进一步放大了风险敞口。据Gartner报告，全球前十大金融云服务商承载了83%的金融机构核心数据。更值得警惕的是暗网数据交易市场的活跃，2025年国际刑警组织破获的"黑珍珠"数据贩卖集团，其数据库中包含2.3亿条金融用户信息，售价最高达每条5000美元。监管科技的发展未能完全跟上数据滥用的速度。虽然各国普遍建立了数据分类分级制度，但实际执行中存在诸多难点。这些风险的累积正在动摇金融科技的信任基础。中国社会科学院调查显示，68%的消费者因担忧数据安全减少使用数字金融服务，32%的用户主动删除了金融类App。数据合规问题已超越技术范畴，成为影响金融科技可持续发展的关键因素。

数据垄断风险。金融科技公司的数据垄断风险和数据反垄断问题同样值得关注。金融科技公司不仅能够通过社交平台等收集大量的数据，还能够不断地拓展数据来源，通过大数据等相关前沿技术分析识别客户的偏好、使用习惯等，提供差异化、定制化的金融产品。与之相比，传统金融机构的产品种类和客户群体相对有限，获取信息的能力较弱。监管当局一般更加注重对传统金融机构客户信息的要求，对金融科技公司的要求相对较低，而一旦金融科技公司利用自身优势和监管的空缺在数据领域确定了主导地位，将客户的私人信息用于信用评估，实行价格歧视，就会影响信贷公平，扰乱信贷市场的正常秩序。

模型风险。其本质是算法决策机制与金融业务复杂性的内生性冲突，模型设计缺陷往往源于过度依赖历史数据，模型验证体系存在严重漏洞，监管滞后进一步放大了模型风险。各国监管沙盒测试显示，35%的金融科技模型存在未预期的负外部性。

金融科技的快速发展使得传统风险出现了新的变化，具体体现在以下几个方面：

信用风险。金融机构开展网上贷款容易引发信用风险。随着金融科技的迅速发展，传统金融机构纷纷开始布局金融科技业务，但是由于我国征信体制不健全，信用录入数据不完整、征信监管环境不完善等易引发信用风险。此外，传统的金融机构也容易受到金融科技公司的波及，近年来，金融机构不断加强与第三方支付、众筹等机构的合作，由于合作不规范、违规行为等带来的连锁反应，容易引发对传统金融机构的责任追究，导致信用风险爆发。

市场风险。金融科技公司通过创新业务模式，规避现有的监管框架，利用金融杠杆，进行高风险交易。在市场上行时，杠杆会放大投资收益，在市场下行时，则会放大投资风险，从而加剧市场的波动。目前，金融科技企业的高额信贷规模中，往往只有少数比例的自有资金，绝大多数资金来自合作银行和发行ABS（资产证券化）。而合作银行很多是刚成立不久的小银行，或者是地方银行，为了抢单，开出比正规银行利息高得多的条件，吸引了众多用户存款。客户在存款的同时却忽略了产品背后的众多小银行大军，小银行抗风险的能力较弱，且难以消化大量的资金。就发行ABS而言，金融科技企业在市场发行ABS进行表外融资，跳出了传统小贷公司4倍杠杆的限制。甚至有部分企业借助了证监会没有对ABS的贷款资产循环次数的规定进行监管套利，把资本金通过拆借融资形成了大额的网上小额贷款，又利用金融工具循环发放贷款，形成上百倍的高杠杆。而金融科技企业这些极高杠杆的资产，由于没有抵质押物和第三方担保，一旦发生违约，风险将迅速大范围蔓延。

操作风险。操作风险是由于不完善或者有问题的内部程序、员工、信息系统，以及外部事件所造成损失的风险。操作风险是金融科技中影响较大的风险。由于金融科技的深度应用，系统的复杂度越来越高，不管软件还是硬件，出现缺陷的概率越来越大。如果不能及时充分地掌握新技术自身存在的缺陷和漏洞，并且及时进行修正，将会大幅增加信息系统出现故障或者受到外部攻击的风险。另外，由于金融科技的开放性特点，大量使用外包资源以及和第三方合作，外包公司和合作方的管理漏洞和系统漏洞也可以成为间接攻击的渠道，同时，金融业务的价值链结构也日趋复杂，信息在不同参与者之间是不对称的，如果价值链中关键技术和信息集中度过高，参与到价值链中的其他参与者的风险识别难度将会很高，缺乏自主管控的能力。

金融科技中的系统性风险。金融科技系统性风险的演进呈现技术驱动与制度错位的双重特征，其核心在于跨界混业经营重构了风险生成与传导机制。金融科技企业通过构建涵盖支付结算、信贷融资、财富管理等全价值链的生态系统，形成了业务边界模糊的复杂网络结构，其技术耦合性与数据关联性使风险传播加快。在资本逐利性驱动下，金融创新通过资产证券化、收益权拆分等结构化手段推升杠杆率，形成"底层资产-中间产品-衍生工具"的多层嵌套结构，导致风险收益错配与资产泡沫化。这种复杂性使风险评估陷入"认知-估值"双重困境，投资者难以穿透产品设计识别真实风险敞口，而金融机构的期限错配策略进一步加剧了流动性风险积累。经济活动的信用核心在数字化重构中呈现新特征，区块链技术构建的分布式信任机制虽提升了交易透明度，但智能合约的刚性执行可能导致风险的瞬间锁定与扩散，造成"算法驱动的金融危机"。金融科技企业通过API接口与数百家金融机构实时互联，形成跨行业、跨市场的风险传导网络，某节点故障可能引发多机构共振，而监管科技的滞后性使风险联防存在响应盲区。系统性重要机构的认定标准正从"规模依赖"转向"关联依赖"，平台型企业通过用户数据交互量与API连接密度形成事实上的系统级基础设施，其崩溃可能导致支付系统瘫痪、征信体系失效等连锁反应，这种"关联多而不倒"的新型风险主体对传统监管框架构成严峻挑战。

金融科技的发展给金融部门的发展带来了更多的风险，提升了金融系统的复杂度，同时，金融监管部门开展监管工作的难度也随着金融系统复杂度提高而提高。金融科技通过整合区块链、人工智能等技术构建起跨市场、跨机构的动态网络，其节点间的强关联性与数据交互的高频次性导致风险传导呈现蝴蝶效应特征，某环节的微小扰动可能引发系统震荡。金融科技的技术迭代速度远超监管框架调整周期，导致制度供给长期滞后于风险演变。例如曾经被视为"创新"的P2P贷款，由于P2P贷款机构的资金来源和去向复杂多样，金融监管部门难以清晰准确掌握资金状态，其天然地存在监管滞后等问题。监管滞后性强、监管有效性差是较多P2P贷款机构"暴雷"不可忽视的原因。金融监管部门如果不能跟随金融科技发展趋势，有效掌握前沿技术、及时改进金融监管框架，则难以迎接金融科技对金融监管提出的挑战。

2.金融科技对风险防范的积极影响

金融科技无疑可能带来潜在的风险，但是也为风险防范提供了新的思路和工具。

金融科技的革命性突破正在重塑传统监管框架，形成"数据穿透+智能决策+实时响应"的新型监管生态。这一变革本质上是技术范式与制度范式的双重演进，其深层逻辑在于将监管规则代码化、监管流程自动化、监管效能指数化。数据穿透打破了传统监管的信息孤岛困境，通过整合金融机构内部系统数据、第三方平台数据、物联网感知数据等多源异构数据，构建覆盖资金流、信息流、物流的立体监测网络，实现从"抽样监管"到"全量监管"的转变。这种新型监管生态不仅提升了风险识别的精准度和响应速度，更催生出"监管即服务"的新模式，推动监管范式从"事后处罚"向"事前预防"演进，为数字时代的金融治理提供了智能化、系统化的解决方案。中国证监会2024年部署的"鹰眼"智能监管系统，通过整合卫星遥感、港口物流、税务发票等12类外部数据源，构建起覆盖5000家上市公司的动态监测模型。在獐子岛财务造假案中，该系统通过分析其养殖海域叶绿素浓度异常波动（较正常年份下降63%），结合冷链物流数据缺失（运输记录与产量数据偏差达41%），成功锁定虚增利润3.27亿元的核心证据链，较传统审计手段提前18个月预警风险。

金融监管部门通过内部的科技手段，有效破解传统监管的效能瓶颈。借助金融科技自动化处理90%以上的重复性监管流程，如数据报送、合规检查等，将监管人员从冗杂的事务性工作中解放出来，专注于复杂风险研判。人工智能驱动的异常行为分析引擎可实时扫描全量交易数据，识别出传统人工核查难以发现的"低频高损"风险模式，如跨账户分散转账、异常交易时段等，使监管覆盖颗粒度从机构层级细化到单笔交易。数字孪生技术构建的虚拟监管沙盒，能够模拟不同业务场景下的风险传导路径，提前发现跨系统、跨市场的潜在风险点，将以往人工核验难以覆盖的监管盲区转化为可预测、可干预的"透明地带"。这种智能化监管体系不仅提升了监管效率，更通过技术手段重构了监管逻辑，实现了从被动响应到主动防御、从局部覆盖到全局洞察的范式转变。央行与公安部联合打造的"天罗地网"平台展现出强大效能。该系统基于3000亿条交易流水数据，构建了包含1200个特征变量的异常行为识别模型，2025年日均拦截可疑交易148万笔，涉及金额23.7亿元。

金融科技也在金融机构风险管理领域得到了深度应用，构建起了"数据驱动－智能决策－闭环治理"的新型风控体系，从根本上革新了传统风险管理范式。这一体系通过多维度技术融合，实现了风险防控的质的飞跃。大数据的数据挖掘和分析技术，解决了传统风险管理中数据"求多求全"无法兼得的困境，通过研究企业海量数据背后潜藏的关联、提升风险控制模型的可信度，实现快速甄别企业各业务线条中潜藏的风险，做到全流程覆盖业务风险。同时，云技术支持下的大数据财务风险预警体系可以做到7×24小时全天候实时、动态风险监控，减少风险管理缺位或滞后的可能性。智能风险控制系统还可以避免人工决策的主观性，通过重新设计量化规则、标准流程等风控决策机制，提升风险管理的客观性。早在区块链技术推出之初，学术前沿领域和金融业界即意识到其分布式账本在提升金融交易安全性方面存在较大的潜力。在规避源于股票等市场的金融市场风险方面，学术前沿领域已对人工智能辅助投资决策进行过实证探索，业界也积极探究采用金融科技工具规避风险。

（三）我国发展金融科技的政策建议

综上所述，金融科技对风险防范的影响包括积极和消极两个方面。面对滚滚而来的金融科技潮流，我们不能由于金融科技可能引入新的风险而因噎废食拒绝以科技兴金融，也不能放任科技促使金融行为无序发展扩张从而违背服务实体经济的初衷。对此，我们应积极主动利用金融科技发展带来的优势，防范化解金融风险，从以下几个方面着手发力，推动经济高质量发展。

当前，我国对金融科技的监管政策采用了"实质重于形式"原则，即将金融科技中的金融属性业务完全按照金融监管模式进行。而我国的金融监管体系为功能性监管，各类金融业务根据自身业务类型对应不同的监管。因此，我国现行的金融科技监管模式主要表现为功能性监管。功能性监管的优势在于通过清晰的权责划分，提高了监管效率，且避免了监管真空和重复监管现象的发生。因此，在未来的我国金融科技监管框架中，功能性监管应仍处于重要地位。此外，根据我国实际情况以及结合国外先进经验，将审慎监管和行为监管纳入我国监管框架，形成"三位一体"协同式监管框架（见图23-3）。

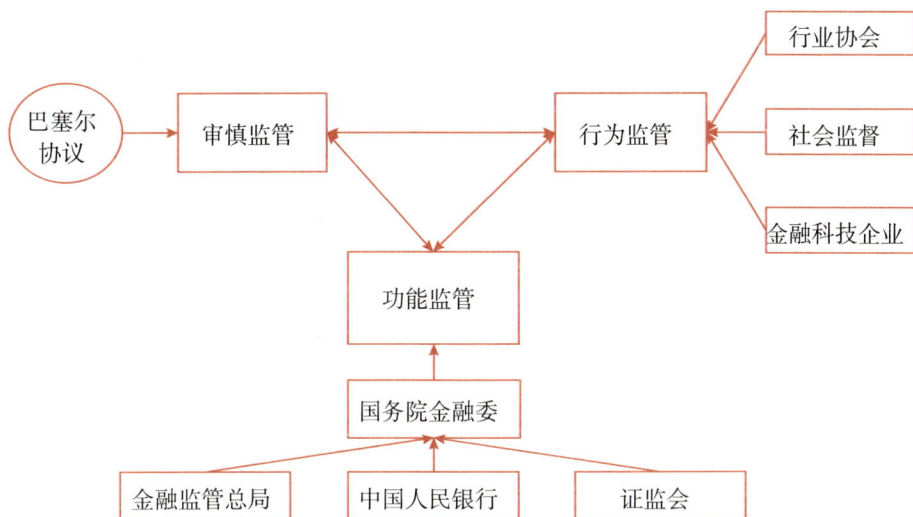

图23-3 "三位一体"协同式监管框架

审慎监管是巴塞尔协议的核心原则，即追求金融稳定和金融机构的稳健发展，在各国的金融实践中取得良好效果。审慎监管要求在资本充足率、资产质量、流动性约束等方面根据企业所处生命周期制定一系列可量化的监管规则，实现对企业的全周期风险把关。我国目前需要针对金融科技的行业特点摸索出一套各项标准的量化规则，将审慎监管的金融稳定优势运用于金融科技企业。

行为监管从金融科技治理问题入手，对金融科技企业开展业务过程中的违反市场秩序和消费者保护等行为采取惩处措施。具体来讲，可以设立金融科技协会等相关组织，并加强它们同现有证券业协会等其他组织的交流沟通，实现行业内部的约束规范；推进社会监督，借助人民群众的力量以及发达的信息传输媒介，实现对金融科技企业的底层监管；推进金融科技企业的自我监管，加强对金融科技企业社会责任的舆论引导，增强金融科技企业的社会责任感，避免金融科技企业出现有损社会发展稳定的经营行为。

主动采纳监管科技，有效利用监管科技来适应金融科技的创新实践。监管科技的推进应坚持"战略指导、响应监管需求、依靠市场驱动、法律制度支持、行业自我管理、协同合作"等核心原则。监管机构应根据自己的监管职责通过顶层设计制定技术路线图，明确监管科技在风险监测、合规审计、压力测试等领域的功能定位，同步建立跨部门数据治理机制以打破信息孤岛。通过设立创新沙盒鼓励金融机构与科技企业合作开发监管工具，采用市场化模式加速技术转化。法律制度的适配性调整至关重要，需建立技术标准认证体系与数据安全规范，在《个人信息保护法》框架下明确监管数据的采集边界与使用规则。建立监管机构、金融机构、科技公司、学术界的四方联动平台，通过知识共享提升技术方案的普适性。

构建全面、高效且富有活力的金融科技生态体系，加强政策引导和支持，出台相关政策和措施，强化对金融科技发展的政策支持体系建设，着力培育提升金融科技助力实体经济腾飞的能力；金融机构需要履行金融科技伦理管理主体责任，建立金融科技伦理审查、信息披露等常态化工作机制，严防技术滥用，提前预防、有效化解金融科技活动伦理风险，保护消费者合法权益；加强内部控制和风险管理，建立健全风险管理体系，提高对风险的识别、评估和控制能力，确保金融科技的健康发展；同时，金融监管机构需要加强对金融科技企业的数据搜集工作，重视数据共享平台建设，通过对金融科技企业的全方位数据搜集，更好地把握企业的发展动态。

高校应构建"学科交叉－产教融合－创新驱动"的人才培养体系，通过整合金融、计算机科学、数据分析等多学科资源重构课程框架，形成模块化知识体系。课程设计需突破传统学科壁垒，将区块链技术、人工智能算法等前沿内容融入金融风险管理、投资组合理论等核心课程。校企合作平台的建设应聚焦协同育人与成果转化，通过共建研究中心与实践基地实现资源共享，开发金融市场模拟平台与智能风控实验室，为学生提供沉浸式实践环境。跨学科选课制度需配套弹性学分管理，允许学生在数据科学、法律合规等领域自由选择模块，培养复合型能力。专项基金支持体系应涵盖教师科研与学生创新，鼓励校企联合攻关金融科技关键技术。定期举办研讨会与工作坊搭建知识共享平台，邀请行业专家参与课程设计，鼓励高校教师主持和参与企业的研究项目，将学术成果转化为现实应用，以学术研究为基础，推动金融科技的创新升级，形成教育链、产业链、创新链的良性循环。

二十四、地方政府债务风险特点及监管研究

党的二十大报告提出，加强和完善现代金融监管，强化金融稳定保障体系，依法将各类金融活动全部纳入监管，守住不发生系统性风险底线。中央金融工作会议也提出"全面加强监管，防范化解风险"。防范化解系统性风险是当前我国政府的一项重要工作，而地方债风险目前是中国系统性金融风险的重要组成部分。中国金融体系目前仍由商业银行主导，地方债问题与商业银行资产负债表紧密联系在一起。地方债的形成与膨胀具有深层次的体制性原因，地方债也为中国经济高速增长与结构转型作出了重要贡献。然而，地方债的过度积累将会造成金融体系风险上升，最终既会影响经济增长，也可能损害金融稳定。一旦处理不好，地方债问题爆发可能引发银行体系的系统性风险。本文对建立政府债务管理机制、优化债务结构给出相应建议。

（一）中国地方政府债务的潜在风险和特点

地方政府债务可划分为显性债务与隐性债务两大类。其中，显性债务涵盖了政府一般债务和专项债务，而隐性债务则涉及城投平台举债、政府和社会资本合作（Public-Private-Partnership，PPP）以及诸多政府承诺的支出

本文作者为中央财经大学金融学院刘向丽教授。

责任等产生的债务。目前，地方政府债务的风险主要体现在两个方面：一方面，专项债务的实际功能日益偏离其原本的定位，从经济和社会效益的角度来看，它们实际上已转变为一般债务。这种转变可能低估潜在风险，并在债务的包装、发行及使用过程中增加了地方政府的负担。另一方面，隐性债务主要集中在城投有息债务上。从宏观角度看，这类债务面临着本金到期偿还集中、利息负担加重、债务支出效率降低的风险。从微观角度看，城投公司普遍存在盈利能力不足和现金流短缺的问题。具体来说，我国地方政府债务的风险形势主要体现在以下四个方面。

我国政府债务总量规模不算太大，但中央政府债务占比过低、地方政府债务占比过高。截至2022年末，全国地方政府法定债务余额35.1万亿元，加上纳入预算管理的中央政府债务余额25.9万亿元，全国政府债务余额61万亿元。①按照国家统计局公布的2022年GDP初步核算数121.02万亿元计算，全国政府法定负债率（政府债务余额与GDP之比）为50.4%，低于国际通行的60%警戒线。在此基础上，对于哪些债务应计入地方债务范畴，从而纳入政府债务的统计，存在不同观点，导致对我国总债务规模的估计存在差异。在广义债务口径下，对我国政府总债务率（债务占GDP的比例）的估计值有所不同，国际清算银行（BIS）对2022年的估计为78%，国际货币基金组织（IMF）对2022年的估计为110%。尽管估计数值不一，与新兴市场国家和发达国家对比来看，得出的共同结论是我国的总债务规模并不高。尽管我国政府债务规模总体健康，但我国中央政府债务的比例明显偏低（不同口径的估算数据比例为19%~27%），而地方政府债务的比例则相对较高。即使将中央政府代发的地方政府债券计入中央政府债务，该比例也仅提升至46%~65%，

① 本文数据来源：财政部官网。

仍低于全球平均水平（根据国际货币基金组织的"全球债务数据库"数据计算，2022年，全球各国中央政府债务占政府总债务比重的平均数为89%，中位数为96%）。与此同时，我国地方政府的其他债务形成方式复杂、不透明，且融资成本较高。因此，尽管在总量上我国政府债务并无显著问题，但部分地区的地方政府面临较大的债务风险。这一结构性问题值得关注和深入分析。

中西部地区政府债务还本付息压力较大。目前，地方政府债务分布呈现出显著的地域不平衡，其中中西部地区债务压力尤为突出。在财政空间越来越有限的同时，政府部门付息成本也持续上升。未来一旦长期利率上升，政府部门存量债务的还本付息压力将会进一步加剧，甚至可能导致违约风险的爆发。因此，宏观杠杆率高不仅本身是一个潜在风险，而且正在流量上造成显著压力。

就地方政府显性债务率而言，东部沿海发达地区的综合财力对其政府性债务余额的覆盖更为充分，中西部省份如贵州省、云南省、青海省和内蒙古自治区、宁夏回族自治区的显性债务率普遍超过警戒线。2022年，青海省和贵州省的负债率分别高达84.33%和61.84%，而云南省、甘肃省、海南省、新疆维吾尔族自治区的负债率也已经超过40%。早在2019年，湖南省、内蒙古自治区和天津市的地方政府债务余额已接近债务限额。中西部地区的地方政府在独立偿还本金和支付利息方面面临巨大挑战。例如，贵州省从2021年至今，存量地方债每年到期规模巨大，带来了集中偿付的压力。在2017年至2019年期间，贵州省的债务可用空间显著缩小，公共预算收入增长放缓，财政平衡率下降，且对上级政府补助的依赖度过高。2021年以来，城投债收益率比地方债收益率高出近1个百分点，截至2023年12月，各口径下全国存续城投债都超过10万亿元，1个百分点的利差就会使地方政府产生1000亿元左右的额外支出。对于财力有限、通过城投债募资"借新还旧"的中西部地方政府而言，无疑是雪上加霜。如果得不到中央层面的支持，这些地区的债务或面临违约或重组的命运。

地方政府隐性债务规模庞大，但蔓延扩张态势得到初步遏制。显性债务只是地方政府债务的一部分。近年来，地方政府隐性债务激增。特别是自2016年起，PPP项目的增多导致隐性债务激增，推升中国政府部门的总负债率。在预算软约束的背景下，地方政府为融资平台提供的隐性担保挤压了市场化融资主体的空间，并导致融资平台无序扩张。尽管自2014年以来的政策文件已试图明确地方融资平台与地方政府债务的界限，但地方政府与融资平台之间的关系依旧错综复杂。地方融资平台在隐性债务形成中扮演着关键角色，因此其数据常被用于估算地方政府隐性债务。隐性债务具有"或有债务"属性，只有在违约情况下，地方财政才可能承担责任。若将所有融资平台债务均视为政府隐性债务，则可能高估地方政府的隐性债务率。有学者认为，应将由财政负担偿还的隐性债务视为地方隐性债务的折算结果，折算系数上限为20%，并根据不同省份的显性债务率调整系数，并采用此方法对全口径债务率进行了初步估算，发现纳入融资平台债务后，大多数地区的全口径地方政府债务率显著增加，即使保守估计，隐性债务规模依然庞大。但近年来，通过相关部门和地方政府持续努力，我国防范化解地方政府债务风险的制度体系已经建立，地方政府违法违规无序举债的蔓延扩张态势得到初步遏制，后续财政部会同有关部门研究提出一揽子政策措施，着力防范化解地方政府隐性债务风险。

在地方政府债务问题上，应特别留意财政和金融风险相互溢出所造成的风险。地方债务违约可能初看仅对债券投资者造成损失，但实际上银行体系是地方债务（包括相关贷款、非标资产和债券）的主要承担者。商业银行是地方债的最主要的持有者，其他类型持有者的体量很小。从中债登公布的持有者结构（截至2023年11月）来看，39.84万亿的存量中，第一名商业银行持有32.89万亿，第二名是各类资管产品（包括银行理财产品、公募基金、证券公司资管计划、信托计划等），合计持有2.09万亿。这一现状反映了财政政策的货币化趋势以及金融政策的财政化倾向，财政与金融风险的相互影响加大。地方政府债务违约或对地方金融体系稳定性造成一定冲击。因此，对地方政府债务问题的处理需要审慎考虑，以避免财政和金融风险的相互加剧。

（二）地方政府债务风险监管理念的变化

相比2017年全国金融工作会议提出的"严控地方政府债务增量，终身问责，倒查责任"，2023年底的中央金融工作会议反映出对地方政府债务风险的监管理念已悄然发生变化。

首先，从增量的单边严格把控到增量存量的双管齐下。2017年，为应对影子银行、政府融资平台、PPP平台等扩张导致的宏观杠杆率迅速攀升，主要采取的措施是通过约束地方政府行为来严格把控债务与金融风险。2023年的政府工作报告提出，"防范化解地方政府债务风险，优化债务期限结构，降低利息负担，遏制增量、化解存量"。2023年，受新冠疫情冲击与国际局势影响，我国宏观杠杆率有所上升，地方债务规模控制从严控绝对规模转变为与高质量发展目标相适应、相协同。

其次，从防范短期风险暴露到化解长期风险。为了补短板、强弱项、惠民生，自2023年9月起，新一轮特殊再融资债券正式启动发行，截至2023年10月末，累计规模已达万亿元左右。2023年10月24日，全国人大常委会批准国务院增发国债和2023年中央预算调整方案的决议草案，中央财政将在

2023年四季度增发2023年国债1万亿元，作为特别国债管理。此次增发的1万亿国债全部通过转移支付方式安排给地方使用，全部列为中央财政赤字，还本付息由中央承担，不增加地方偿还负担。初步释放出中央与地方政府杠杆适度转移的信号。但特殊再融资债券的隐债显性化非治本之策，中央加杠杆也并非无上限。此次会议传达出的建立地方债务风险管控长效机制，才是防范金融风险的关键，更是推动中国金融高质量发展的必由之路。建立地方债务风险管控长效机制，需要从多个方面着手，包括丰富化解风险的机制、加大风险监测力度、细化风险评估和防控机制、助力重点地区风险处置等。

最后，从债务处置问题导向到风险化解系统施策。2023年7月24日召开的中央政治局会议提出，"要有效防范化解地方债务风险，制定实施一揽子化债方案"。短期落实"一揽子化债"实施方案，加强对融资平台的综合治理；中期减轻地方政府对土地财政与隐性债务的依赖，优化中央与地方财政事权与财权的分配，健全权责一致、激励约束相容的风险处置责任机制；长期培育新基建、新能源、新引擎等关乎经济社会发展的核心领域与关键项目，从根本上培育经济增长新引擎。

（三）化解我国地方政府债务风险的一些对策建议

地方政府债务问题不断积累，反复化解，需要治标，更要治本。从长远考虑，需要强化约束机制建设，不断推进自我约束和市场约束，积极稳妥防范化解地方政府债务风险。为了深入贯彻中央金融工作会议所传达的精神，政策建议如下。

处理好增量与存量、显性与隐性、债务与经济增长的关系。地方债务的形成是一个复杂的过程，涉及体制性因素和长期积累，风险化解的方案需要时间和科学、细致的策略。当前，地方债务风险与金融和社会风险相互交织，处理相关风险时必须考虑适当的力度和节奏。有效控制地方政府债务率，关键在于平衡以下几个方面。一是确保在逐步解决现有地方债务问题的同时，严格控制新债务的产生。二是推动隐性债务逐渐转为显性债务，依据其公共属性的强弱，将其分类为政府债务或企业债务，并采取相应的财政政策手段或市场化法治化手段进行处理。三是在地方债务管理中，应注重提高债务资金的使用效率，确保债务（分子）能够带来更大的经济产出（分母）。

短期要应对好债务到期后的再融资问题，重点在于延长债务周期和降低成本，以防止风险处置引发的风险。首先，通过专业、细致的审计工作，清晰识别各类债务的性质和来源。对于现有的隐性债务，应区分为政府债务和企业债务，前者需由政府解决，而后者应规范转化为企业的经营性债务。目前，一些城投企业的业务已转向传媒、非银行金融等领域，不再主要依赖基础设施投资建设，因此，这部分债务应视为普通国有企业债务，而非政府债务。应侧重于对债务资金投向领域的审计，确保资金用于有形资产，进一步区分是为公共服务所必需但因收支缺口形成的债务，还是因无效投资、面子工程等导致的债务。对于前者，政府应着重解决并落实尽职免责；对于后者，则应严格追责主要负责人，而非仅仅是财政部门负责人。其次，对于经甄别属于政府债务的部分，可采用财政化和金融化两种方式进行处理。财政化债务的方法包括：一是使用财政资金进行偿还，通过提高财政资金使用效率来为偿还债务创造条件，资金来源包括地方政府年度预算资金、超收收入、活化财政存量资金等；二是通过出售政府持有的股权、土地使用权和经营性国有资产权益来偿还债务，将部分流动性较好的国有资产转移以解决部分存量债务，如贵州的"茅台化债"案例；三是利用项目结转资金和经营收入进行偿还；四是通过债务置换等手段优化债务期限结构和降低债务利率，如通过发行再融资债券来置换高成本债务。贵州、青海等中西部省份提出，通过争取政策支持，如降低高风险市县的债务风险试点，发行政府债券来置换隐性债务。

债务置换主要针对的是中西部偿债能力弱的省份的第一类债务。中央政府可以通过发行特别国债的方式对地方债进行置换。这样做的原因有两点：其一，目前中央政府的举债空间依然较大，及时开展债务置换可以将解决债务问题的最终成本最小化。一旦地方政府债务恶化，势必会引发银行业危机甚至是系统性风险，最终中央政府一定会介入，但代价将是极为沉重的。其二，通过发行较低利率的国债置换较高利率的地方债，不仅能够明显降低地方债付息压力，还可以拉长期限，平滑偿债过程。

对于剩余的地方政府债务，由于其成因复杂，如果同样采取债务置换的方式，势必会产生巨大的道德风险。因此，这部分债务需要由商业银行与地方政府在密切配合的前提下进行债务重组，两者在博弈中分担化解债务的成本。商业银行可通过增加拨备与充实资本金的方式来分担债务重组成本。对于地方政府而言，可以把地方国企混合所有制改革与地方债处置结合起来，尤其那些存量债务更高的省份，更应率先加速国企混改。

要发挥金融和财政的协同作用来化解政府债务。一方面，推动地方政府与金融机构协商，通过延期债务和削减高息债务的方式"以时间换空间"。如贵州城投遵义道桥在2022年12月30日发布的公告中提出了银行贷款重组计划，涉及155.94亿元债务，贷款期限调整为20年，利率调整为年率3%~4.5%，前10年仅支付利息，后10年分期偿还本金。另一方面，在隐性债务显性化、市场化的基础上，进行风险隔离，通过破产重组、清算等手段减少债务，防止风险传递导致区域性系统性风险。此外，可通过四大资产管理公司或地方AMC购买地方城商行、农商行的城投债，提前"拆弹"，避免城投债务拖累地方银行引发金融风险。政策性银行也应发放中长期贷款，以缓解当前到期债务的压力。

总体上应坚持"谁家的孩子谁抱"和"中央不救助"的原则，但在设定中央政府救助的前提条件时，应考虑地方债务风险的严重程度、债务投向形成资产的外部性程度，以及推动救助与问责同步进行，以避免道德风险。如果地方债务风险严重到可能引发金融风险、社会风险，且全省无力化解，则中央政府应对该部分债务进行救助，以免影响地区经济增长和居民的公共服务提供。救助可以通过中央发行国债并转移支付给地方政府来偿还到期债务，这种情况可能主要发生在欠发达的中西部和东北地区。如果地方债务投向主要用于全国性事权，即债务产生是由于中央和地方事权和支出责任划分不合理，地方政府承担了中央的支出责任，则该部分债务应由中央发债置换。

最后，应重新调整各地方政府的债务限额，短期内增加经济欠发达地区的债务限额，为隐性债务显性化腾出空间。但从长远来看，应根据各地区的经济发展程度、举债能力和事权来确定举债额度，发挥举债额度的正向激励作用，最终实现举债能力与债务额度相匹配。这样的调整将有助于促进财政的可持续性和地方政府的财政自主性。

（四）中长期推动体制机制联动改革的分析和建议

第一，厘清政府与市场的关系，界定政府职责与规模，解决政府职能过大、支出责任过重的问题。深化行政事业单位改革，加强绩效管理，避免长期的大包大揽、家长制导致的财政负担。政府应简政放权，明确市场与政府的职能，使事业单位要么回归非营利性质，要么转向市场化运作，自负盈亏。对于人口流出地区，应通过合并区县来减少财政供养人员，同时配合市场化改革，如放宽市场准入、改善营商环境，提升就业吸纳能力。

第二，建立适应多元目标治理体系的政绩考核激励约束制度和财政评估制度，以防止政府支出责任的过快扩张。同时，建立政策出台前的评估机制和实施效果的问责机制，防止各领域风险扩散至财政，避免财政化风险透支财政空间。

第三，应尽快稳定宏观税负，避免再次实施大规模的减税降费措施，而是推动减税降费向效率效果型转变。对于消费税、环保税、资源税等影响民众较小但有助于推动高质量发展的税种，可以适当增税。同时，探索数据财政的可能性。

第四，加速推进中央与地方、省以下财政体制的改革，可考虑将消费税下划给地方以增强地方财力，逐步将事权和支出责任上收至中央和省级政府，如区域均衡发展、调节收入分配、促进共同富裕、社会保障等职能，以减轻地方和市县的财政支出责任。

第五，发行长期建设国债，用于全国性和跨区域的基础设施建设，顺应项目边际收益率递减的趋势，逐步减少专项债的使用。实现长期建设国债、地方一般债、地方专项债三者并行的格局，使资金来源与投向在期限、外部性、收益性上相匹配，分别对应跨区域重大建设、地方基本公共服务提供、地方有一定收益的项目，从而提高国债和一般债的比重，降低地方债和专项债的比重。

第六，优化债务区域结构，适度提升都市圈城市群以及人口流入地区的举债额度，同时强化绩效管理，确保负债与资产、成本与收益相匹配，在有优质现金流的资产项目上加杠杆，稳定杠杆率而非绝对数。

第七，推动城投平台转型为普通经营性国有企业，剥离政府融资功能，形成政府与转型城投的清晰界限，按照国有资本投资公司和运营公司的管理模式运作，使转型城投不再承担政府投融资的责任，同时实行市场化激励和约束，自负盈亏。

第八，强化财政与金融的配合，以财政为主，货币金融环境在数量和价格上支持财政，避免财政政策单打独斗而透支财政空间形成债务，发挥政策性金融工具的积极作用。

要从根本上解决政府职能规模与边界的问题，彻底解决近乎无限责任政府的问题，彻底解决中央与地方、省与市县的财政体制问题，避免"上面千条线，下面一根针"的现象导致地方政府尤其是基层政府"小马拉大车"的问题。这样，可以根治债务问题，避免债务问题在未来再次爆发。

综上所述，地方债务风险备受各界关注，风险总体可控，但仍然存在局部的风险隐患。目前，党中央、国务院部署实施的一揽子化债方案已经取得初步成效，守住了不发生系统性风险的底线。历史经验和国际经验均表明，发展是解决债务问题的根本途径，防范化解地方政府债务风险，需更加有效地统筹发展与安全，加快建立适应高质量发展的政府债务管理机制，实现两者之间的良性互动和双向促进，从而在高质量发展中逐步化解地方债务风险。完善政府债务管理制度，对于增强经济社会发展的可持续性，具有十分重要的意义。要准确把握改革要求，统筹发展和安全，兼顾当前和长远。加快建立同高质量发展相适应的政府债务管理机制。完善政府债务分类和功能定位，优化中央和地方政府债务结构，强化源头治理、远近结合、堵疏并举、标本兼治，有效满足各方面宏观调控需求，支持落实国家重大战略任务。加强地方政府法定债务管理，科学合理确定债务规模，统筹安排公益性项目债券，完善管理约束机制，更好发挥资金效用，有力推动高质量发展。加强地方政府专项债券管理。合理扩大地方政府专项债券支持范围，适当扩大用作资本金的领域、规模、比例。完善债务限额分配机制，债券额度分配向项目准备充分、投资效率较高、债务风险较低的地区倾斜。同时持续规范融资管理，禁止各种变相举债行为。妥善处理融资平台公司债务和资产，剥离其政府融资功能，防范地方国有企事业单位"平台化"。推动形成政府和企业界限清晰、责任明确、风险可控的良性机制，促进地方财政经济可持续发展。要深入推动一揽子化债方案落地见效，压实防范化解隐性债务风险的主体责任，夯实债务管理基础，通过安排财政资金、压减支出、盘活存量资产资源等方式逐步化解风险，在债务化解过程中找到新的发展路径，在高质量发展中逐步化解地方政府债务风险。

二十五、防范大公司个体风险引发的A股市场风险

党的二十大报告提出："深化金融体制改革，建设现代中央银行制度，加强和完善现代金融监管，强化金融稳定保障体系，依法将各类金融活动全部纳入监管，守住不发生系统性风险底线。"随着我国金融市场的开放和深化，A股市场的稳定性成为金融安全的重要议题。近年来，个别大型上市公司因经营问题导致市场剧烈波动，进一步引发系统性风险。因此，本文以大公司个体风险及其对A股市场风险的传导机制为核心，探讨其影响路径，并提出防范措施。我们的研究从股票市场建设、外汇市场风险、个体与市场整体风险的联动、量化投资等方面出发，探索我国股票市场面临的问题及风险变化、风险传导机制，提出可行的政策建议及发展路径。

（一）A股长期低迷，一、二级市场政策层面需要双管齐下

2023年，A股股市低迷，投资者信心不足，沪深股指呈现不同程度的下跌，影响了资本市场功能的正常发挥。股票市场当前估值下探的原因主要可分为外部因素和内部因素两类。外部因素主要包括宏观基本面偏弱、海外政策冲击等，内部因素主要包括IPO上市环境较为宽松、发行定价偏高、大股东套现离场、限售股融券缺乏硬性约束等。

本文作者为中央财经大学金融学院朱一峰副教授。

股票市场估值下探主要是外部因素与内部因素的共同作用。

外部因素方面，首先，宏观基本面上，中国经济增速有所放缓，人口结构老龄化趋势仍突出，民营经济、中小企业仍面临困境，房地产行业震荡筑底，对外贸易增长受阻。其次，在生产端，企业仍处于去库存阶段，叠加出口增速放缓的因素，工业生产的恢复备受压力。在需求端，2023年三季度，最终消费支出拉动经济增长4.6%，贡献率达94.8%。2023年9月，社会零售总额同比增长5.5%，但主要系2022年低基数支撑所致，并未达到疫情前水平。我国经济当前处在从投资驱动转向消费驱动阶段，消费将对经济产生越发重要的牵引作用，宏观数据反映消费者信心仍有待提升。投资方面，2023年前三季度，社会固定资产投资同比增长3.1%，基建和制造业投资发挥支柱作用。房地产固定资产投资同比下降9.1%，房地产继续处于筑底阶段，下行压力明显。民间固定资产投资同比下降0.6%，民营企业投资情绪不高，民营经济作为市场内生动力仍有提升空间。对外贸易方面，出口动能受困于海外市场需求收窄。

内部因素方面，首先，注册制落地后，IPO数量大幅增加，不少没有良好的基本面和业绩支撑的公司得以上市，在IPO的过程中这些公司可能会过度包装自己的业绩和前景，甚至虚报重要信息，以此来吸引投资。因此，科创板的破发现象也出现了明显增多。其次，整体低迷的股市中大股东套现离场仍旧频繁。最后，A股上市公司限售股的解禁往往会引起股价的下跌，其背后的原因是投资者对企业管理层的不信任，是对管理层套现圈钱的担忧。

针对研究中发现的问题，从一级市场、二级市场层面各提出了两点政策建议，以提高股票市场价值投资吸引力。

在一级市场层面，从IPO定价机制、退市机制两端提出建议：第一，改革IPO定价机制，抑制IPO定价虚高现象。第二，在退市制度方面，进一步落实退市制度改革，促使违规经营、经营不善者"应退尽退"。退市机制的完善既有利于资金流向优质资产，又有利于改善市场环境，还能够保护投资者的利益，可谓"一石三鸟"。

在二级市场层面，对限售股转融券、高频量化等二级市场交易可能影响投资者信心的方面提出建议：第一，加强对限售股融券及减持的限制。针对限售股出借融券行为，交易所进一步完善监管规则，进一步落实限售股出借限制措施。对参与限售股出借与借入、融券各方提高信息披露要求，弥补信息差，保护个人投资者利益。此外，可通过严格落实限售股禁售期、缩紧限售股减持收益的税收政策等方式，进一步化解限售股"消失"问题。第二，进一步强化对高频交易的差异化监管安排。量化私募能够通过融券实现T+0交易。目前常见的量化投资策略之一是通过一级市场申赎、融券等方式变相地实现T+0交易，尽管低位买入的股票无法在当日立即抛售，但机构投资者能够更为便利地通过融券卖出实现低买高卖。针对高频量化交易的特点，参考国内外经验，对高频交易的监管主要可采取以下措施：

首先，提高高频量化交易成本。在资金成本方面，监管部门可通过提高资金费率、限制量化私募开展通道业务等方式，抑制高频量化投机。在税收成本方面，税收部门通过对期现联动交易等加强税收监管，约束不规范交易行为。其次，调整信息披露安排，提高私募基金信息披露要求。在国内市场，监管部门可进一步要求量化私募披露具有通道属性产品的细节、税务状况等。此外，继续强化落实对短时间内及日内高频交易次数的监控。目前，三大交易所重点监控对象为最高申报速率达到每秒300笔以上，或者单日最高申报笔数达到20000笔以上的交易行为。这一措施能够有效限制过度投机。

（二）强势美元对中国经济的潜在风险

近些年，强势美元对人民币汇率产生了明显的贬值压力，影响了中国的对外贸易、外债管理和跨国投资。中国政府通过多种措施，如货币政策调整、跨境资本流动管理加强等，有效地缓解了汇率贬值的压力，并稳定了经济预期。未来人民币汇率走势将受到美元政策、全球经济形势和中国经济基本面的共同影响。研究集中在以下几个方面：

第一，人民币汇率贬值的影响评估。研究显示，强势美元直接导致了人民币对美元的贬值。短期内，这对中国出口具有一定的促进作用，但由于全球经济形势复杂多变，发达国家经济复苏缓慢，出口增长的持续性存在不确定性。同时，人民币贬值增加了进口成本，尤其是对于能源和原材料的进口，加剧了国内生产成本的压力。此外，人民币贬值也影响了跨国公司和投资者的信心，加剧了资本流出压力，对外汇储备和金融市场稳定构成挑战。

第二，外债风险分析。随着人民币汇率的贬值，以美元计价的外债负担加重，尤其是对于那些外债依赖度较高的企业而言。研究发现，企业和政府需要更加关注汇率变动对外债服务能力的影响，适时调整外债结构和期限，降低汇率变动的负面影响。

第三，资本流动和国际投资。强势美元和人民币贬值背景下，中国资本市场面临的挑战增加。一方面，资本外流压力加大，尤其在美国加息和全球经济不确定性增加的背景下。另一方面，外国直接投资（FDI）的流入可能受到影响，因为投资者对汇率波动的担忧可能会降低其在中国市场的投资意愿。因此，中国需要采取有效措施，提高市场吸引力，稳定外资流入。

第四，政策应对和效果。面对强势美元带来的挑战，中国政府采取了一系列政策措施，包括适时调整货币政策，增强金融市场的流动性和稳定性；利用外汇干预等手段，稳定汇率水平；加强金融监管，防范跨境资本流动风险。这些措施在一定程度上稳定了人民币汇率，减轻了贬值压力，但也需要警惕长期干预可能带来的副作用，如影响市场预期、限制汇率机制的灵活性等。

第五，人民币国际化的进展与展望。研究认为，强势美元背景下，加快人民币国际化进程有助于减少对美元的依赖，降低外部冲击的影响。近年来，中国在推动人民币国际化方面取得了一定进展，如人民币加入SDR货币篮子、推广人民币跨境使用等。但人民币国际化仍面临挑战，包括国际市场对人民币的接受度、国内金融市场的开放程度等。因此，未来，加快金融市场改革和开放，提高人民币的国际可兑换性，是推动人民币国际化的关键。

（三）个体风险对市场风险的影响及联动效应

我们的研究发现，大公司的风险对市场风险有显著的预测作用，非银大公司的风险变化会影响市场风险，非银大公司的风险也是一个推升系统性风险的重要渠道。短期内，产业政策会对非银大公司的风险产生影响，风险的波动最终会传导至市场风险。

首先，以波动率为研究对象，计算了贵州茅台、比亚迪、宁德时代的波动率并分析了其对市场波动率的影响，我们发现当期大公司风险变化会导致下一期市场风险发生同向变化，说明非银大公司的风险变化会影响市场风险，非银大公司的风险也是一个推升系统性风险的重要渠道。而利好产业政策的实施会导致相关企业风险减小，从而引起市场风险减小，具体表现为市场波动率下降及在险价值（VaR）减小。上述结论在平行趋势检验、安慰剂检验等一系列稳健性检验后仍然成立。

其次，研究发现非银大公司风险向市场风险的传导渠道有三：第一，不知情的投资者无法判断龙头企业股价下跌原因而盲目抛售股票，加大市场风险。具体来说，当一个行业的龙头企业股价发生变化时，不知情的理性投资者会通过这些龙头企业股价变化来推断其所属行业及其他行业的有关信息。但在实际推断的过程中，投资者无法区分该行业的价格变化是来源于基本面还是噪声交易，投资者因此可能减持与之相关的所有股票。同样，当其他行业龙头企业的股价下跌时，若不知情的理性投资者无法判断其他行业资产的下跌是来自噪声交易还是真实冲击，将进一步抛售行业股票因而导致风险在行业间传染，最终导致市场风险变化。第二，投资者为应对风险，会优先出售或保留流动性强的企业股票，这些企业更容易遭到风险传染。当部分大公司股票出现巨幅下跌时，机构投资者有出售其他公司股票以应对集中赎回风险的倾向，若市场又恰好处于极端情形，机构投资者甚至将选择系统性降低仓位以避免平仓风险。一方面，公司股票的流动性越好，被抛售的可能性越大，遭受其他公司风险传染的程度越深。但另一方面，在市场风险逐渐累积的过程中，投资者也逐步进行着安全投资转移，而流动性则是投资者调整资产组合的重要考量因素。故公司股票的流动性越好，越容易被保留在原资产组合中，遭受其他公司风险传染的程度越低。综合来看，股票流动性对公司股票遭受风险传染的影响还将取决于具体的市场环境。第三，投资者悲观情绪的传染及放大会导致非理性投资者做出非理性决策，进而放大市场风险。在新古典经济学的假设下，所有从事经济活动的个体均为“理性人”，都能合理配置自己有限的资源，追求自身效用最大化。然而现实中，外部条件及心理的约束导致人们无法穷尽选择，无法对不确定事件估计出一致的概率分布，故效用最大化不再是自身行动的唯一准则。此时作为投资者非理性行为的集中体现，投资者情绪将通过投资者的心理活动影响投资者的投资决策，继而影响股票收益率。例如，当股票市场开始出现大面积走跌时，悲观的投资者情绪将进一步加剧市场全面下挫。投资者的情绪越悲观，产生风险传染和遭受风险传染的程度越高。

基于以上讨论，我们提出以下政策建议以防范非银大公司个体风险扩散：

第一，应当加强对非银大公司风险的监督管理。非银大公司的风险波动时，市场风险会随之发生波动。因此风险监管需要重视非银大公司的风险变化，防范化解大公司个体风险的传染演变，要从非银大公司的内部治理与外部监管出发，及时发现非银大公司的风险隐患，防止内部治理不到位或外部监督缺失而导致的重大风险。一旦风险事件发生，不但整个公司的运营会受到影响，甚至会传染至整个行业乃至整个金融市场，引发系统性风险。

第二，应对投资者情绪多加关注。大公司风险发生变化时市场风险发生同向波动，有一部分原因在于投资者对大公司的关注度较高，在大公司股价发生变动时，恐慌情绪会蔓延至整个金融市场，进而影响市场风险。因此，要多加关注投资者情绪，在可能出现股市震荡时及时加强信息披露，增强投资者信心，避免因恐慌情绪的扩散导致金融传染加剧。

第三，培育形成良好的市场环境。当前我国市场化改革已取得成效，但市场环境相关的法律法规仍有不足，需要进一步完善法律法规建设，引导和谐、有序的良好市场环境的形成，维持大公司股价稳定，降低大公司风险，提升市场对风险波动的防御能力，抑制大公司个体风险的传染。

（四）量化投资的发展方向与监管方向

我们先回顾2023年A股量化投资的表现，对比了私募量化投资产品的业绩与主观产品、市场主要宽基指数二者在获利能力、风险控制能力方面相关评价指标的差异，区分了高频量化与中低频量化、量化交易与程序化交易两组容易混淆的概念。最后，基于研究结论从强化差异化监管、压缩现有政策的套利空间、引导投资者培养价值投资理念三个角度展开，提出了合理的政策建议。

首先，研究发现，量化产品与主观产品的业绩连续多年出现分化。在2023年，量化投资产品取得了相对主观产品来说更好的成绩。根据私募排排网数据，量化投资产品取得了相对主观投资产品更高的收益，主攻量化投资的私募管理人的收益表现高于以主观策略为主的私募管理人。在风险控制上，主动偏股型量化私募基金的回撤程度也远低于同类主观私募基金。同时，量化策略产品的相关表现皆高于市场均值。在 A 股二级市场整体表现不佳的情况下，取得较好成绩的量化产品自然受到公众关注，也引起监管部门的重视。

其次，在差异化监管与规范化发展问题上，要弄清楚两对概念。一是高频量化与中低频量化的概念。二者最主要的区别体现在策略换手率中，高频量化策略的年化单边换手率一般在100倍以上，而中低频量化策略的换手率在100倍以下。此外，高频策略需要大量时效性极高的量价数据、中低频策略里还包含了时效性较弱的行业与公司等层面数据，相对中低频策略，高频策略更适合高波动、高交易量的高流动性震荡市场，且高频策略的交易手法、金融工具等与中低频策略也有所不同。二是需要区分量化交易与程序化交易的概念。量化交易更多强调在投资决策形成阶段依据的是数量化方法，而程序化交易侧重于使用计算机程序来完成下单和交易过程。高频量化策略的执行一般依靠程序来完成，而中低频量化策略，一般也可以通过人工来执行。目前，市场对于量化投资会造成不公平交易的批评，主要针对的是高频量化策略。部分策略利用资金、技术优势以及机构投资者的身份优势，可以完成中小投资者难以参与的复杂交易，无形中使中小投资者错过部分交易机会，最终造成不同市场参与者之间的不平等。

2023年中期，监管公布对高频量化交易的限制性措施后，两大交易所的股票成交量并没有明显偏离长期中枢，市场总体运行仍然稳定。这显示了监管对于中低频量化交易的宽松态度，以及高频交易实际占市场交易量较低的现状。

基于以上研究，我们认为，未来监管政策需要针对不同交易频率的量化策略进行差异化监管，充分发挥中低频量化策略稳定市场、提供流动性的作用，限制可能影响市场效率与公平交易的高频交易行为；同时，监管还应该压缩现有政策的套利空间，从而维护市场公平，提高A股市场的吸引力；此外，在当下市场有效性难以迅速提升的环境中，投资者为尽量避免损失，应进行价值投资，分享企业成长的长期收益。

二十六、大数据视角下新时代金融风险管理与监管研究

全球化与科技革新加速融合的背景下，金融风险管理正迎来深刻变革。大数据与人工智能（AI）技术的快速发展，为金融风险管理带来机遇的同时，也引发数据安全、算法公平性、技术依赖等挑战。新时代金融政策聚焦强化监管、推动创新，维护金融稳定成为首要任务。AI技术在数据处理、风险预测等方面显著提升效率，但需加强数据隐私保护、优化算法透明性、培养AI人才，并建立人机协同机制。未来金融风险管理需制定全面政策框架，推动技术与制度创新，通过跨界合作和多方努力构建安全、高效、公平的管理模式。金融机构将从传统服务提供者转型为科技驱动的创新者，推动金融市场生态更加健康与活跃，为经济发展和社会进步提供有力支撑。

（一）AI在金融风险管理中的革命性作用

人工智能技术为金融风险管理带来许多优势。首先，人工智能技术大幅提升了金融风险的识别能力与评估能力。传统的风险管理方法，如定期进行的财务审计和回顾性分析，在面对复杂多变的金融市场时显得力不从心。这些方法由于自身的局限性，在一定程度上已逐渐无法满足金融市场对于快

本文作者为中央财经大学金融学院吴错副教授。

速、准确识别风险的迫切需求。与此相比，人工智能与大数据技术的结合，能够对海量数据进行实时、持续的分析，迅速识别出潜在的风险指标，并为决策层提供有力的技术支持。例如，机器学习算法能够深度分析数百万条股票市场的历史数据，通过精准预测股票价格的走势，为投资决策提供强有力的支持，从而提早制定应对策略。

其次，人工智能技术极大地提高了金融风险管理的精准度与效率。特别是在信贷风险管理中，银行等金融机构可以利用人工智能技术深度分析和挖掘客户的交易历史、社交媒体行为、消费习惯等多维度信息。这种方式能够更精准、更全面地评估贷款申请人的信用风险。人工智能技术的应用提升了风险控制的准确性，有效降低坏账率。

再次，人工智能技术推动金融风险管理的创新发展。金融机构能够借助人工智能技术更加精准地识别和预防金融风险，为金融市场的稳健运行提供有力保障。例如，在市场风险管理中，人工智能技术能够通过对海量历史和实时市场数据的分析，实时监控和预警潜在的市场风险，从而帮助金融机构及时调整投资策略，规避风险。此外，在反欺诈和反洗钱领域，人工智能技术可以通过智能分析交易行为和模式，及时识别异常交易，大大提高了金融机构的风险应对能力。这些应用不仅提升了金融机构应对风险的速度和效率，也为整个金融体系的稳定和安全作出了重要贡献。

AI在金融风险管理中的革命性作用还体现在其**能够为风险管理带来深度学习和预测模型的创新**。通过运用深度学习模型，金融机构能够在复杂的数据集中发现先前未被觉察的模式和联系，这些模式和联系对于预测金融市场的变化和识别新兴风险至关重要。例如，通过分析社交媒体数据，深度学习模型可以捕捉到市场情绪的微妙变化，进而预测这些情绪变化如何影响股市和其他金融市场，帮助金融机构在市场动荡前做好准备。

此外，**人工智能在提升操作效率和降低运营成本方面也发挥了重要作用**。通过自动化的风险管理流程，金融机构可以减少人力资源的需求，同时减少因人为错误导致的风险。AI系统可以7×24小时不间断地监控和分析风险，确保金融机构能够即时响应市场变化和潜在威胁，这对于在全球范围内运作的金融机构尤为重要。**人工智能技术还促进了风险管理策略的个性化和定制化**。通过对个体客户或市场细分的深入了解，金融机构能够设计出更加精准有效的风险管理方案。例如，基于AI的分析可以帮助保险公司制定出更加个性化的保险产品和定价策略，既满足客户的需求，又有效控制了保险风险。

最后，人工智能技术的发展促进了跨界合作与创新思维的融合。金融机构开始与科技公司、学术界和其他行业合作，共同探索AI在金融风险管理中的新应用。这种跨界合作不仅加速了技术创新，也为金融机构带来了新的业务模式和增长机会，同时也为金融市场的长期稳定和发展提供了新的视角和思路。

人工智能技术在金融风险管理中的应用已经成为一场革命，不仅极大地提升了风险管理的效率和精准度，还推动了金融服务创新，为金融市场的稳健运行和持续发展奠定了坚实的基础。随着人工智能技术的不断进步和深入应用，其在金融风险管理领域的潜力将进一步被挖掘和实现。

（二）AI给金融风险管理带来的挑战

尽管人工智能技术在金融风险管理中展现出显著的优势，但同时也不可忽视其所面临的一系列挑战。这些挑战涉及数据安全、隐私保护、算法公平性等多个方面，需要金融机构和各个部门共同努力解决。

　　第一，数据安全与隐私保护的问题尤为重要且紧迫。随着金融行业对大数据和人工智能技术的日益依赖，处理和存储大量敏感信息成为常态。这不仅涉及客户的财务信息，还包括个人身份信息、交易历史等。金融机构必须确保这些数据在传输、存储和处理过程中的绝对安全性，以防止任何形式的数据泄露或被滥用。同时，随着全球对数据隐私保护的法规和标准越来越严格，金融机构面临着日益增加的合规压力。他们必须投入大量资源来更新系统，确保所有操作都符合最新的法律要求。这不仅是技术和财务上的挑战，更是对金融机构在维护客户信任方面的考验。数据安全和隐私保护已经成为金融机构在数字化转型和AI应用过程中无法回避的重要议题。一方面，金融机构需要持续加大对数据安全基础设施和技术的投入，包括先进的加密算法、访问控制机制、异常检测系统等，全方位提升数据的保护能力。另一方面，金融机构还需要建立健全数据治理体系和制度规范，明确数据采集、存储、使用、共享、销毁等各环节的安全要求和操作规程，并通过数据分级分类、数据脱敏、数据溯源等手段，最小化数据泄露和滥用风险。

　　第二，人工智能技术在决策过程中可能带来的偏见和不透明性问题同样严峻。AI算法通常被认为是复杂且不透明的"黑箱"，其决策过程和逻辑常常难以被外界理解和解释。这可能导致决策结果的可信度受到质疑，尤其是在金融产品推荐、信贷审批等重要业务中。此外，如果AI算法的训练数据存在偏见，那么这些偏见很可能被无意中放大，影响到决策的公平性和准确性。这不仅是技术上的挑战，更是道德和法律上的难题，要求金融机构在使用AI技术时必须进行严格的数据审核和算法评估。偏见和不透明性问题根源在于AI模型的复杂性和数据的局限性。一方面，先进的深度学习算法往往包含大量参数和隐藏层，其内在逻辑难以被人类所理解和解释。另一方面，用于训练AI模型的历史数据可能包含社会中长期存在的各种显性或隐性偏见，如果没有经过细致的清洗和平衡，就可能将这些偏见嵌入模型之中并被放大。此外，AI模型在训练完成后，其决策逻辑也可能随着时间推移和外部环境变化而产生偏移。对此，金融机构需要建立健全算法治理机制。首先，要确保AI模型使用的训练数据真实、完整、均衡，尽可能消除数据中的偏见。其次，要对AI模型进行全生命周期管理，从模型设计、开发、测试、部署到监控的各个环节，都要嵌入公平性和透明度审查。再次，要定期对已上线的AI模型进行评估和复核，及时发现并纠正偏差。同时，金融机构还需要积极采用各种技术手段，提升AI决策的可解释性。一方面，可以在AI模型设计时，优先选用决策树、逻辑回归等可解释性较好的算法；另一方面，可以运用SHAP、LIME等算法解释技术，对AI模型的决策逻辑进行事后分析和阐释。

第三，随着AI技术的快速发展，金融行业对于具有AI技能的专业人才的需求急剧增加，这也带来了新的挑战。金融机构需要在短时间内培养和吸引足够数量的高级AI技能人才，以支持其技术发展和业务创新。这不仅涉及人才的招聘和培训，更是对现有教育体系和人才培养机制的挑战。金融机构需要与教育机构和行业协会合作，共同开发适应未来市场需求的培训项目和课程，同时提供有吸引力的职业发展路径和工作环境，以留住顶尖人才。人才缺口问题并非金融行业独有，而是几乎所有积极拥抱AI的行业所面临的共性挑战。一方面，鉴于AI尤其是机器学习、深度学习等前沿技术的高度复杂性和专业性，相关领域的高水平人才全球范围内都十分稀缺。另一方面，由于AI技术与实际应用场景的深度融合，金融机构不仅需要引进专业的AI技术人才，还需要一大批既精通业务、又掌握AI技术的复合型人才。对此，金融机构需要采取多管齐下的人才发展策略。首先，要加强与高校和科研机构的产学研合作，设立联合实验室、实践基地等，支持高校开设AI

相关学科和课程，培养既懂AI理论、又熟悉金融实务的复合型人才。其次，金融机构需要建立健全内部培养机制，通过岗位轮训、在职教育、导师制等方式，系统提升员工队伍的AI素养和技能，打造一支善于学习、勇于创新的数字化人才队伍。同时，还要创新人才引进和激励机制，为AI人才提供具有市场竞争力的薪酬福利、畅通的职业发展通道以及优越的科研条件，增强对人才的吸引力和黏性。

第四，技术依赖风险的增加是金融机构面临的另一个重要挑战。金融机构越来越依赖AI技术来进行风险管理、决策支持和客户服务，这种依赖可能在技术出现故障或算法失效时导致重大的业务中断风险。金融机构需要不断提高其技术系统的稳定性和可靠性，同时制定有效的风险管理策略和应急计划，以应对可能出现的技术故障。过度依赖单一或不成熟的AI技术，将显著放大金融机构的操作风险。一旦关键AI系统发生故障或产生误判，可能在瞬间导致大量交易错误、客户投诉，甚至引发系统性金融风险。尤其是在市场剧烈波动等极端情况下，AI系统的脆弱性可能被放大，反而加剧危机。此外，AI系统还面临着数据污染、对抗性攻击、隐私泄露等特有的安全威胁，这些都考验着金融机构的网络安全防护能力。对此，金融机构需要全面加强对AI系统的运营弹性管理。要建立完备的技术监控体系，实时掌握系统运行状态，及时发现和应对各类异常情况。要定期开展压力测试，评估AI系统在极端市场环境下的表现，找出薄弱环节并持续优化。要针对AI系统的特点，量身定制应急预案和恢复策略，确保在危急情况下业务运转不中断。同时，金融机构还需要采用更加谨慎、渐进的AI应用策略。对于每一项新的AI应用，都要经过严格的测试和验证，尤其是要重点评估其在异常、极端情景下的适用性和稳健性。在AI系统全面成熟之前，要合理控制其应用范围和自主权限，通过人机协同等方式保留必要的人工干预和最终决策权。

第五，伦理道德问题在金融行业应用AI技术的过程中同样显得至关重要。这包括算法决策的公正性、责任归属问题以及如何确保机器决策与人类价值观的一致性。金融机构在使用AI技术时需要考虑到这些伦理道德问题，确保其技术应用不仅高效，同时也符合社会伦理和道德标准。这意味着金融机构需要建立严格的伦理审查机制，确保其AI应用不会对客户或社会产生负面影响。伦理问题之所以复杂，根源在于AI系统的"价值观"难以准确定义和刻画。不同于人类，AI系统并没有先验的道德观念，其行为逻辑完全基于训练数据和目标函数的设定。如果在算法设计和模型训练中没有充分考虑伦理因素，就可能产生违背人类价值观的决策，带来意想不到的负面后果。对此，金融机构需要将伦理考量嵌入AI应用的全生命周期管理之中。在AI项目立项之初，就要评估其潜在的伦理风险，确保项目目标符合伦理道德要求。在数据采集和预处理环节，要审查数据来源的合规性、多样性和代表性，杜绝偏见数据的使用。在算法设计和模型训练环节，要权衡模型性能与公平性、透明度等伦理要求，必要时以伦理要求为先。在AI系统测试和验证环节，除了关注传统的性能指标，还要重点评估其伦理表现，及时发现和纠正偏差。在AI系统部署应用后，还要持续监测其伦理影响，并建立事后问责和补救机制。在组织管理方面，金融机构需要成立由技术专家、业务骨干、伦理学者等组成的跨部门伦理委员会，负责制定AI伦理原则和政策，指导和监督AI项目的伦理实践，调查和处置伦理事故。

（三）面对挑战：构建未来的金融风险管理新模式

未来的金融风险管理必须不仅要适应市场的快速变化，更需要充分利用人工智能技术，为决策者提供前瞻性、准确性和高效性的决策支持。在这个背景下，我们必须制定全面的政策框架，结合当前的政策背景和技术进展，确立清晰的实施路径，以构建未来的风险管理新模式。

首先，加强数据安全与隐私保护机制是构建未来金融风险管理模式的首要前提。未来金融风险管理的基础是海量数据的汇聚和分析，其中不可避免地涉及大量敏感的客户信息和机构数据。如果这些数据在采集、传输、存储、使用等环节发生泄露或被滥用，不仅会给客户造成切实的财务损失和隐私侵害，还可能引发系统性风险，动摇整个金融体系的信任基础。因此，金融机构必须把数据安全和隐私保护放在风险管理的首位，实施最严格、最全面的数据治理和安全防护体系。具体而言，要从制度、流程、技术、人员等方面入手，建立健全数据全生命周期管理机制。在制度层面，要明确数据分类分级标准，设定不同类别数据的采集、访问、使用、共享、存储、销毁等环节的安全要求，建立数据泄露应急响应机制，同时确保所有制度符合最新的监管要求和行业标准。在流程层面，要将数据安全和隐私保护嵌入业务流程和IT系统建设的各个环节，明确流程各参与方的安全职责，并建立独立的数据安全审计机制。在技术层面，要加大对先进安全技术的投入和应用，包括数据脱敏、同态加密、联邦学习、可信执行环境等，提升数据全生命周期的防护能力。

其次，推动算法公平性和透明度是未来金融风险管理模式的重要原则。风险管理的核心是基于对未来的预判而做出决策，而AI算法正是风险预测和决策支持的利器。然而，如果AI算法存在偏见或问题，那么由此做出的风险决策就可能是不公平、不准确的，带来难以预料的负面后果。因此，在大力运用AI技术的同时，未来金融风险管理模式必须把确保算法公平性和透明度作为基本原则。这就要求金融机构在算法的全生命周期管理中，始终将公平性和透明度要求融入其中。在问题定义和算法选型阶段，就要权衡算法性能和公平性，优先选用透明度更高的算法。在数据采集和预处理阶段，要重点关注数据的代表性和平衡性，尽量消除数据中的偏见。在模型训练和评估阶段，除了考察传统的性能指标外，还要引入公平性度量，如人口统计平等性、预测平等性等。在模型应用阶段，要为用户提供必要的决策解释，告知决策所基于的主要特征。整个过程中，要充分发挥人工智能治理委员会等跨部门机构的作用，审视算法中的伦理问题，制定可操作的 AI 治理规范。通过将算法治理嵌入风险管理的每个环节，确保机器决策更加客观公正、清晰透明。

第三，加强 AI 技能人才培养和引进是构建未来金融风险管理模式的人才支柱。从本质上说，人工智能并不能完全取代人类，而是通过人机协同来赋能风险管理。这就要求金融机构既要引进顶尖的 AI 技术人才，又要培养一批熟悉业务和算法的复合型人才。一方面，金融机构要以开放的心态，从全球范围内吸纳顶尖的 AI 科学家和工程师，为其提供有国际竞争力的薪酬待遇、宽松的科研环境以及畅通的职业发展路径。鼓励这些顶尖人才在前沿技术领域开展探索性研究，为风险管理注入源源不断的创新活力。另一方面，金融机构还要充分利用内部人才资源，着力培养既懂金融业务、又掌握 AI 技能的复合型人才队伍。这可以通过加强校企合作、完善新员工培养体系、开展有针对性的在职培训等多种渠道来实现。尤其要重视发挥业务骨干"传帮带"的作用，引导其在实践中带教新人快速成长。同时，要建立科学的人才绩效评估和激励机制，调动各类人才的积极性和创造性。通过立体化的人才发展布局，为未来金融风险管理模式提供坚实的人力资源保障。

将机器智能和人类智慧深度融合，建立人机协同的风险管理机制将是大势所趋。风险管理从来都不是一门精确科学，其中涉及大量的主观判断、策略制定以及异常情况处理，这恰恰是人类智慧的长项。因此，未来金融风险管理模式应当立足机器智能和人类智慧的优势互补，实现二者的深度协同。这就要求在系统架构设计之初，就要考虑如何最优地配置人机资源，并将人机交互融入工作流程的各个环节。比如，在风险规则和策略制定环节，专家经验和行业洞见至关重要，机器应当为专家提供数据支持和方案模拟；在实时风控环节，机器可以负责海量数据计算、实时预警等，但异常情况的应对需要人工介入；在事后审计和调优环节，机器可以梳理识别风险事件的规律，但根本原因分析和改进方案制定仍需专家参与。通过在流程各环节植入人机协同机制，实现机器和人类优势的叠加放大。当然，要实现高效协同，建立人机互信至关重要。这就要求系统为人类提供清晰透明的决策依据，并设置人工干预和否决机制。要加强从业人员与AI系统协作的能力，既要让其了解AI的工作原理，又不能盲从于机器决策。通过在系统设计、流程再造、能力培养等方面综合发力，最终形成决策质量更优、风险应对更智能的人机混合型金融风险管理新模式。

（四）结语

在新时代背景下金融风险管理面临机遇与挑战，尤其是随着AI技术快速发展，构建金融风险管理新模式，已经成为未来工作的重中之重。

随着大数据和人工智能（AI）技术的迅速发展，金融风险管理领域正经历一场前所未有的变革。AI技术的应用不仅极大提升了金融风险的识别能力与评估能力，还大幅提高了金融风险管理的精准度与效率。特别是在信贷风险管理、市场风险管理、反欺诈和反洗钱等方面，AI技术的应用已经开始显现出显著的效果。然而，这种技术的应用也带来了一系列新的挑战，如数据安全与隐私保护、算法公平性与透明度、人才培养与引进以及技术依赖风险等。这些挑战要求金融机构、监管机构以及相关部门共同努力，通过技术创新和政策指导加以解决。

未来的金融风险管理不仅需要适应市场的快速变化，还需要充分利用AI技术，为决策者提供前瞻性、准确性和高效性的决策支持。这要求我们必须制定一个全面的政策框架，结合当前的政策背景和技术进展，确立一个清晰的实施路径。未来金融风险管理体系的构建需要依托于加强数据安全与隐私保护、优化算法的公平性和透明度、培养和吸引AI技能人才以及建立人机协同的风险管理机制等四大支柱。

构建未来的金融风险管理新模式，需要金融机构与科技公司、学术界和其他行业深度合作，共同探索AI在金融风险管理中的新应用。这种跨界合作不仅能加速技术创新，还能为金融机构带来新的业务模式和增长机会，同时为金融市场的长期稳定和发展提供新的视角和思路。

随着AI技术在金融风险管理中的不断深入应用，金融机构的角色将从传统的金融服务提供者转变为科技驱动的创新者。这不仅会提升金融服务的质量和效率，还将推动整个金融市场生态的健康与活跃。未来的金融风险管理模式将更加灵活、智能和人性化，能够更好地服务于经济发展和社会进步。

面对AI技术带来的机遇与挑战，金融机构、监管机构以及相关政策制定者需要共同努力，通过技术创新、制度创新以及人才培养，构建一个更为安全、高效、公平和透明的金融风险管理新模式。这不仅能够为金融市场的稳定提供坚实的保障，也将为社会经济的持续发展贡献重要力量。

构建未来金融风险管理的新模式成为必然趋势。这一新模式的核心在于深度融合AI技术和金融风险管理的实践，克服技术应用过程中出现的众多挑战，包括但不限于数据安全与隐私保护、算法公平性与透明度、专业人才的培养与吸引以及技术依赖风险的管理等。从长远来看，**金融行业的未来将极大地依赖于如何有效地利用AI技术来提升金融风险管理的能力**。这不仅需要金融机构自身的技术创新和管理创新，还需要政府监管机构和行业协会等各方面共同努力，建立起符合未来发展需求的政策和法规体系。在这个过程中，跨学科、跨行业的合作将成为常态，金融机构与科技公司、高校和研究机构的紧密合作将成为推动金融风险管理进步的重要驱动力。

此外，随着AI技术的不断发展和应用范围的拓宽，金融机构需要更加关注技术伦理问题，确保技术应用符合社会伦理和道德标准，保护消费者权益，促进金融市场的公平和透明。这要求金融机构不仅要加强内部的技术伦理教育和培训，还需要与外部伦理学者和专家密切合作，共同探讨和解决AI技术应用中出现的伦理道德问题。

在人才培养方面，面对AI技术的快速发展，金融行业的人才培养机制也需要相应的更新和改进。这包括加强与高等教育机构的合作，共同开发适应未来市场需求的课程和培训项目，为金融行业培养更多懂技术、懂业务的复合型人才。同时，金融机构自身也需要建立终身学习的文化，鼓励员工不断学习新知识、新技能，适应快速变化的工作环境。

构建未来金融风险管理的新模式是一个复杂而漫长的过程，需要金融机构、监管机构、技术提供商、教育机构以及社会各界的共同努力。通过不断探索和实践，我们有理由相信，未来的金融风险管理将更加高效、智能和人性化，能够为金融市场的稳定和社会经济的持续健康发展提供有力支撑。

第五篇

金融推动经济高质量发展

.

二十七、充分释放居民消费潜力

消费是拉动经济增长的重要引擎。习近平总书记强调，要增强消费能力，改善消费条件，创新消费场景，使消费潜力充分释放出来。中央经济工作会议将"着力扩大国内需求"作为 2023 年重点工作之一。扩大国内需求的重中之重是恢复和扩大消费，在外需减弱的背景下，消费的重要性进一步凸显，亟须进一步释放消费潜力。随着疫情防控平稳转段，上半年消费潜力逐步释放，消费市场稳步恢复，但仍面临一些挑战，值得关注。

（一）消费基本面长期向好

消费市场总体延续恢复态势，基本面长期向好。我国人口规模大，消费市场空间广阔。据国家统计局数据，2024 年上半年，社会消费品零售总额同比增长 3.7%，最终消费支出对经济增长贡献率为 60.5%，明显高于同期。从长期发展看，我国城镇化率稳步提升，将为我国消费市场稳定发展提供有力支撑。

消费结构持续优化升级，新消费模式发展较快。当前，居民品质化消费需求持续增加，绿色环保理念更加深入人心，服务消费意愿强烈。伴随消费

本文作者为中央财经大学校长助理，金融学院院长、党委副书记张学勇教授，原载于《经济时报》2023 年 9 月 14 日理论版。收入本书时数据有更新。

场景创新拓展，居民收入稳步增长，市场供给不断完善，消费结构有望持续优化升级。消费模式发展不断提速，线上消费比例进一步提高。国家统计局数据显示，2024年上半年，我国实物商品网上零售额同比增长8.8%，占社会消费品零售总额的比重为25.3%。

县乡消费恢复速度快，消费市场潜力大。乡村市场恢复快于城镇，据农业农村部数据，上半年乡村消费品零售额同比增长4.5%，增速快于城镇0.9个百分点，具有较大增长潜力。

各行业消费增速差距较大，分化明显。其中，通讯器材类，体育、娱乐用品类，烟酒类，粮油、食品类，以及餐饮行业的收入保持着较高增速，分别为11.3%、11.2%、10%、9.6%和7.9%；文化办公用品类、建筑及装潢材料类、汽车类则同比下跌，降幅分别为−5.8%、−1.2%和−1.1%。

高质新品频发，推动通讯消费增速加快。通讯器材类消费2024年上半年11.3%的增速相比于2023年上半年4.1%的增速增加了7.2个百分点，增加的幅度较大。升级类商品销售较快增长。高质量手机新品的推出以及各厂商AI PC的发布，引发了一波换机潮，极大地刺激了通讯器材类消费增长。随着智能手机和PC换机周期临界点的临近，"被动换机"需求有望复苏。随着AI等新兴技术在通讯类设备中应用的加深，以及消费刺激类政策的继续推出，未来通讯类消费增长有望持续上升，迎来新的发展机遇。

政策组合拳叠加低空经济蓝海市场，激发体育产业发展动力。2024年上半年体育、娱乐用品类零售总额同比增长11.2%，增速对比2023年同期有所提升。上半年关于体育产业的政策文件不断推出，青少年体育、足球成为发展重点，全民健身依旧火热，城市体育节的不断举办，这都刺激了健身场地设施及相关产品的需求。为了迎接奥运会的到来，人们对于运动产品的消费热情节节攀升，同时上半年冲浪、攀岩、滑板等小众运动热度上升，相关商品成交额大幅提升。体育相关产品也进入了海南自由贸易港鼓励类产业目录中。此外，低空经济的产生为体育产业打开了一片蓝海市场，"低空经济"在两会中首次被写入政府工作报告。《通用航空装备创新应用实施方案（2024—2030年）》提出，到2030年，推动低空经济形成万亿级市场规模。低空消费小镇、飞行营地等低空基础设施的建设，为航空体育运动提供了必要的场地支持，同时也催生了一系列配套服务，推动了相关体育产业的发展。低空经济为体育产业提供了一个新的增长点。同时，体育助力乡村振兴的发展成效显现，乡村全民健身公共服务体系日趋完善，乡村体育产业的发展也为我国未来体育产业的增长提供了不小的助力。

消费结构持续优化，市场呈现稳中向好态势。2024年上半年，中国烟酒类、粮油食品类收入保持较高增速，分别为10%、9.6%。数据显示，消费倾向已连续六个季度同比提升。但是居民收入同比增长相较2023年放缓。这说明目前制约居民消费的并不是消费倾向，而是收入。尽管居民消费面临制约，包括消费能力、消费意愿和消费环境方面的问题，但必选消费领域的稳健增长也凸显了经济的韧性和活力。虽然面临一些短期挑战，但随着政府促消费政策的逐步落实和居民收入的稳步增长，消费市场有望继续保持平稳较快增长，为经济发展提供持续动力。随着城乡收入差距的缩小，消费升级趋势也愈发明显；健康饮食观念的普及，也推动了有机绿色食品市场快速增长；线上零售渠道的快速发展使得消费者能更加方便快捷地购买商品，同时也为零售商提供了更多渠道。总体来看，消费升级趋势明显，市场潜力巨大，长期向好的基本面没有改变。

创新经营模式，数智化改造助力餐饮发展。2024年上半年餐饮收入同比增长7.9%，相较社零同比增速高4.2个百分点，依旧保持着强劲的增长势头。上半年，受元旦、春节等节假日的推动，节日期间的餐饮消费显著增长；

"夜经济"也为餐饮行业构建多元消费场景，丰富消费体验提供了实现渠道。目前餐饮行业经营模式的创新成为重要的行业发展趋势，随着"Z世代"逐渐成为消费主力，国潮崛起，中西合并，具有地方特色的品牌成为爆款。同时餐饮企业的数智化改造也是维持竞争力的一个重要途径，数智化的赋能能给餐饮业带来经营效率的快速提升，也能让餐饮业改善边际生产效率，起到提高可持续发展能力、增强市场竞争力的作用，并让餐饮业在不断变化的消费环境中保持活力。

需求下降趋势难改，合作共赢方能破局。2024年上半年文化办公用品类零售额下降5.8%，对比去年同期跌幅有所扩大。随着双减政策的出台以及出生率的下降，文具市场需求减弱的大趋势难以改变。科技的进步和办公模式的改变使得数字化和智能化的产品越来越受到市场的欢迎。与此同时，传统的纸质办公产品则面临着挑战。目前多地政府支持文化办公用品企业积极与动漫等IP进行联名合作，带动动漫业、文具办公用品业等多种产业协同发展。行业内公司可以与各类文创品牌和国潮品牌达成合作协议，生产出具有个性化和时尚化的联名文创，这样才能共赢，才能减缓当前需求的下降大趋势的影响。

关键性政策出台重塑市场格局，加速房地产行业企稳。建筑及装潢材料类零售消费下降1.2%，相较2023年跌幅缩小。目前地产行业由增量时代转为存量时代，而建筑及装潢类材料是地产行业的上游，首当其冲地会受较大影响。目前我国新开工房屋面积不断下滑，造成建筑及装潢材料的需求低迷。上半年出台了一些关键性政策，如取消房贷利率下限，降低首付等。这些强刺激性政策有望构筑地产行业的政策底部，使得相关产业链，如建筑及装潢材料的需求困境反转。目前一线城市的地产刺激政策已经一部分落地，未来有望迎来更多的刺激性政策，建筑及装潢材料的需求也将迎来一波复苏。此外，老旧房屋改造也可以期待成为建筑及装潢材料类消费的一个新增长点。随着化债政策的推出，建材等房产上游的行业也有望由此受益。

汽车消费机遇与挑战并存，总体形势稳中向好。2024上半年汽车类消费额同比增速为−1.1%，但是汽车销售量却在上涨。消费额下降，意味着企业赚钱更难，投入的研发和制造成本分摊更加困难。新能源车企虽然销量节节攀升，但是依然难逃亏损的事实，只能通过不断输血来抢占市场份额。传统车企为了恢复其之前的市场份额，上半年采取了大幅降价促销的方式，但是燃油车的利润本就不高，价格战导致整个汽车行业陷入了一种恶性竞争，而这种竞争表现出来的事实就是销售量上升，销售额反而下降。从行业发展层面上看，传统车企和新能源车企应该互相学习。传统车企需要提高自身的数据运营能力，持续优化用户体验，也应积极拥抱智能化技术，提高自动驾驶和车联网的性能，以满足消费者日渐提高的消费要求。新能源车企则应该学习传统车企的成本控制能力和产品安全性。这样才能共同推动汽车从交通工具向移动智能终端、储能单元和数字空间的转变，打造全新的汽车定义，改善供给端，缓解价格压力。至于需求方面，近期的楼市债务压力下降和购房需求减弱，对改善车市消费也带来一定潜在利好。上半年推出的汽车以旧换新的政策也在持续发力。汽车消费总体形势稳中向好，但是机遇与挑战并存。

（二）促进居民消费仍面临制约

1.消费能力方面，居民收入增速放缓、收入分配格局不合理等问题制约居民消费能力的提高。国家统计局数据显示，2023年全国居民人均可支配收入为3.92万元，比上年实际增长6.1%，高于GDP实际增速；2024年上半年，全国居民人均可支配收入为2.07万元，同比实际增长5.3%，虽然增速有所下降，但是居民收入增长依然呈现出健康和有韧性的趋势。未来，随着经济结构的进一步优化和政策效应的持续显现，预计居民收入将继续保持稳定增长。

收入分配方面，新冠疫情在一定程度上加剧贫富差距。上半年，随着经济稳步增长，居民人均可支配收入增速超过同期GDP增速，但长期看新技术的冲击可能加剧收入分配不均，一定程度上影响居民消费能力。

2.消费意愿方面，就业压力和人口老龄化导致居民收入预期不稳，影响消费意愿。一方面，青年人就业压力较大。教育部数据显示，2023年高校毕业生数量约1158万人，再创新高。另一方面，人口老龄化程度加深。老年人消费意愿相对较弱，且面临数字鸿沟问题，使整体消费规模受到影响。

3.消费环境方面，消费场景不够完善、供给种类不够丰富、质量有待提升，多层次消费需求未被充分满足。特别是县域商业体系还不够完善，使县域居民的消费潜力受到制约。

（三）充分释放潜力需有力举措

1.提高居民收入水平，完善收入分配制度

优化工资结构，加大薪酬制度改革力度，形成较为稳定的收入预期。收入是消费的源头，没有收入，消费就如同无源之水，会慢慢枯竭。要扩大收入首先就是要把"蛋糕"做大，然后将"蛋糕"以合理的方式分配，这就需要一个合理的薪酬制度，让居民能赚到钱，有能力花钱。同时，预期也是居民消费的一个重要考量，只有预期未来收入稳中有增，居民才愿意消费，才敢消费。稳定的预期就如同航行中的灯塔，让人们有着正确且清晰的方向而

不至于迷路，如果迷路了，人们的预期就混乱了，消费自然也无法充分释放潜力。

鼓励创业带动就业，发挥创业带动就业的倍增效应。就业是最大的民生，创业是就业之源。中小微企业解决了我国80%的城镇就业岗位，吸纳了70%以上的农村转移劳动力。就业容纳能力方面，小微企业展现出显著优势。相同的资金投入，小微企业能吸纳的就业人数是大中型企业的5倍之多。鼓励创业就是创造更多的就业机会，支持创业的政策就是创新创业的肥沃土壤。只有让创业者愿意创业，敢于创业，才能有源源不断的小微企业出现；只有给予创业企业更多的支持，企业才能提供更多的优质岗位，带来就业的倍增效应。有了就业，居民才有收入，有了收入才能释放更多的消费潜力。

充分利用财税金融政策，引导和激励居民消费。财税金融政策是宏观调控的重要手段，也是扩大内需的有效法宝。财政政策应该综合运用多种方式，包括但不限于减税降费、发放消费券、以旧换新政策等来刺激和引导居民消费。同时财政也可以以投资促消费，把给企业的投资通过生产消费等环节最终变成居民的收入，进而释放消费潜力。

积极加大基础教育和职业教育投入，提高劳动生产率，为居民收入增长奠定基础。教育是一个国家人力资本的积累，在实现人口高质量发展转型的过程中至关重要。基础教育是教育体系的基石，它不仅为高等教育打下了知识、技能、实践经验和思维方法等方面的坚实基础，还对劳动力市场的供给结构及培养效率产生深远影响。近年来，技能劳动者在劳动力市场上供不应求，工资节节攀升，是成为中等收入群体的高潜力人群，职业教育培养的就是技能劳动者。数据显示，劳动力人口受教育时间每增加1年，国内生产总值就会增加9%；职工受教育年限每提高1年，制造业企业劳动生产率提高17%。加大基础教育和职业教育投入，可以有效地提高劳动生产率。劳动生产率的提高有助于把"蛋糕"做大并为居民收入增长奠定基础，再辅以合理的薪酬结构，使得居民收入水平相应提高，这有助于形成强大的国内市场，也能较好地提升有效需求，促进国内大循环的进行，为新发展格局的形成出一份力。

通过盘活土地要素、丰富居民可投资金融产品等多渠道增加居民收入，扩大中等收入群体规模，提升居民消费能力。土地要素是五大要素中最基本的要素，激活了土地要素，资本、劳动力等要素才愿意进入。推进建设全国统一的土地市场，优化土地资源配置，进行要素的收益权改革，可以有效地增加中低收入群体的要素收入；同时也能助力乡村振兴战略，激活农村土地资源，改善城乡收入差距，提高有效需求，释放消费潜力。中等收入群体是消费扩张的中军力量，所以扩大中等收入群体规模也显得尤为重要。而投资金融产品是中等收入群体资产保值增值的一个重要渠道，刺激消费不能只看工资收入，还得重点关注存量资产的保值增值。即使工资收入上升，若存量资产收缩幅度不可控，依然会对消费形成较大冲击。这就需要我们建立一个强大的资本市场，让居民充分享受到国家发展的红利，同时也需要完善上市公司的分红制度，鼓励分红回购，使居民切实获得投资收益。为了拓展居民的财产性收入途径，建立一个包含多样化产品类别、多元化投资策略和明确分层服务的金融产品服务体系也显得尤为关键。市场分析指出，为了使资本市场能够有效地提升居民的财产性收入、扩大内部需求并推动经济增长，关键在于扩展资本市场的"渠道"能力，确保资金能够无阻地流向需求和意愿所向之地。

2.打造消费新场景，丰富消费模式

加快线上线下消费有机融合，培育壮大"互联网+"等消费新业态，激

发消费活力。信息技术的迅猛发展正重塑当代消费模式。线上线下消费的融合不仅契合消费者需求变化趋势，更成为推动经济高质量发展的关键动力。通过整合线上线下资源，企业能为消费者提供更便利、个性化的服务体验。与此同时，"互联网+"等新业态的持续发展，有利于挖掘新的消费潜力，创造新的消费场景。

加强新型消费基础设施建设，大力发展数字消费、无接触消费等新型消费，拓展沉浸式、体验式、互动式消费场景。加强新型消费基础设施的建设是释放消费潜力的必要前提，也是新型消费得以扩张的基石。传统的消费基础设施已经难以满足新时代消费需求的多样化、个性化特征。而以5G网络、智能物流、生物识别支付为代表的新型基础消费设施可以极大地提高消费者的消费体验。拓展新型消费场景则包含但不限于餐饮消费新场景、文旅体育消费新场景、大宗商品消费新场景等。以大宗商品为例，创新汽车使用场景，特别是发展高级智能驾驶技术，将为汽车产业注入新活力。新型消费的建设和拓展，是顺应消费升级趋势的重要举措，进而能推动消费模式创新，创造新的消费增长点，释放消费潜力，推动经济高质量发展。

持续改善居民线下消费环境，打造一批重点商圈和特色街区，提升城市"烟火气"。近期网上零售额呈现快速增长态势，线上消费迅猛发展给线下消费环境带来巨大挑战。尽管如此，线下消费作为城市经济社会发展的重要载体，其独特社交属性与体验价值不容忽视。优化商业布局、提升环境品质能够增强消费者体验，激发消费潜力。重点商圈的打造有利于形成商业集聚效应，吸引优质品牌入驻，提升城市商业能级。特色街区则能彰显城市文化特色，满足居民的多元化消费需求。这些举措不仅能够丰富消费模式，促进消费增长，带动就业，还能提升城市品位，增强城市竞争力。

3.营造公平有序的消费环境

健全消费品质量标准体系，完善重点消费领域服务标准和技术标准。这是保障消费安全、提升消费质量的重要基础。经济进入新发展新阶段，消费需求不断升级，消费者对产品以及服务提出了越来越高的要求。但是当前一些领域标准滞后，影响了消费环境。因此，我们必须加快构建各消费领域科学、统一、先进的标准体系，提高标准的可操作性。同时，对于新兴消费领域如宠物经济、智能家居、依托AI的消费领域等等，要及时制定相关服务和技术标准，引导行业健康发展。建立健全高标准体系，不仅能够有效规范市场秩序，保护消费者权益，还能推动产业共同发展。

全面加强跨地区、跨部门、全流程协同监管，加快消费信用体系建设，加大对虚假宣传、仿冒混淆、制假售假、价格欺诈等违法行为的监管和处罚力度。有互联网加持的现代消费市场呈现出显著的跨地区、跨行业、线上线下融合的特征。一个在线上销售的商品，不仅涉及商品厂家本身，可能还涉及购物平台、消费信用提供者、经销商等。传统的监管可能会难以应对日益复杂的消费环境，实现跨地区、跨部门的联合执法监管，实现全流程协同监管，构建立体化的监管网络，才能顺应监管环境的变化。虚假宣传等违法行为会损害消费者的权益，影响消费者的消费信心。而消费信用体系的不断完善以及对违法行为监管处罚力度的加大会减少这类违法行为的发生，让消费市场健康有序地运行。

建立完善消费投诉信息公示制度，进一步优化消费争议多元化解机制，全面加强消费者权益保护。在监管未尽到发现违法行为以及进行处罚的职责时，消费者自主地通过一些方式反映问题可以补充监管空缺，提升监管的效率。消费者权益保护应当采取多管齐下的策略，包括协商、调解、投诉、仲裁、诉讼等多种途径。引导消费者依法使用这些多元化方式，不仅能有效维护其合法权益，还能优化纠纷解决流程。

4.优化消费供给，尽快构建起中高端、多样化、多层次商品服务供给体系

不断提升供给体系适配性，以高质量供给满足不断升级的消费需求。消费在我国经济发展中起着稳定器和压舱石的作用。当前居民消费需求呈现多元化、个性化、品质化趋势，同时各种新型消费蓬勃发展，各种新业态新模式新场景不断涌现。面对不断提高的消费需求，供给体系也应进行相应的发展升级，可以将物联网、5G等新兴技术融入供给体系的升级中，切实提高供给体系的效率与适配性，以高质量的供给催生高质量的需求。只有提升供给体系的适配性，才能实现更高水平的供需平衡。

促进医疗健康消费提质升级，开发更多适合老年人和婴幼儿消费的产品和服务。目前社会的人口结构变化有了新的特征：人口老龄化加快，老年人口比例持续上升，而婴幼儿出生数量创下新低。这一人口结构变化对医疗健康产品和服务提出了新的要求。应该推进互联网+医疗健康的发展，完善医疗机构老年服务，推进建立多层次的老年医疗护理服务的供给。同时也应探索多元化的老年医疗护理服务模式，推动优质医疗资源下沉，促进老年医疗消费提质升级。对于婴幼儿，我们应该完善并升级婴幼儿的科学养护和健康管理服务，推动互联网+托育服务的发展，同时可以通过家庭医生等渠道提高婴幼儿医疗服务的质量。

全面促进消费绿色低碳转型升级，支持新能源汽车加快发展，积极推广绿色建材和绿色家装，倡导绿色出行。绿色低碳是全球发展的一个趋势，向绿色低碳转型不仅能构筑起我国新能源等新兴行业的行业壁垒，也能促进很

多行业的设备优化更新，提高全要素生产力。新能源汽车目前在续航里程、智能化程度等方面不断突破，满足了消费者对高品质、个性化出行的需求。这拓展了中高端汽车市场，也为消费者提供了更多元化的选择。而推广绿色建材和绿色家装则有利于提升居住品质，满足中高层次家庭家装的消费需求。倡导绿色出行能够促进交通服务的多样化供给。例如，共享单车、电动滑板车等新型出行方式的兴起，不仅丰富了短途出行选择，还带动了相关配套服务的发展，如智能停车、充电桩等设施的建设。绿色低碳转型升级能够推动传统产业向高端化、智能化方向发展，能够激发创新，推动产业升级，从而在供给端形成更多样化、更高品质的产品和服务。这不仅满足了消费者日益提升的需求，也为经济高质量发展注入了新动能。

完善县域商业体系，引导大型商贸流通企业、电商平台和现代服务企业向农村延伸。上半年县乡零售额增速高于城镇增速，消费恢复速度快，消费市场潜力大。大型商贸企业进军农村市场，凭借完善的供应链体系与丰富的产品资源，能显著提升当地商品的品质和多样性，满足农村居民日益增长的消费需求。电商平台向农村延伸，则可以帮助农村居民的消费突破地理限制，为农村消费者开辟了更广阔的消费领域，提供了更丰富的商品选择与便捷的购物体验。扎根农村、助农的电商平台不仅助力农民增收，还有助于缩小城乡消费差距，丰富商品服务供给体系。再者，现代服务企业进驻农村，能够提升农村服务供给水平。金融、物流、教育、医疗等现代服务业的下沉，不仅能满足农村居民多元化的服务需求，还能带动农村就业，提高农村居民收入，从而形成良性循环，持续释放农村消费潜力。

二十八、金融科技发展程度与服务实体经济效能——基于机构视角

当前，云计算、大数据、人工智能和区块链等技术不断在金融行业中得到应用，推动了金融科技的诞生和发展，并开始深刻影响和变革着全球金融业。在此背景下，我国的金融科技也出现了爆发式的发展，并且逐渐成为全球金融科技体系的重要组成部分。了解我国金融科技的发展现状、分析行业金融科技创新发展情况、总结金融科技实践经验，对于金融科技行业发展和金融科技监管有着重要的意义。随着金融科技水平的持续发展，如何有效衡量金融科技发展和创新水平成为学界的关注点，而构建金融科技指数则是回答此问题的最直接方式。本文总结和分析了金融科技发展历程和现状，以金融科技创新发展指数为焦点，从反映金融企业金融科技创新水平、认知层面评价和人工智能评价三方面引入中国金融科技创新发展指数，分析金融行业金融科技发展水平并提供政策建议。

（一）中国金融科技发展历程与评价体系创新

我国的金融科技发展大致可以划分为三个阶段：金融信息化、互联网金融以及"金融+科技"。在金融信息化阶段，金融机构通过电子化、自动

本文作者为中央财经大学金融学院张宁教授。

化、无纸化的业务服务，提高了业务效率、降低了运营成本。在互联网金融阶段，信息科技公司开始涉足金融领域，并成为金融机构的竞争者和合作者，科技公司借助自身强大的数据搜集和分析能力挖掘潜在信息价值，扩展到了传统金融难以覆盖的客户范围。在"金融＋科技"融合的时代，大数据、云计算、人工智能、区块链等新兴技术开始广泛且深度地应用于银行、证券、保险等金融行业的各种业务中，如客户精准营销、风险管理乃至投资决策等。金融科技的不断发展在潜移默化中改变了金融行业的原有业务方式，增强了金融行业的普惠性，也大大地提升了金融体系的服务效率和质量。随着金融科技水平的持续发展，如何有效衡量金融科技发展和创新水平成为学界的关注点，而构建金融科技指数则是回答此问题的最直接方式。

当前有代表意义的金融科技指数包括中国金融科技中心指数（Fintech Hub Index，FHI）和全球金融科技指数。中国金融科技中心指数于2017年9月29日在杭州发布，由浙江大学互联网金融研究院联合浙江互联网金融联合会/联盟共同编制。其中，FHI指数主要由金融科技产业分指数、体验分指数和生态分指数共同构成。全球金融科技指数主要面向金融科技投资行业，由投融资活跃度、投融资成熟度、社会认知度等指标构成。以上金融科技指数为市场、投资和宏观决策提供了重要依据。但在宏观层面上，以上指数尚未反映整体金融科技发展水平；在微观层面上，也无法反映金融企业的金融科技创新能力和发展能力。从当前来看，金融科技评价体系需要考虑金融科技的客观发展状态，全面刻画金融科技的发展现状并且需要认知的支撑；放眼未来，人工智能技术的发展将带动金融科技的进一步升级，评价体系需要兼顾对当前快速发展的新一代人工智能技术的合理评价。

有鉴于此，本文引入能够反映金融企业金融科技创新水平、兼具认知层面评价和人工智能评价的中国金融科技创新发展指数。该指数由中央财经大学中国金融科技研究中心分析研究编制并发布，通过对企业的金融科技多个核心要素进行多维度客观量化并最终形成。中国金融科技创新发展指数具有适用性强、稳健性高和客观性的特征。第一，中国金融科技创新发展指数能够实现完全动态、实时的发布，适用性强。第二，考虑到金融科技是知识经济从互联网经济过渡到数字经济所呈现出的金融特征，中国金融科技创新发展指数的评价框架重新定义金融科技为"金融中核心要素的科技化，这种科技化导致了外在金融服务形式变化"，更加聚焦企业的全面创新发展能力。第三，中国金融科技创新发展指数评价体系中的诸多维度数据基于人工智能技术获取，而非采用主观的专家打分，客观性强。

（二）中国金融科技指数构成体系和评价过程

互联网经济模式下，企业将逐步向数据化、链接化和智能化转型，此时基于数据驱动的有效链接成为企业的核心竞争力，而智能化是维持和提升链接价值的可靠保证，也是数据化和链接化后的最终进化方向。如果将企业大脑看作企业进化目标的话，金融科技评价实际上是在评价"从企业智能化角度看企业的（智能）能力大小（程度）"。中国金融科技创新指数基于知识经济的企业数字化发展和反馈机制将核心要素分为四个层次：金融科技禀赋基础、金融科技业务发展、金融科技认知以及金融科技核心能力。金融科技禀赋基础是企业和国家拥有发展金融科技的资源和基础，代表着过去的积累和现在的环境；金融科技业务发展是企业和国家现在进行金融科技发展的情况，代表着现在的状态；金融科技认知水平包括自我认知与社会认知，表示自我发展的认同程度，代表着内外一致的程度以及外界环境的承认水平；金融科技核心能力表示企业和国家金融科技核心水平的掌握情况，代表着未来发展的动力和基石。

具体评价中有三个关键的步骤对评价质量有较强影响：第一，选取相关因素；第二，获取相关因素的高质量数据；第三，评价方法的模型选取。本文基于上述四象限划分方法确定了四个基础维度后，首先，利用金融科技的知识图谱技术来客观衍生出这四个维度分别对应的二级指标。其次，利用主成分分析提取主要影响的指标，考虑到主成分分析中的协方差方法对异常样本敏感，评价体系在主成分分析中使用稳健协方差并用改进MCD算法进行计算。最终得到各类指标和维度如表28-1所示。

表28-1　金融科技指数指标体系

一级指标	二级指标	含　义
金融科技禀赋基础类	管理禀赋	公司管理理念中适合金融科技发展的要素
	数据禀赋	公司经营过程中数据积累情况
	经营禀赋	公司在生产经营过程中应对外界反应形成的秩序与模式
	信息基础设施	发展金融科的必备基础
金融科技业务发展类	创新业务发展	互联网经济模式下的业务创新形式与现状：互联网与App业务
	链接技术支撑	业务合作中有助于金融科技发展的链接和有效链接：技术合作
	链接智力支撑	业务发展中的人力资本现状和变化趋势
金融科技自我认知与社会认知	金融科技自我认知	公司文化中对金融科技的认知程度和现状
	金融科技社会认知	外界对公司和金融科技关联和表现的认知程度和现状
金融科技核心能力	数据应用能力	大数据技术研发和应用能力
	人工智能能力	企业构建智能大脑模式的各类方向评测

在相关因素的高质量数据获取方面，本文使用人工智能方法获得客观的高质量数据。首先，对于上述维度中的相关披露信息和报告数据，本文使用 Table2text 以及 Bert 等自然语言处理技术进行快速自动化获取，避免主观人为解读，保证评价的自动化。其次，对于调查数据，评价过程中基于作者主持的"金融认知大模型"系统进行交互感知调查，避免固定问卷模式获得认知的局限。最后，对于外部认知、媒体评价等数据，评价过程基于研究中心的词云和金融科技知识图谱自动生成量化结果，从而保证相关评价在同一个客观尺度上进行，并能够确保评价自动化。

在最后评价指标和分数的获得上，本文同时考虑了非线性降维方法、T-SNE 机器学习方法和熵值法，并最终选择了受众面更广的熵值法。

综合来看，金融科技创新指数的评价过程基于知识经济的认知体系，由知识图谱客观生成评价维度，并基于稳健协方差方法进行维度筛选，通过传统方法和人工智能方法结合获得对应数据，最终由信息熵模型得到评价结果。金融科技创新指数评价过程本质上由一系列客观数学运算和方法构成，是一个没有主观干扰的完整评价框架。

（三）金融行业金融科技创新能力分析

借助上述的中国金融科技创新指数，本文对银行业、保险业以及整体金融行业的金融科技发展状况分别进行分析，并尽量清晰地呈现行业内部金融科技发展水平的分化情况。

1. 银行业：金融科技创新能力快速成长

银行业样本中，2020年，25家上市银行的整体金融科技发展水平相比较2018年均取得显著进步。金融科技创新指数得分位于80~90区间段的银行由5家上涨至17家，金融科技创新指数得分平均值从78.26上涨至83.26，标准差从11.29缩小到10.82，说明行业内金融科技水平的整体提升、金融科技后发能力强劲，银行间金融科技发展水平的差异减小。近年来商业银行的发展战略中不断强化数字化转型发展和科技赋能的重要性，银行的金融科技投入也显著增加，多家银行成立金融科技子公司以培养金融科技成为商业银行的核心竞争力。

从所有制形式来看，金融科技创新能力最强的为国有大型商业银行，其金融科技的业务发展基础和基础禀赋得分都更高。但受益于金融科技板块不断成熟的技术和业务形式，股份制银行的金融科技水平也具有后发优势。从金融科技核心能力来看，2018年国有商业银行金融科技核心平均能力（82.64）得分超过股份制银行（80.66），但差距并不明显。

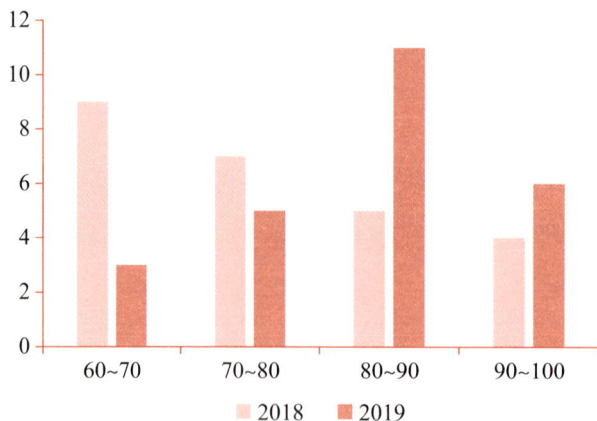

图28-1　25家上市银行金融科技创新指数得分分布

图28-2　25家上市银行金融科技创新指数得分

2019年金融科技创新指数得分表明，银行业内金融科技发展竞争相当激烈，不同银行间的金融科技水平差异已进一步缩窄。一些股份制银行尽管得益于数据分析和人工智能技术应用方面的经验积累，在发展金融科技能力方面具有先发优势，但随着各大银行对于金融科技重视程度的不断提升和研发投入的不断扩大，这一优势被不断削弱。随着金融科技技术在商业银行全价值链应用的成熟以及第三方金融科技公司的崛起，此前受制于自身规模和资金实力，难以在金融科技方面投入过多的关注和研发资金的中小银行在金融科技发展方面也拥有更广阔的进步空间。2021年后，中国金融科技创新指数发布分维度基础数据，这使得我们可以具体从四个维度来进行直观比较。

2.保险业：中小企业金融科技发展意识不足

2019年，保险业的金融科技创新指数得分与2018年相比并未显著提升，整体表现持平。得分在70~75区间内的保险公司数量最多，共计41家。总体来看，约六成的保险公司得分集中在65~75区间，显示出行业内金融科技发展水平普遍偏低。

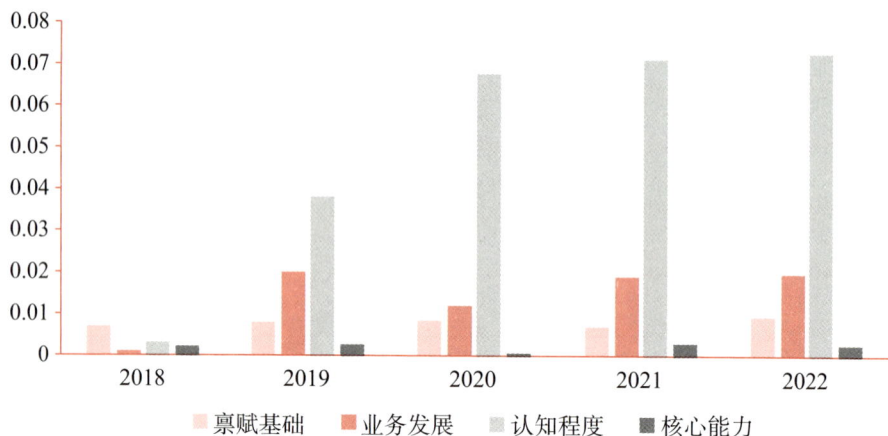

图28-3　银行业四维度发展情况

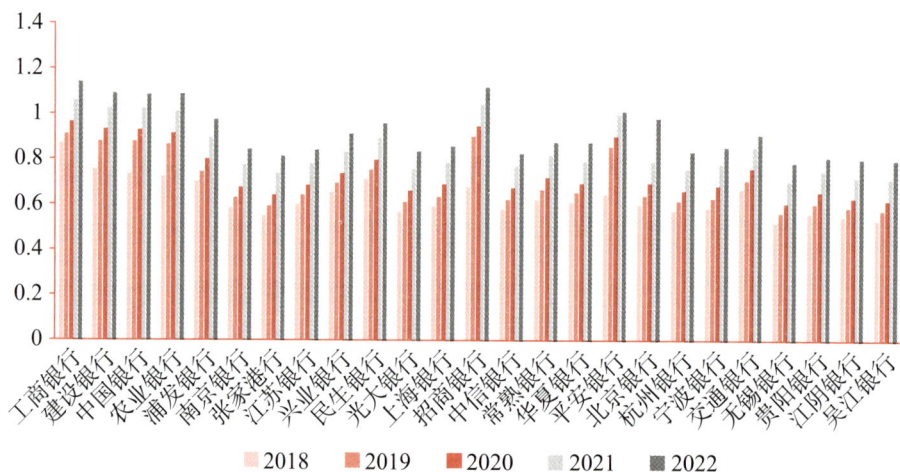

图28-4　各银行金融科技创新指数得分

保险行业内金融科技创新指数得分的分化较大，得分在90以上的保险公司仅有两家，分别是中国人寿和众安保险。大型保险公司在数字化转型和金融科技赋能业务方面具备信息、资金、平台等多种优势。对于中小规模的保险公司而言，其资金实力无法支持完善的数字化平台的独立搭建。从行业整体来看，金融科技技术在保险业务领域的应用也远不如银行业发展的完善，中小企业对于金融科技水平的发展热情不够充足。

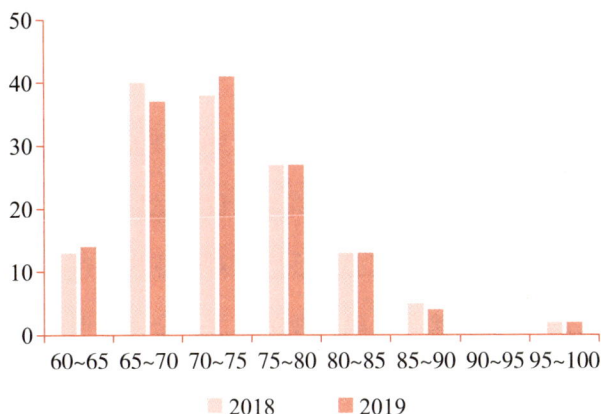

图28-5 保险业金融科技创新指数得分分布

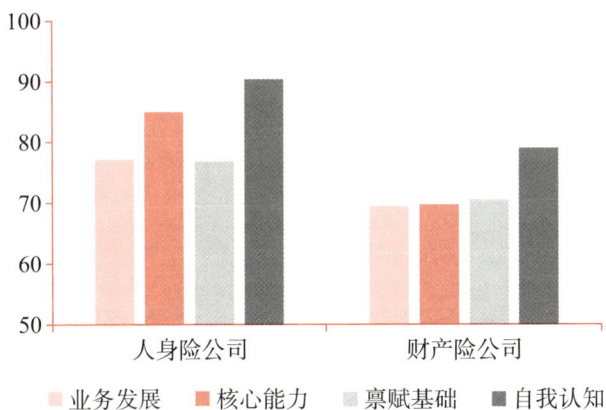

图28-6 2018年保险公司四大维度得分

保险公司对于金融科技的运用仍主要集中在客户营销领域，特别是2020年受到新冠疫情冲击后，各大保险公司加强了线上渠道的建设，推动"线下人工服务"向"线上线下融合服务"的转变，利用大数据、云计算、人工智能等技术提高产品营销和客户管理能力。首先，整体看来，在全产业链的发展中金融科技创新实践尚不充足。不少保险公司开发科技保险新险种，利用科技创新保险的运营模式，但创新的规模和种类并不多。其次，在产品风险评估定价和智能化理赔方面，也欠缺成熟的应用实践。

3.金融业：仍有长足的进步空间

随着我国金融行业的不断深化发展和对外资开放进程的进一步加快，混业经营的趋势越来越显著。因此在分析金融科技发展水平时，跳出具体行业来考量金融行业整体的数据具有必要性。在对行业规模进行调整，并将行业影响进一步细分，更加聚焦于金融行业整体后，金融企业的金融科技发展水平分布如图28-7所示。

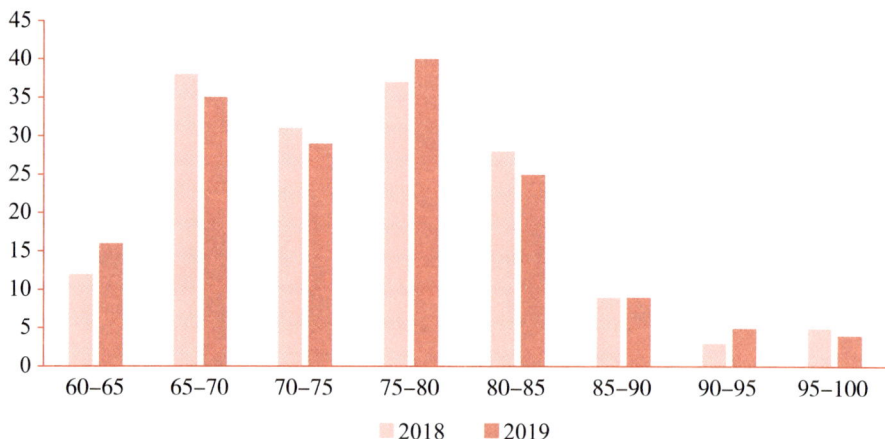

图28-7　金融行业金融科技创新指数得分分布

（四）金融科技服务实体经济

1.赋能服务实体经济路径分析

2024年政府工作报告中提到2024年政府工作任务核心聚焦于新质生产力上。新质生产力，顾名思义就是创新提质的生产力，能够提升经济发展质量。"新"有三重含义，一是与之前不同的"新"；二是适应新情况背景的"新"；三是有新的要求和形式的"新"。"质"也有三重含义，一是能够提升质量的"质";二是激发质变可能的"质";三是质的不同的"质"。本文从金融科技的作用层次出发,重新认识金融科技的新质生产力含义和功能,并说明作为新质生产力的金融科技是金融高质量发展的关键保证,也是中国特色金融事业建设的重要抓手。

传统定义中,金融科技被定义为技术驱动的金融创新,具体来讲是由ABCD,即大数据、区块链、云计算、人工智能等新型前沿技术带动,对金融市场以及金融服务业务产生重大影响的业务模式、技术应用和产品服务。但传统的金融科技定义有三个层次的局限。

第一,传统定义忽略了技术变化日新月异的发展。对金融产生影响的技术不仅仅包括ABCD。当前,隐私计算在解决多方业务融合安全方面正在发挥作用,脑机接口技术也已经获得突破,量子计算有效量子比特位数逐渐上升呈现出金融应用潜力。将金融科技定义局限于由某些特定技术带动,限制了金融科技的延展,也不符合金融科技作为新质生产力的定位。

第二,传统定义低估了科技对金融的作用。在传统定义中,认为科技对金融的主要作用对象是业务模式、技术应用、产品服务,相关探讨也多强调科技对金融效率的影响。但实际上,科技对金融的影响远不止以上方面,科技甚至会重塑金融的基础需求。具体而言,当科技重新影响风险发生频率和风险严重程度时,有些发生频率(概率)很低、严重程度很大的风险就会变成概率更低、严重程度很低的风险。由于保险的市场需求基础是概率低、损失大的风险,因此保险市场就会萎缩或者需要呈现出新的形态,例如自动驾驶对车险的影响,短期有波动,长期来看可能会有较大的变革作用。

第三,传统定义没有深刻解释金融科技作用的因果性,无法清晰展示出金融科技的发展趋势,作为新质生产力的新和质就没有更深层意义的载体。在传统定义下,我们无法知道金融科技沿着怎样的路线走,众多形式多样、创新繁杂的金融科技背后，其内在的机理是什么。

重新认识金融科技，要从金融的核心价值出发。中央金融工作会议明确指出，坚持把金融服务实体经济作为根本宗旨。金融的初心来源于实体经济，是通过处置实体经济发展过程中资金融通风险，实现资源优化配置而创造价值。金融呈现出几个基本的核心要素，第一个是风险；第二个是资本资产定价和优化配置的抓手——信用；第三个是处置风险和信用评价的出发点——信息。

金融科技作为新质生产力发挥作用，其影响和变化的是金融"本质的东西"，即上述的三大核心要素。基于此，金融科技应该是金融中核心要素的科技化，而要素科技化过程所呈现出来的外部形态即为金融科技的万千创新，如业务、技术应用和产品等。

信息的科技化过程贯穿了金融业的历史。在数字经济时代，数字化的信息就是数据，而区块链和大数据支撑了这个过程，这也是数字经济的核心含义，同样也形成了数字金融生态，呈现出众多数字金融创新和数字化变革路径。

信用的科技化过程有力推动了金融业向着标准化和数理化前进。20世纪50年代开始的数理金融创新开启了信用科技化的高原时代，当前大数据、人工智能、隐私计算等正在继续这一个过程，信用从经验、规则、模型进化到智能，形成了智能金融生态化和数智化变革路径。风险的科技化过程不是风险管理和风险测度的科技化，而是金融核心价值风险处置的科技化。风险的科技化是复杂的、系统的（包含市场、监管以及所有参与方）和不确定的。未来的通用人工智能（AGI）、脑机接口（BCI）、量子计算在这方面将大有作为。信息要素的科技化为金融科技成为金融新质生产力构建了数据基础，信用科技化和风险科技化则为金融科技成为新质生产力标识了方向，承载了它作为新质生产力的路径和特征。

不同要素的科技化过程聚焦的目标不同，依赖的金融科技功能也不同。具体来说，在不同的科技化过程中，金融科技作为新质生产力呈现出三大功能。

信息的科技化过程聚焦的目标是"链接"，即数据载体的链接。此时，金融科技功能主要体现在毛细效应，主要技术是大数据和区块链。金融科技通过降低链接成本，将边际链接成本降低到零，不断扩大链接范围，让金融业务更容易地扩展到更多的用户群体。这既是金融科技概念出现后最早出现的价值模式和商业模式，也是互联网金融的主要形态。在这个时期，形成了互联网银行等新商业形态，普惠金融在这个阶段发展迅速。

链接的竞争会使得金融科技的功能升级，聚焦的目标变为"特征挖掘"。此时，金融科技的功能主要是关系发现，形成长尾效应。金融科技聚焦于将链接形成的普遍需求拓展到多元化需求。机器学习和人工智能技术让金融业特征挖掘和关系发现不断深入，实际反映为金融信用，这就过渡到信用科技化阶段。在这个阶段，客户的多元化需求可以在金融科技的支撑下得到满足，金融机构可以基于客户的特征进行千人千面的推荐和服务，并针对需求构建新的业务，居民和企业对金融的内在需求被激发，财富管理、养老金融、科技金融等获得发展机遇。

信用科技化会使得信用资源配置边际成本降低，从而使得风险处置需求的直接满足可以创造"真正收益"。此时，金融行业业务逻辑开始变得重要，寻因求果在个性化需求后呈现出重要价值，金融科技功能主要呈现为因果效应，可以依赖的技术包括AIGC代表的AGI或者BCI等，并将最终过渡到风险科技化阶段。

金融高质量发展需要高质量的支撑要素，也就是说需要在信息、信用和风险层次上的"新的带来质变的动力"，而金融科技将通过上述三大功能对金融支撑要素进行变革和优化，形成金融新的发展动力。

2.服务实体经济具体举措

银行业，应当提高对于金融科技以及价值创造重要性的认知水平，扩充金融科技人才储备，设立更多的专职岗位来推动自身金融科技水平的进步。

首先，商业银行可以建立以金融科技为引擎的价值管理体系，将金融科技用于全行战略制定以及作为业务决策的基础。通过客户、行业和产品的组合分析进行定价，制定金融科技提升策略，逐步调整银行金融科技战略组合。其次，商业银行应当投入更多资源进行金融科技产品研发，为客户提供更好的金融科技服务，并大力推动交叉销售，智能化、自动化、自助化管理。最后，在人力、系统、数据设施以及专业服务方面，商业银行要加大投入，并进行持续资源配置优化，确保在金融科技上发挥引领作用。总之，商业银行通过加快战略转型以提升服务实体经济的效率和水平，既需要充分运用助推上升的客户需求驱动力和信息技术拉动力，也要掌握好防控下滑的风险控制动力，而有效应用银行科技有益于银行掌控好转型力量的平衡使用。

对于保险业，应当在现有业务模式的基础上，积极寻求全新发展机遇，在新科技领域发掘创新机会，以迎合快速变化的消费需求。金融科技的本质是资源的重新分配，利益的重新划分，保险业要引进关键人才，完善保险科技基础设施，大力发展保险科技。在保险科技背景下，保险业务拓展应以客户价值为核心，充分考虑客户的个体特征与需求，设计和推荐有针对性的保险产品。对比国外独角兽保险公司，利用保险科技涵盖的人工智能技术，保险公司可以考虑构建保险生态圈，通过一系列的产品与配套设施服务提升用户黏性。

二十九、基于国家经济金融安全下的高质量均衡发展研究

习近平总书记在党的二十大报告中指出，高质量发展是全面建设社会主义现代化国家的首要任务。发展是党执政兴国的第一要务。没有坚实的物质技术基础，就不可能全面建成社会主义现代化强国。必须完整、准确、全面贯彻新发展理念，坚持社会主义市场经济改革方向，坚持高水平对外开放，加快构建以国内大循环为主体、国内国际双循环相互促进的新发展格局。

21世纪以来，新一轮科技革命和产业变革加速发展，世界贸易和产业分工格局发生重大调整，国际力量对比呈现趋势性变迁。2008年国际金融危机后，全球市场收缩，世界经济陷入持续低迷，国际经济大循环动能弱化。与此同时，近年来，西方主要国家民粹主义盛行、贸易保护主义抬头，经济全球化遭遇逆流。新冠疫情影响广泛深远，逆全球化趋势更加明显，全球产业链、供应链面临重大冲击，风险加大。面对外部环境变化带来的新矛盾新挑战，理清新安全格局与新发展格局之间的辩证关系对于深入贯彻、阐释习近平新时代中国特色社会主义思想和党的二十大精神具有深远的实际意义和理论意义。

本文作者为中央财经大学金融学院杜涣程副教授。

（一）国家经济金融安全的经济含义

本文旨在根据当前错综复杂的国际经济形势和地缘政治形势，探究国家经济安全、国家金融安全在数理统计层面上的具体经济含义。即如何在金融统计分析层面上具体映射所存在的国家经济金融安全程度。

结合近期俄乌冲突背景下，西方国家对俄罗斯实施的一系列经济金融制裁、俄罗斯方面的应对措施以及后续经济制裁对俄罗斯经济的影响，本文集中对国家经济金融安全在宏观层面给予以下两个方面的经济诠释：（1）提出国家经济金融安全度量指标①——被制裁国经济损失预期：本文的研究内容主要围绕着国外可能的经济金融制裁（限制进口贸易、出口贸易、支付系统封锁等）构建虚拟场景，结合我国实际经济金融数据和宏观理论模型来度量我国国民经济可能遭到的长、短期预期损失（如短期的汇率贬值程度、长期的实体经济增长放缓程度等），并以此构建安全度量指标1。（2）提出国家经济金融安全度量指标②——制裁国的制裁成本预期：在当今国际金融与贸易高度融合统一的大形势下，制裁国对他国实施经济金融制裁的同时也承担一定程度的经济反噬成本。本文结合已有国际贸易数据和宏观经济模型，针对某单一制裁手段的制裁成本预期进行度量。

根据上述两个维度的安全度量指标，站在被制裁国家视角，其在被制裁经济状态下所承受经济损失预期越小、制裁国家所承担制裁成本预期越高，国家经济安全程度越高。

（二）高质量均衡发展的新发展格局

新发展格局的构建是中华民族伟大复兴征程中的关键抉择。面对百年变局叠加世纪疫情，中国以深邃的历史眼光和宏阔的战略思维，提出构建以国内大循环为主体、国内国际双循环相互促进的新发展格局。这不仅是应对国际环境深刻变革的主动选择，更是实现高质量发展的必然要求，蕴含着对发展规律的系统性重构与创新性突破。

本文旨在从两个维度下分析度量我国不同行业产品的产品质量指标。首先，根据国内商品价格与销量数据，度量同行业内不同商品质量的市场份额分布情况。不同商品质量市场份额的分布均匀程度直接影响该行业内产品质量升级过程中的均衡发展程度，同时影响该行业内产品质量升级的速率。

其次，利用全球国际贸易数据，对不同行业出口商品质量与外国同类出口商品质量进行比较，总结分析高质量商品在出口竞争中所蕴含的不可替代性。

对于任意一种产品，其产品质量水平与所映射的国家经济金融安全之间存在着U形非线性关系。在产品质量发展初期，由于产品质量不足以具备国际出口竞争水平，产品的出口份额极小（或仅在国内市场生产）。因此，从国家经济安全角度出发，该产品暴露在国际市场的程度非常有限，针对于该产品的出口制裁效果并不明显，此时国家经济金融安全水平较高。随着产品质量的不断发展升级，该产品的国际竞争力逐渐提升，出口份额逐渐上升。然而同时伴随的风险是出口制裁对该商品的经济负面影响也会加强。当产品质量得到进一步提升之后，其在国际市场上的不可替代性开始发挥主导作用，倘若此时对该产品进行出口制裁，制裁国家将会承受巨大的制裁成本，基于理性的分析，此时的国家经济安全程度较高。

站在新的历史方位，高质量均衡发展格局的构建正在书写中国式现代化的新篇章。这不仅是发展方式的转型升级，更是文明形态的演进跃迁。当14亿多人口的现代化进程与高质量发展同频共振，当共同富裕目标与均衡发展实践深度交融，中国正在为人类文明发展提供新的范式参考。这种发展格局的成熟定型，必将为中华民族伟大复兴奠定坚实根基，为世界经济复苏贡献中国智慧。

（三）区域高质量发展

根据对经济高质量发展的阐释和理解，可以看出影响区域经济高质量发展的可能因素大致可以分为经济成果分配、人力资本、经济效率、经济稳定性、自然资源与环境以及与经济发展紧密相关的社会保障与福利这几个方面。

其中，经济成果分配这一一级指标由城乡居民消费占GDP比、基尼系数、乡村占城市总消费比三个二级指标共同组成。人力资本一级指标由人口自然增长率、小学及以下学历人口占比、普通高等教育师生比三个二级指标共同组成。经济效率一级指标由劳动生产率、资本生产率、全要素生产率三个二级指标共同组成。经济稳定性一级指标由GDP偏离度、消费者物价指数偏离度两个二级指标共同组成。自然资源与环境一级指标由单位GDP污水排放量、二氧化碳排放量、单位GDP二氧化硫排放量三个二级指标共同组成。社会保障与福利一级指标由老年人口抚养比、社会医疗机构承载人数两个二级指标共同组成。

1.经济成果分配

在经济成果分配方面，首先需要考虑产出在宏观层面的配置问题，即产出用于最终消费的比例，在一个消费占比长期偏低甚至出现下降的社会中，即使有高的经济增速，居民福利水平增长也不会太快，因此将城乡居民总消费占GDP比重纳入衡量经济成果分配指标当中；其次需要考虑产出在微观层面的配置问题，即居民收入分配均衡程度。在一定的产出水平下，居民收入分配差距过大会降低社会整体的福利水平，从而影响经济发展的质量。

表29-1　经济高质量发展影响因素

一级	二级	计量	指标属性	
渠道指标	基础指标	单位	正向	负向
经济成果分配	城乡居民消费占GDP比	%	✓	
	基尼系数	%		✓
	乡村占城市总消费比	%		✓
人力资本	人口自然增长率	%	✓	
	小学及以下学历人口占比	%		✓
	普通高等教育师生比	%	✓	
经济效率	劳动生产率	—	✓	
	资本生产率	—	✓	
	全要素生产率	—	✓	
经济稳定性	GDP偏离度	%		✓
	消费者物价指数偏离度	%		✓
自然资源与环境	单位GDP污水排放量	万吨/亿元		✓
	单位GDP二氧化碳排放量	吨/亿元		✓
	单位GDP二氧化硫排放量	吨/亿元		✓
社会保障与福利	老年人口抚养比	%		✓
	社会医疗机构承载人数	个		✓

然而，结合我国实际情况，在大力推进农村城市化转型的改革举措下，农村居民的消费占城镇居民消费的比重可以充分反映出一个经济区域内农村城市化转型的进展程度，从而反映经济高质量发展的水平。另外，衡量经济

高质量发展的水平要考虑到微观层面居民收入分配是否均衡。因此，该研究将居民收入基尼系数与乡村消费占城市消费比例指标同时纳入衡量经济高质量发展的评价体系当中。

其中，乡村消费占城市消费比例指标为负向指标，乡村消费占城市消费比例越低，说明该地区农村城市化程度越高，经济高质量发展的水平越高。基尼系数也是负向指标，一地区基尼系数越大，说明该地区居民收入分配均衡程度越低，经济高质量发展水平越差。虽然这些指标的侧重点存在一些差异，例如，基尼系数对中等收入变化比较敏感，而乡村消费占城市消费比例则更关注居民收入的地区差异，但是两类指标均能较好地在微观层面上体现出区域经济居民收入分配的均衡程度。

2.人力资本

在人力资本及其分布方面，可以从一区域经济体内居民人口结构与居民受教育状况来加以考察。首先，人口自然增长率衡量一区域经济内出生率与死亡率的差值。若出生率大于死亡率，该经济区域呈现人口正增长；若出生率小于死亡率，则反映出该经济区域呈现人口负增长。人口自然增长率在一定程度上反映了一经济区域内的居民人口结构，而健康稳定的区域人口结构是经济可持续、高质量发展的基石。如果一经济区域内出现严重的人口老龄化现象，同时伴随着提高出生率的主力军——中青年人口逐渐外流的现象，该经济区域内便可能会呈现较高的死亡率和较低的出生率，最终导致人口负增长，严重影响其经济高质量发展的进程，降低整体区域经济效率。因此，人口自然增长率为正向指标。

其次，小学及以下学历人口占比与普通高等教育机构内的师生比例综合反映了一经济区域内的人口受教育程度，而受教育程度的高低直接影响该经济区域的人力资本实际效率，从而影响其经济高质量发展程度。小学及以下学历人口占比比重越大，说明该地区就业人口受教育水平越低，人力资本水平越低，经济高质量发展程度越差，因此被定义为负向指标。该地区的师生比例描述了平均每100名学生对应多少个教师的教育覆盖程度，该师生比例越高，说明每一位教师所对应的学生数量越少，教学质量越高，人力资本水平越高，经济高质量发展的程度越大，因为师生比例基础指标被定义为正向指标。

3. 经济效率与稳定性

在经济效率与稳定性方面，经济效率反映了单位产出所消耗的生产要素或利用单位要素所获得的产出情况，经济效率是现有文献衡量经济增长质量的重要内容，也应成为衡量经济发展质量的指标；而经济稳定性不仅会直接影响居民的福利且与经济效率相关。经济波动同时会造成资源配置的扭曲，从而损害经济效率的提高。团队选取劳动和资本这两种基本要素的产出效率以及全要素生产率来衡量经济效率，并利用经济增长的偏离度和物价水平的偏离度来衡量经济波动状况。因此，劳动生产率、资本生产率和全要素生产率均为正向指标，综合反映一经济区域内的经济效率高低。

4. 自然资源与环境

在自然资源与环境方面，经济活动对自然资源和环境造成的损耗主要体现在对人类赖以生存的大气、水和土壤的污染，造成空气质量恶化、人均淡水减少、土地荒漠化以及森林覆盖面积缩小。同时以化石燃料为主的能源消耗造成二氧化碳排放促使全球变暖，也严重威胁人类生存。自然资源退化降低居民福利的同时，可能影响经济增长率，而环境污染会诱发各类疾病，提高过早死亡风险并增加医疗系统负担。因此，团队选取单位GDP二氧化碳排放量、单位GDP二氧化硫排放量、单位GDP污水排放量作为经济活动对环境损害的主要指标。这三类环境污染程度指标均为负向指标。

5.社会保障与福利

在社会保障与福利指标方面，团队主要选取一经济区域内老年人口抚养比和社会医疗机构承载人数作为基础指标。其中，老年人口抚养比描述了超过65岁以上老年人口占15岁以上中青年人口的比重，一方面反映了一经济区域内人口老龄化的严重程度，另一方面反映了该经济区域内养老保险类社会福利服务的需求和供给程度。结合我国国情可知，就业人口的工资薪酬是社会福利与保障基金的重要组成部分，可以反映为社会福利保障等服务的最终供给侧。而老年人口是社会福利保障的需求方，老年人口抚养比直接反映了社会保障福利方面供给侧与需求侧的配比。老年人口抚养比大，则说明该经济区域内就业中青年人口所承担的社会福利保障供给压力大，社会保险基金整体面临不均衡的压力，经济高质量发展的水平低。因此，老年人口抚养比被定义为负向指标。

另外，社会医疗机构承载人数指标由经济区域总人口数与该经济区域内社会医疗机构总数的比值得到，该指标描述一经济区域内平均每家医疗机构所可能服务到的潜在人口数量。若该指标数值较大，则说明居民所能够选择的医疗服务机构并不多，从而造成人均医疗服务水平和质量下降，经济高质量发展水平下降。因此，社会医疗机构承载人数指标被定义为负向指标。

首先，养老保险和医疗保险是社会保险体系中的两个重要组成部分。社会保险与多样化的投资组合具有相似的功能，由多个家庭共担风险实际上就形成了一个社会安全网，在经济遭受冲击时为家庭提供经济安全保障，提高社会整体的福利水平。这种风险共担机制也使家庭可以参与高风险和高收益的活动，从而提高整个社会的产出水平。

其次，在养老保险与医疗保险的实际应用过程中，考虑我国当前社会现实情况，往往出现需求大于供给的现象，从而导致在均衡条件下，供给侧的承载能力决定了实际养老保险、医疗保险享受程度。因此，团队选取老年人口抚养比与社会医疗机构承载人数来体现一经济区域内实际能够承载的体量，更加准确反映出社会福利与保障的程度。

与此同时，社会保障与福利的分配均衡程度也是衡量一经济区域社会福利保障质量的重要指标，如果一经济区域内的社会福利保障机构过度集中在几个重点城市，这意味着社会福利保障性资源分配的不均衡，造成居民享受社会保险的成本升高，降低整体社会福利水平。

根据上述分析的影响经济高质量发展的渠道和表29-1经济高质量发展影响所列出的16项衡量经济高质量发展的基础指标，在极大保证数据完整性和各省、自治区、直辖市、特别行政区的一致可比性的基础上，对不包含西藏自治区的国内30个省、自治区、直辖市，以及香港特别行政区和澳门特别行政区进行了经济高质量发展基础指标的构建。

表29-2汇报了组成我国京津冀、长三角地区、粤港澳大湾区以及海南省等重要经济片区的省份基础指标平均值。处于上述经济片区之外的其他省份合并在"其他区域"内统一汇报基础指标均值。不同基础指标在不同省份之间存在一定的异质性，并且所度量的基础指标能够较为准确且全面地对每个省份、自治区、直辖市、特别行政区进行经济高质量发展的全方位考量。

经济高质量发展的综合指标旨在通过多方面维度刻画一经济区域的整体社会福利水平，而并不是一味对于其经济发展程度、经济体量和效率的度量。因此，经济高质量发展指标在2003—2021年19年的平均水平上并未与一经济区域的经济发达程度、市场化水平高低有着显著的正相关。

表29-2 重要经济片区的省份经济高质量发展基础指标均值统计表（2003—2021）

指标	京津冀			长江三角洲				粤港澳大湾区			海南省	其他
	河北省	天津市	北京市	安徽省	浙江省	江苏省	上海市	香港	澳门	广东省	海南省	区域
城乡居民消费占GDP比	29.97	23.18	26.58	37.99	30.26	23.42	28.32	63.3	28.5	32.19	34.03	33.9
基尼系数	0.41	0.42	0.43	0.45	0.42	0.44	0.42	0.74	0.74	0.45	0.42	0.43
乡村占城市总消费比	45.38	9.69	7.41	48.24	30.03	29.05	6.05	1	1	18.06	33.98	42.1
人口自然增长率	5.56	1.63	2.84	6.07	4.56	2.08	1.88	2.87	6.13	7.11	8.22	5.36
小学及以下学历人口占比	33.34	23.92	18.42	41.66	40.22	35.22	20.55	21.3	15.76	32.17	31.81	40.3
普通高等教育师生比	17.51	17.44	16.29	18.39	16.8	16.39	16.79	15.5	14.43	18.11	18.19	17.4
劳动生产率	0.24	0.29	0.26	0.19	0.16	0.21	0.24	6.59	9.1	0.15	0.23	0.22
资本生产率	1.9	2.19	0.92	1.96	2.27	2.77	2.27	4.72	5.29	2.87	1.16	1.5
全要素生产率	1.01	1.01	1.01	1	1	1	1	1	1.05	1	1.01	1.01
GDP偏离度	12.27	15.35	13.77	15.35	13.69	14.86	12.31	6.23	22.7	13.83	14.85	14.8
消费者物价指数偏离度	61.9	50.27	56.03	64.57	54.89	55.4	55.95	73.3	127.7	60.72	83.40	67.8
单位GDP污水排放量	5.91	2.64	0.75	5.82	6.98	6.77	2.76			3.85	0.42	5.44
单位GDP二氧化碳排放量	59.3	24.73	5.57	39.63	25.27	26.04	14.93	2.19		18.25	0.49	64.7
单位GDP二氧化硫排放量	39.06	8.09	1.57	22.48	7.67	10.54	3.22		0.83	4.97	0.50	34.3
老年人口抚养比	14.04	14.7	13.6	16.27	14.7	17.28	17.2	5.17	9.38	10.45	11.93	13.3
社会医疗机构承载人数	75.09	111.1	120.2	100.5	251.3	175.3	272.2	26.6	71.21	300.3	58	88
平均高质量发展指数	0.319	0.209	0.263	0.19	0.28	0.258	0.25	0.19	0.209	0.276	0.26	0.26

京津冀的平均高质量发展水平相对较高，北京市的高质量发展水平为0.26，天津市为0.21，河北省为0.32。长三角地区整体的高质量发展水平与其他区域平均水平基本保持持平。其中，上海市整体高质量发展水平为0.25，江苏省整体高质量发展水平为0.26，浙江省整体高质量发展水平为0.28，安徽省由于相对较低的乡村城市化发展进程、较低的资本生产效率以及人力资本水平，其整体高质量发展水平为0.19。粤港澳大湾区地区，平均发展水平最高的是广东省，其经济高质量发展水平约为0.28，香港特别行政区和澳门特别行政区由于相对较高的基尼系数和消费者物价水平的波动，其整体高质量发展水平的均值依次为0.19和0.21。海南省的平均高质量发展水平与全国平均水平持平，为0.26。

从衡量经济高质量发展的各项基础指标来看，各经济片区的城乡居民消费占GDP比重大约在28%，其中香港特别行政区为指标最高地区，高达63.3%。紧随其后的分别是安徽省和海南省，其消费占比分别达到38%和34%。

各经济片区的基尼系数平均维持在0.41左右，其中香港和澳门的基尼系数显著高于其他省份，平均水平达到0.74。在农村城市化进程指标方面，北京市、上海市、天津市、香港特别行政区和澳门特别行政区的比重较小，体现了其经济大都市的真实情况。人口自然增长率方面，各地区平均水平在4%~5%之间。

在教育水平方面，北京市、上海市、香港特别行政区和澳门特别行政区享有较高的分值，其小学及以下学历的人口占比相对较小。在重点经济片区内的省市教育水平均在其他地区平均水平以上，安徽省与浙江省的教育水平相对较低，与国家平均水平持平。师生比例方面，各个省份地区之间并未体现显著的异质性，平均维持在18%左右。

在经济效率与稳定性方面，劳动生产率、资本生产率和全要素生产率在各个省份地区之间呈现一定的异质性，京津冀地区劳动生产率较高，而上海市、江苏省、广东省保持较高的资本生产率。各个省份地区在经济稳定性方面的指标平均水平相对保持一致，GDP的波动偏离程度平均在16%左右，消费者物价水平的偏离程度平均在55%左右。

在环境污染水平方面，由于各自经济区域的产业结构不同，单位GDP的二氧化碳排放量、二氧化硫排放量以及污水排放量在各省份地区之间存在较高的异质性。其中，河北省和安徽省的环境污染程度相对较高，而北京市、上海市、江苏省和浙江省的污染程度相对较低。海南省的整体污染程度远低于上述省份和国家平均水平，其污水排放量、二氧化碳排放量、二氧化硫排放量分别为0.42、0.49和0.50。

在社会保障与福利方面，我们发现经济相对发达的地区，例如北京市、上海市、浙江省、江苏省和广东省，其社会医疗机构承载人数相对较高。广东省平均一家医疗机构需要承载300人，上海市为272人，浙江省为251人。对于上述省市在该指标上体现的较高数值，其主要原因来自于人口基数较大，而现有的医疗机构体量相较于相对集中且庞大的人口基数，依然体现出平均承载量过大的弊端。然而，海南省的平均一家医疗机构承载人数为58人，侧面体现了其医疗设施及人员的充分供给程度、较高的社会保障和福利水平。

衡量经济高质量发展水平的上述基础指标不仅仅存在各省份地区横截面维度的变化，每一个基础指标在时间维度的变化会直接导致整体高质量发展水平指标逐年波动。根据高质量发展指标的体现，我国各省份在2003—2021年，经济高质量发展水平取得了显著提高。

对于高质量发展水平在时间维度上变化的深入探究和分析能够帮助我们更好地理解各重要经济片区之间高质量发展的相互协同性，也能够使我们更好地把握进口税收政策的实施对其之后发展水平的影响。

（四）区域高质量均衡发展

区域发展不平衡是困扰中国现代化进程的历史性课题，也是实现共同富裕必须跨越的结构性障碍。新时代以来，中国以系统思维重构区域发展逻辑，通过战略统筹、制度创新、要素重组等多维突破，构建起多极支撑、优势互补、协同联动的区域发展新格局，走出了一条具有中国特色的高质量均衡发展道路。

国家重大区域战略的纵深推进，重塑着中国经济地理格局。在东部沿海，粤港澳大湾区以占全国0.6%的国土面积贡献12%的GDP总量，数字经济规模突破6万亿元，国际科技创新中心建设取得实质性突破；长江经济带覆盖11个省市，经济总量占全国46%，绿色经济占比提升至45%，黄金水道年货运量突破35亿吨，形成生态优先、绿色发展的示范样板；京津冀协同发展推动区域产业结构持续优化，北京疏解非首都功能项目近3000个，天津滨海新区、雄安新区形成"一核两翼"创新格局。这些战略支点的协同共振，打破了传统梯度转移的发展定式。

中西部崛起战略取得历史性突破。西部陆海新通道辐射13个省区市，2022年铁海联运班列开行量增长30%，带动沿线地区外贸进出口增长21%。东北振兴战略聚焦"老字号""原字号""新字号"改造升级，装备制造业数字化转型率提升至45%，国产首艘航母、燃气轮机等大国重器接连问世。中部地区先进制造业集群产值突破6万亿元，粮食产量连续五年稳定在4000亿斤以上，筑牢国家粮食安全与产业链安全的战略支点。

首先，长三角地区具有较高的辐射协同能力，同时也具有较高的被协同相关系数，这充分体现了长三角地区在高质量发展进程中的特殊位置，同时具备协同性与被协同性的本质原因来源于长三角地区在整体经济发展体系中的核心地位，使其内部省份和地区与国家其他区域的发展保持较高的关联性。其次，京津冀地区与粤港澳大湾区整体上属于经济高质量发展辐射协同地区，表现在其平均辐射协同能力明显大于被辐射协同相关系数。

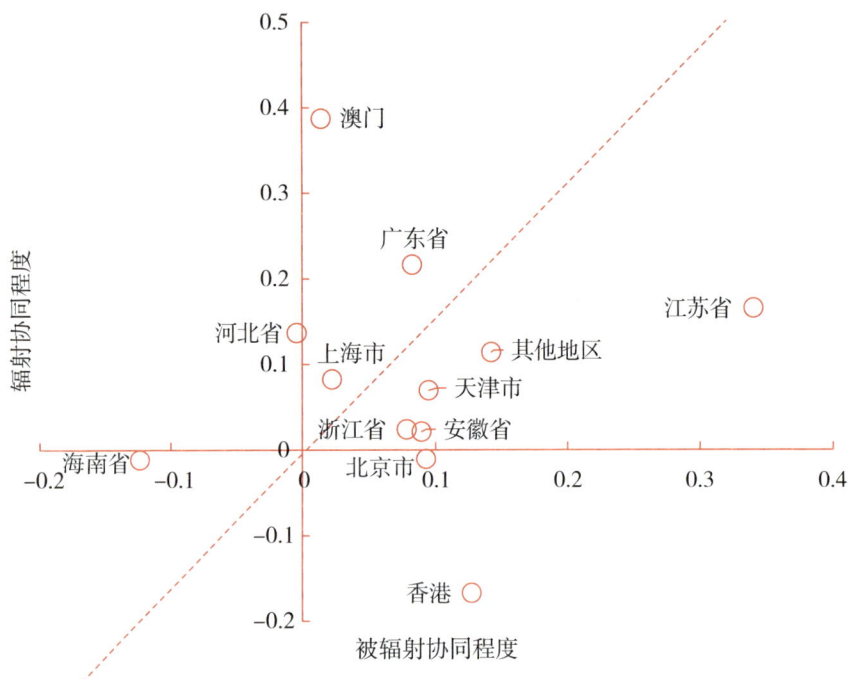

数据来源：作者计算。

图 29-1　重点经济区域内城市高质量发展协同能力散点图

图 29-1 呈现了精确到各重点经济区域内省份、直辖市和特别行政区的平均辐射协同与被辐射协同指标散点图。图中横坐标描述的是一省份地区的被辐射协同的相关系数，纵坐标描述的是其辐射协同能力的平均相关系数。图中的 45 度虚线清晰地将不同省份和地区划分为两大阵营，其经济含义如下：如若一省份地区刚好坐落在 45 度线上，则表明其高质量发展的平均辐射

协同能力与被辐射协同能力刚好持平。如果省份地区位于45度线上方，则说明这些省份和地区整体为辐射协同型地区，均具有相对较高的辐射协同能力，相对较低的被协同相关系数。而如果省份地区位于45度线下方，则说明这些省份和地区整体为被辐射协同型省份地区，其被协同相关系数要相对高于辐射协同相关系数。

首先，上海市和广东省几乎坐落在45度线上，体现了其在经济高质量发展体系当中的核心地位，既辐射协同其他地区共同发展，同时也受到其他经济区域高质量发展的正向带动。

其次，北京市、浙江省、安徽省是典型的被辐射协同省份和地区，其特点是各自地区的主动辐射协同其他经济区域的高质量发展相关系数几乎为0，而被其他地区高质量发展正向辐射协同的相关系数为正。而与之形成鲜明对比的省份是河北省。由图29-1可以看出河北省是典型的辐射协同性省份，其被辐射协同相关系数几乎为0，而辐射协同其他经济区域的相关系数显著为正。

另外值得关注的是，海南省的辐射协同程度和被辐射协同程度均为负，且被辐射协同程度的负向程度更大，这整体上表示海南省自身的高质量发展趋势与其他地区的高质量发展趋势呈负相关的关系。粤港澳大湾区内部的广东省、香港特别行政区与澳门特别行政区在高质量发展协同性的作用上存在较大的异质性。其中，澳门具有较高的辐射协同能力，如果澳门自身的经济高质量发展水平有所提升，能够正向带动其他经济区域的高质量发展进程。而香港则呈现出完全相反的协同效应，香港自身高质量发展水平的提升会相对降低其他经济区域的高质量发展水平。作为被协同省份地区，粤港澳大湾区体现出一定的一致性，均呈现出正向的被协同相关系数。

本文旨在研究高质量发展与国家经济金融安全之间的非线性关系，为新发展格局大背景下的国家经济发展提供政策指导建议。在新发展格局背景下，国家需要统筹规划，做好高质量发展与保障国家经济金融安全的优化配置，保障国家经济长久持续、稳定健康发展。

三十、"专精特新"政策对中小企业高质量发展的影响研究

2021年7月末，中央政治局会议明确提出发展专精特新企业。2021年12月，19个部门和单位发布了《"十四五"促进中小企业发展规划》，提出"十四五"期间推动形成十万家"专精特新"中小企业、一万家专精特新"小巨人"企业发展目标，通过政策引导，引导中小企业走"专精特新"发展道路。截至目前，走"专精特新"发展之路成为国家倡导和支持的中小企业发展方向，中央与地方政府纷纷出台专精特新企业培育方案与鼓励政策，在工信部牵头下，政策支持力度逐年增强。随着中国经济结构的调整和消费升级的趋势，专精特新发展将成为中小企业发展的重要路径。

（一）"专精特新"政策助力中小企业高质量发展

1.我国中小企业困境

在我国，中小企业的快速成长可以归因于一系列的政策支持和市场机制的创新，地方政府的积极介入和市场化改革为中小企业创造了一个有利的发展环境，同时中国中小企业的发展受益于国家的宏观经济政策导向和地方政府的灵活性。然而，中国中小企业长期面临的最大挑战就是融资贵融资难，

本文作者为中央财经大学金融学院朱菲菲副教授。

由于大型金融机构天生不适合为中小企业服务，我国以大银行为主的金融体制不可避免地造成了中小企业的融资困难。

此外，作为最主要的市场主体，中小企业也是科技创新的主要实施者，承担了创新投资的重要责任。与大型成熟企业相比，中小企业具有组织方式更灵活、决策速度更快、更加专注于关键业务等优势，更容易推进科技创新。自我国进入创新驱动发展阶段以来，中小企业创造了大量"新技术、新产业、新业态、新模式"，然而，中小企业行业分布与区域分布不均衡、企业间的创新实力与增长潜力差异较大等问题仍然是制约中小企业高质量发展的桎梏。因此，"专精特新"政策致力于梯度培育优质中小企业，以及引领中小企业高质量发展，其政策有效性是值得关注的重要话题。

2."专精特新"政策扶持

专精特新企业特指"专精特新"中小企业和专精特新"小巨人"企业，是我国中小企业梯度培育管理体系中的重要两级。相比于一般的创新中小企业，"专精特新"中小企业和专精特新"小巨人"企业更加注重领域专业化、管理精细化、创新产品及服务特色化、新颖化。具体而言，专精特新企业往往具有以下特征：一是专注核心业务，其产品和服务在产业链某个环节中处于优势地位；二是经营管理精细高效，产品或者服务质量突出，在企业经营中形成较高竞争壁垒；三是在细分行业市场有较高的市场影响力，凭借较为独特的创新产品或服务获得良好的行业口碑；四是产品或服务具有较高的技术含量，企业可持续创新能力强，能提供具有较高经济价值的高附加值产品，业务增长潜力较大。

"专精特新"政策的发展主要经历了三个阶段，分别是2011—2016年的发展模式转变下的总体布局阶段、2016—2021年的实践培育阶段，以及

2021年至今的国内外经济环境变化下的加速推进阶段。研究认为，在"专精特新"政策的持续发力下，我国中小企业在高质量发展方面取得了积极成效。

首先，"专精特新"政策提高了企业的创新能力。政策支持激发了专精特新企业的创新动力，增加了研发投入，加快了技术成果的产业化应用，提高了自主创新水平和知识产权保护能力，增强了市场竞争力和抗风险能力。据统计，2019年，专精特新"小巨人"企业的研发投入占营业收入的比重为4.8%，高于同期全国规模以上工业企业的2.1%。

其次，"专精特新"政策提升了企业的经济效益。政策支持降低了专精特新企业的经营成本，增加了其盈利空间，提高了其资产质量和财务状况，增强了其发展活力和潜力。据统计，2022年，专精特新"小巨人"企业的营业收入平均值达到8.06亿元，同比增长7.2%；专精特新"小巨人"企业的权益乘数1.71，低于同期非专精特新企业的1.83。

最后，"专精特新"政策提升了企业的社会效益。政策支持增加了专精特新企业的社会责任感，促进了其参与社会公益事业，提高了其社会信誉和影响力，增强了其社会价值和贡献。据统计，2019年，专精特新"小巨人"企业的税收贡献达到1.5万亿元，占全国规模以上工业企业税收贡献的19.4%；专精特新"小巨人"企业的就业人数达到2300万人，占全国规模以上工业企业就业人数的18.4%；专精特新上市公司中一共有623家公司于2021年获得了万得ESG评级，2022年数量增长至719家。2022年获得万得ESG评级的样本企业中有84.28%的评级在BBB级或BB级，并且，与A股相比，专精特新上市公司的峰值更高，说明专精特新上市公司评分在BBB级以上的占比更高，一定程度上表明专精特新上市公司的质地较优。

（二）落实"专精特新"政策过程中存在的潜在问题

"专精特新"政策实质上是对具有特定的发展定位企业制定的一类产业政策。产业政策是否有效以及如何发挥更大的作用不论是在理论还是经验上都充满挑战。

在理论层面，致力于地方经济增长的地方政府并不一定能够出台和实施对产业发展有积极作用的政策，产业的成功发展也并不一定源于政府的积极干预与调控。部分研究者发现，产业政策失败的最主要原因是，大部分国家的产业政策是违反本国比较优势的。一个成功的产业政策，必须针对这个国家有潜在比较优势的产业，这样的产业政策才会成功。

在经验层面，产业政策是全球众多国家和地区推动经济增长的重要抓手，有如日本、韩国等发达国家的成功案例，也有数量更多的失败案例。一般性的经验比较并不能得到明确结论，这也导致经济学界对产业政策褒贬不一。

在针对中小企业政策的顶层设计上，我国已经形成"1+1+1+1+N"的法律政策体系。而按照产业政策的实施方式方法及相应的政策工具，可以将"专精特新"政策工具分为：特征认定政策、财政补贴政策、税收优惠政策、政府出资的产业投资引导基金和政府采购政策等等。"专精特新"政策使用其中的多种政策工具从多方面进行发力，同时不同的政策工具在现实中能起到的作用效果具有较大差异。

在关于专精特新的各个政策工具中，特征认定政策为专精特新"小巨人"企业的范围提供了明确的界定，是开展支持专精特新企业的具体依据，在引领中小企业高质量发展、服务中小企业转型升级方面起着重要作用；财政补贴及税收优惠政策能够缓解企业创新面临的资源约束，降低企业自身创新活动的边际成本，分散企业创新活动的风险（余明桂等，2016），进而支持专精特新企业的创新发展与转型升级；金融支持政策能够提高专精特新企业的融资可得性，由政府部门引导金融机构打造的"专精特新贷"能够为专精特新企业提供精准的金融服务，降低中小企业的融资成本。在政策传导过程中，可能面临着传导渠道不完善、政策条件不成熟等问题，进而会降低政策的有效性。以下介绍两种阻碍政策传导和影响有效性的情况。

以缓解融资约束的政策为例，专精特新企业特别是非上市专精特新企业缺乏债权融资工具，供给和需求难以匹配，导致金融对专精特新企业的中长期资金支持不足。资本市场仍然无法对中小企业（尤其是初创期）的资金需求形成全面覆盖的作用。究其原因是早期企业发展尚不稳定，投资风险大，投资机构尽调成本高，可供参考的估值信息较少，而发展偏后期的成熟、稳定的企业，投资风险相对较低，且往往具备成熟的估值模型可供参考。这可能导致专精特新企业群体股权融资市场失衡等问题。

以企业的数字化转型为例，政府可以通过中央财政资金的引导和带动，为专精特新企业的数字化转型提供税收和融资方面的支持，一方面，这有助于降低企业数字化转型的成本，提高企业数字化转型的主动性；但是另一方面，由于中小企业"数字鸿沟"的存在，相关政策可能存在落实困难、有效性低的问题。

具体而言，单一的税收和融资支持政策难以解决中小企业在数字化转型过程中面临的多重问题。数字化转型投资周期长、成本高，中小企业在技术、资金、人才等方面相对匮乏，试错成本和转型风险较高，中小企业数字化转型过程中仍然面临着"不能转、不敢转、不会转"等困境。专精特新中小企业数字化程度虽然整体上高于非专精特新中小企业，但是由于行业垂直度高、需求差异性大、研发投入高、抗风险能力弱等原因，在数字化转型过程中面临转型成本难负担、人才储备不足、转型路径不清晰、转型方案不适配等问题。基于324家专精特新企业的抽样调查发现，数字化转型成本高、缺少资金是制约专精特新中小企业数字化转型的首要困难；38%的被调查企业表示数字化转型人才缺乏或员工数字化能力不足是其面临的突出问题；24%的中小企业认为缺少适配的数字化方案或技术是阻碍其开展数字化转型的重要因素之一。

（三）不同企业对政策的敏感度分析

在同样的政策实施背景下，不同特征的企业对"专精特新"政策的敏感度有所不同。其敏感程度会受到企业规模、地域分布、行业分布、生命周期阶段和创新能力等方面特征的影响。具体而言，东部沿海地区、制造业、初创和成长期、创新能力强的中小企业对于财政补贴、税收优惠政策以及金融支持政策的敏感性强于中西部地区、服务业、成熟期、创新性低的企业。

通过一系列描述性统计，可以得出"专精特新"政策在地域分布和行业分布方面的特点。

首先，在地域分布方面。五批专精特新"小巨人"企业分布在全国31个省份，受产业基础等因素影响，呈现"东强西弱"的分布状态，主要集中在东部和中部等产业基础好的地区。此外，专精特新企业在地理区域上呈现出明显的集中趋势。其中，位于长三角、京津冀和粤港澳地区的企业占总样本的50%以上。专精特新上市企业的数量在全国各省份都呈上升态势。图30-1呈现了五批专精特新企业在前五主要省级行政区（仅包含中国大陆地区）的分布情况。图30-1显示，专精特新上市企业主要集中分布在经济发展水平较高的东部沿海地区，同时由于具有较好的经济基础，其政策的实施更具有效力和正向反馈渠道，因此可以推测，从政策敏感性来看，东部沿海企业对于"专精特新"政策的敏感性也强于中西部地区。

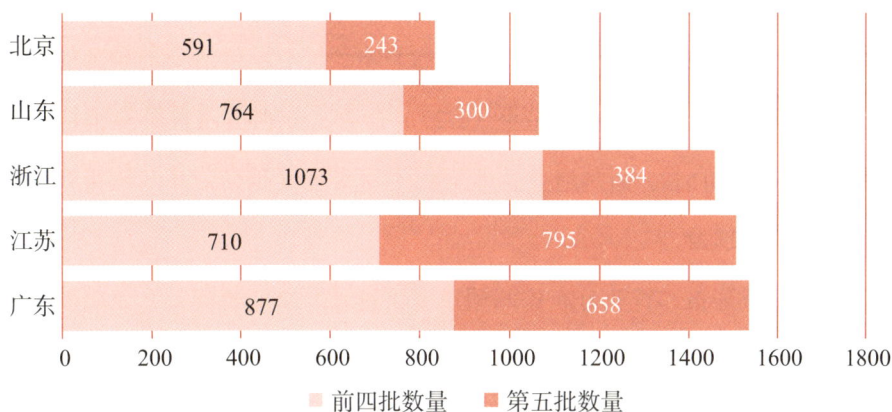

图30-1　TOP5省份五批上市企业专精特新"小巨人"数量

其次，从行业分布的角度，各省份积极布局多样化产业，在主力行业方面各具特色。制造业、软件和信息技术服务业始终是各城市内企业集中分布的核心行业。从各行业专精特新企业的数量分布情况来看，各省企业数量排名前列的行业均为制造业，主要包括专用设备制造业（C35）、计算机、通信和其他电子设备制造业（C39）、通用设备制造业（C34）、电气机械和器材制造业（C38）以及化学原料和化学制品制造业（C26）。例如，位于江苏省的264家专精特新上市企业中，分别有17.4%和15.1%的企业属于专用设备制造业和计算机、通信和其他电子设备制造业；类似地，在浙江省的228家专精特新上市企业中，分别有15.8%和15.4%的企业属于通用设备制造业和专用设备制造业；同样，在上海市的122家专精特新企业中，分别有22.1%和19.7%的企业属于计算机、通信和其他电子设备制造业和专用设备制造业。广东省的专精特新上市企业则呈现出更为明显的行业集聚特征，高达35.6%的企业均来自计算机、通信和其他电子设备制造业，而排名第二的专用设备制造业的企业数量仅占其专精特新企业总数量的12.4%。而北京市的专精特新企业数量占比前五的行业具有一定的特色，除企业数量占比最高的软件和信息技术服务业（占比25.7%）、专用设备制造业（占比15%）和计算机、通信和其他电子设备制造业（占比14.3%）外，其中还包括一定数量的仪器仪表制造业（C40）和医药制造业（C27）企业，分别占该省份专精特新企业数量的6.4%和5%。而制造业企业的技术密集程度越高，其专精特新扶持政策的敏感度越强。

除了地域分布和行业分布这两项重要因素外，企业规模、生命周期阶段和创新能力也会对企业的政策敏感性产生影响，体现出政策敏感度的异质性。

从企业规模角度，规模较大的企业在资金实力、人才储备和市场影响力方面具有优势，对政策变化的敏感度相对较低。它们更倾向于通过自身的资源和能力来应对市场变化和政策调整。例如，大型跨国企业通常拥有全球布局和多元化经营，能够更好地抵御政策风险。但这类企业在技术创新和转型方面可能存在一些劣势，需要政府提供相应的支持，如税收优惠、研发补贴等。相比之下，小微企业规模较小，资源有限，对政策变化的敏感度较高。政策支持对于中小企业来说至关重要，可以帮助它们解决发展中的难题，如融资难、人才短缺等，从而促进快速成长。例如，新三板和北交所的设立，为中小企业提供了新的融资渠道，帮助它们获得发展所需的资金。

从生命周期角度，对于初创期企业，由于其一般面临着巨大的风险和挑战，因此对政策支持的依赖性较高。政府提供的创业补贴、税收优惠、人才引进等措施，可以帮助初创期企业降低成本、吸引人才，从而提高生存率和成长速度。而成长期企业已经具有一定的规模和实力，但仍面临着市场竞争和政策调整的挑战。政府提供的融资支持、研发补贴、市场推广等措施，可以帮助成长期企业提升竞争力、扩大市场份额。最后，成熟期企业拥有稳定的客户群体和市场份额，对政策变化的敏感度相对较低。但成熟期企业也需要不断创新和转型，以保持竞争优势。政府提供相应的支持，例如技术改造补贴、智能化升级支持等，仍然可以促进企业的转型和发展。

从创新能力角度，具有高创新能力的企业对政策支持的依赖性较高，因为创新需要大量的资金和人才投入。政府提供的研发补贴、人才引进、科技成果转化支持等措施，可以帮助高创新能力企业提升创新能力，加速科技成果转化，从而保持竞争优势。而创新能力较弱的企业对政策支持的依赖性较低，因为它们更依赖于模仿和跟随。政府可以提供相应的支持，如技术引进、人才培训等，帮助这些企业提升创新能力，实现转型升级。

企业规模、生命周期阶段和创新能力之间也存在一定的相关关系。通常情况下，大型企业处于成熟期，而小企业处于初创期或成长期。大型企业拥有更强的议价能力和资源整合能力，对政策的影响力度更大，而小企业则更依赖政策支持来获取资金和人才。同时，大型企业通常拥有更强的研发实力和创新能力，而小企业则更注重市场创新和商业模式创新。最后，创新能力较强的企业更容易实现快速成长，从而进入成熟期。而创新能力较弱的企业则可能陷入发展困境。因此，政府需要根据不同类型企业的特点，制定差异化的政策措施，才能更好地发挥政策支持的作用，促进各类企业健康发展。同时，企业也需要不断提升自身创新能力、管理水平和市场竞争力，才能在激烈的市场竞争中立于不败之地。

（四）主要结论与政策建议

本文发现"专精特新"政策是推动中小企业高质量发展的重要举措，该政策的持续发力取得了积极成效，积极推进中小企业高质量发展。不同政策有不同的出发点和目的，因此对于企业也有不同方面的效果，而政策效果的削弱主要受制于社会经济发展和企业自身状况。

鉴于上述"专精特新"政策效果在政策和企业层面的异质性，统筹工作成为政策的重要发力点，因此本文提出"六个统筹"助力专精特新企业高质量发展的政策建议。其内容包括：

加强政策统筹，推动惠企政策普惠直达。为提升企业政策获得感，应继续完善政策体系，进一步梳理政策推进实施的难点和堵点，对照先进、提高标杆、积极借鉴和汲取经验做法，将有效经验运用在专精特新企业培育实际情况当中；以培育优良专精特新企业为主要目标，确保已有政策法规落地落实落细，提高政策法规制定的规范性与合理性，加大执法与监督力度；加强政策宣传、政策解读和舆情引导工作，让企业全方位了解政策热点，掌握最新发展形势；提供政府支持与指导机制，根据企业面临的实际问题，可定期组织研讨会或指导小组，与企业建立良好沟通合作关系等。

加强要素统筹，激发专精特新企业创新活力。为激发专精特新企业创新活力，应发挥政府引导作用，积极拓展专精特新企业融资渠道，如协助金融机构筛选优质客户；畅通上市渠道，坚持完善"专精特新"专板建设，可出台支持专精特新企业上市相关支持政策，如上市费用减免、审批程序简化等政策，降低企业上市门槛；吸引专业人才加入专精特新企业，积极促进开展企业与高校、科研机构的人才交流合作，建立产学研人才循环系统；建立或明确专业的知识产权指导机构，为企业提供知识产权申请、布局、保护等方面的具体操作指导，提高企业知识产权战略布局思维。

加强市场统筹，全面拓展双循环格局。通过加强市场统筹，积极出台扶持政策，推动专精特新企业高质量的"品牌出海"；提供出海培训与指导，协助企业了解国际贸易规则、当地政策导向、市场准入要求等；加大国际化人才培养力度，培养具备跨境营销、国际商务、国际法律等方面知识与技能人才；增强全球战略布局意识，搭建有效服务平台与网络，与国际创新生态系统有效链接，积极融入全球创新网络；推动专精特新企业与上下游核心企业建立战略合作伙伴关系，在技术、市场、资本等方面开展深度合作，实现产业链上下游的紧密融合。

加强平台统筹，构建更加完善的服务体系。为更好地服务专精特新企业高质量发展，应优化服务平台功能，制定服务平台建设指导意见，提高服务质量和标准化、规范化水平；通过平台资源优势，整合目标资源，建立有效资源数据平台；创造资源协同效应，鼓励企业间进行合作与协同，形成资源互补和增值效应，依靠平台寻找合作机会，达成资源共享与互惠模式。

加强信息统筹，打造企业服务新模式。为专精特新企业打造服务新模式，可优化企业数据库管理，确保企业数据收集渠道制定统一的、标准化的数据分类和字段，建立清晰的数据收集和录入流程，确保数据的及时性和准确性；拓宽运行监测维度，除针对专精特新企业特有的科创指标监测以外，还可以从财务维度、市场维度、持续发展维度来检测；建立数据信息共享平台，提供安全、可靠、高效的数据共享环境，推动征信、税务、投融资、工商、司法等公共数据资源的及时接入和整合，降低信息采集成本，让金融机构"敢贷愿贷"，提升专精特新企业金融服务精准性。

加强服务统筹，营造高质量发展营商环境。加强企业梯度培育体系建设，做好企业梯度培育体系框架基本不动摇；完善重点企业服务库，完善专精特新企业认定标准与指标，对企业进行有效筛选与评估，定期收集企业反馈意见，进行企业满意度调查，了解服务效果，积极改进不足，提升服务质量；优化综合监管体系，完善相关法律法规和政策文件，建立符合专精特新企业特点与需求的监管框架。

三十一、缓解科技型企业融资难的策略研究

在全球科技竞争日益激烈的背景下，科技创新已成为国家核心竞争力的关键要素。根据世界知识产权组织（WIPO）发布的《2023年全球创新指数》，中国排名第12位，较十年前提升20位，但与美国、德国等领先国家相比，原创性技术成果占比仍存在差距。我国"十四五"规划明确提出"强化国家战略科技力量"，科技型企业作为技术突破的主体，其发展直接关系到国家创新能力的提升。然而，科技型企业的成长面临显著融资约束：据统计，2023年，我国中小微企业融资缺口比重高达43.18%。此外，我国直接融资占比约40%，远低于发达经济体平均水平（美国约70%）。2023年中央金融工作会议将"科技金融"列为五大重点任务之首，强调金融需服务于科技创新，实现"金融强国"目标。在此背景下，本文从多层次资本市场、银行信贷创新、治理机制优化、国际经验借鉴等维度出发，提出系统性解决方案，为政策制定和实践操作提供参考。

（一）科技型企业融资困境的成因分析

1.高风险与收益周期不匹配

科技研发具有高度不确定性，技术转化周期长，与传统金融机构的短期

本文作者为中央财经大学金融学院丁娜副教授。

收益导向存在冲突。以生物医药行业为例，一款新药从研发到上市平均需
10~15年，耗资超20亿美元，但银行贷款期限通常不超过5年，导致企业面
临资金链断裂风险。此外，据国家统计局数据，我国科技型中小企业平均研
发周期为3~5年，但90%的银行贷款要求3年内实现本息覆盖，这种期限错
配加剧了企业的流动性压力。

2.轻资产特征与抵押融资的矛盾

科技企业核心资产多为知识产权、专利等无形资产，缺乏传统抵押物。
以半导体设计企业为例，其核心资产为芯片设计专利和研发团队，难以通过
传统抵押贷款融资。数据显示，我国中小型科技企业通过银行信贷融资的占
比不足20%，而制造业企业这一比例高达65%。此外，知识产权的评估和流
转机制不完善，进一步限制了融资效率。例如，一项调查显示，70%的科技
企业认为知识产权质押融资存在估值难、变现慢的问题。

3.信息不对称与代理问题

投资者难以准确评估技术项目的市场价值，而企业管理层可能因短期业
绩压力忽视长期研发投入。例如，某人工智能初创企业为迎合投资者偏好，
将资源集中于短期可落地的应用开发，导致底层算法研究滞后，最终被竞争
对手超越。这种信息不对称加剧了融资市场的逆向选择：优质项目可能因缺
乏透明信息被低估，而低质量项目通过夸大技术前景获得融资。

4.资本市场支持力度不足

我国多层次资本市场尚未完全覆盖科技型企业的全生命周期。科创板虽
已设立，但上市门槛仍较高，仅服务于成熟期企业。早期项目依赖天使投资

和风险投资，但区域分布不均，北京、上海、深圳三地集中了全国70%的创投资源，中西部地区的科技企业融资渠道匮乏。此外，并购市场活跃度较低，2022年我国科技企业并购交易额仅为美国的1/3，限制了资本退出和再循环效率。

（二）缓解融资难的核心策略

1.强化创业投资与股权投资的资源配置功能

创业投资（VC）和股权投资（PE）通过分阶段注资、风险共担模式，能够有效匹配科技创新的长周期特征。美国硅谷的"孵化器+风投"模式是典型案例：孵化器如Y Combinator通过提供种子资金、导师资源和行业网络，筛选出高潜力项目；风投机构如红杉资本则分阶段注资，企业需通过技术验证、市场测试等里程碑才能获得后续资金。我国可借鉴此类经验，鼓励地方政府联合头部创投机构设立区域性科创基金。例如，苏州工业园设立的"元禾控股"，通过"母基金+直投"模式，累计培育出200余家科创板上市企业。

辛迪加模式整合多家机构的资源与专长，分散风险的同时提升投后管理能力。例如，红杉资本与高瓴资本在人工智能领域的联合投资案例中，通过技术专家与市场资源的协同，显著加速了被投企业的商业化进程。我国需完善创投生态，推动行业联盟建设。建议由行业协会牵头，建立"创投辛迪加信息平台"，促进机构间的项目共享与资源互补。

畅通IPO、并购重组等退出机制，可提升创投机构的投资积极性。建议深化科创板注册制改革，放宽硬科技企业上市门槛，允许未盈利企业通过"技术估值"上市。同时，探索建立区域性股权交易市场，如浙江的"浙股交"推出"专精特新板"，为早期项目提供股权流转和质押融资服务。此外，鼓励大型科技企业通过并购整合创新资源，如腾讯近年收购多家游戏引擎公司，快速提升技术储备。

2.完善资本治理机制，提升科创效能

研究表明，适度集中的股权结构（前五大股东持股50%~70%）有利于稳定公司治理。华为的"员工持股计划"是典型案例：通过绑定核心技术人员与公司长期利益，研发投入强度连续十年超15%。建议科技型企业引入战略投资者，例如宁德时代引入高瓴资本后，不仅获得资金支持，还通过后者引入LG化学的技术合作，加速固态电池研发。

对冲基金等积极股东可通过监督管理层、优化专利配置等手段提升创新效率。例如，美国Third Point基金介入索尼公司治理后，推动其剥离非核心业务，聚焦半导体技术研发，三年内专利产出增长40%。我国可逐步放宽对冲基金准入，同时强化信息披露制度，防范恶意做空风险。此外，做空机构可通过揭发财务造假或技术泡沫，倒逼企业专注高质量创新。2021年，做空机构浑水揭露瑞幸咖啡数据造假，间接推动中概股公司加强合规管理。

通过股权激励、期权计划等方式，将管理层薪酬与长期研发成果挂钩。腾讯公司实施的"赛马机制"值得借鉴：内部团队可自主立项，失败项目不追责，成功项目则获得资源倾斜。该机制催生了微信、王者荣耀等现象级产品。政府层面可设立"创新容错基金"，对符合国家战略方向的失败项目给予部分补偿，降低企业试错成本。

3.深化银行信贷服务创新

推广"专利贷""技术流"等新型信贷模式，建立第三方评估机构对知识产权进行动态估值。北京中关村银行的"科创贷"是成功案例：通过专利

质押为中小企业提供低息贷款，不良率低于1%。建议由国家知识产权局牵头制定《知识产权评估标准》，并建立全国统一的知识产权交易平台，实现质押物快速流转。

银行与创投机构合作，以"债权＋股权"组合方式降低风险。浦发银行与IDG资本联合发起的"科创加速器"模式值得推广：银行为初创企业提供信贷支持，创投机构通过可转债或认股权证分享股权增值收益。此外，可借鉴硅谷银行的"风险债务"模式，向高风险企业发放高息贷款，通过风险溢价覆盖潜在损失。

政府可设立科技信贷风险补偿基金，对银行不良贷款给予30%~50%的补贴。例如，深圳市设立的"科技金融风险补偿池"，累计撬动银行贷款超500亿元。同时，借鉴德国复兴信贷银行（KfW）经验，为陷入短期流动性危机的企业提供低成本过桥贷款。2020年疫情期间，KfW向中小企业发放紧急贷款1200亿欧元，帮助80%的企业维持研发投入。

4.激活金融市场参与者的治理功能

证券分析师通过实地调研降低信息不对称，提升市场对科技企业的价值发现能力。研究表明，分析师覆盖度每增加10%，企业研发投入强度提升约2.3%。建议监管机构要求科创板上市公司定期举办"技术路演"，邀请分析师与研发团队直接对话，增强技术透明度。

外资机构如贝莱德、桥水等具备全球资源配置能力，其长期投资视角可缓解管理层短视行为。宁德时代在引入高瓴资本后，研发投入年均增长超30%，加速了固态电池技术突破。建议放宽QFII额度限制，允许外资机构参与科技企业战略配售，并给予税收优惠。

通过"沪伦通""跨境理财通"等渠道吸引国际资本，促进知识溢出与技术合作。例如，药明康德通过赴美上市引入国际资本，加速全球化研发网络布局。同时，支持境内科技企业赴海外发行"绿色科技债券"，拓宽融资渠道。

（三）国际经验借鉴与启示

1.美国：多层次资本市场体系

纳斯达克市场为不同阶段科技企业提供融资支持：早期企业可通过OTC市场融资，成长期进入纳斯达克全球精选市场，成熟期则通过并购整合资源。配合硅谷银行的"投贷联动"模式，形成"风投＋上市＋信贷"的完整链条。2023年纳斯达克市场上，科技企业市值高达23.4万亿美元。

2.德国：政策性银行主导模式

德国复兴信贷银行（KfW）通过政府担保发放低息贷款，重点支持中小企业技术升级。其"创业贷款计划"为初创企业提供最高500万欧元贷款，利率低于市场水平2个百分点，不良率长期维持在0.5%以下。此外，KfW联合商业银行推出"创新信贷"，由双方按7∶3比例分担风险。

3.日本：产融结合生态构建

日本通过"产官学"协同机制，推动大型企业与初创公司合作。例如，丰田设立"丰田AI风投"，投资自动驾驶初创企业，并开放制造平台加速技术落地。政府则通过"J–Startup"计划，为入选企业提供海外市场拓展支持。

（四）政策建议

在顶层设计层面制定《科技金融促进法》，明确金融机构支持科技创新的责任与激励措施，如将科技贷款纳入银行考核指标。设立国家级科技金融改革试验区，试点跨境资本流动、外汇管理和税收优惠政策。例如，在上海临港新片区允许外资金融机构直接投资未上市科技企业。

在市场建设层面，加快建立全国统一的知识产权交易平台，引入区块链技术实现专利确权、估值与流转全程可追溯。推动区域性股权市场互联互通，形成"新三板－区域股权市场－科创板"的转板机制，为早期项目提供退出通道。

在风险防控层面，建立科技企业信用数据库，整合工商、税务、专利、研发投入等多维度信息，构建AI风控模型。完善科技保险体系，开发研发中断险、专利侵权险等产品。例如，中国人保推出的"科技项目保险"，覆盖研发失败导致的直接损失。

在国际合作层面，发起"一带一路科技金融合作倡议"，设立跨境科创基金，支持共建国家联合研发项目。参与国际科技金融标准制定，推动知识产权互认与跨境质押融资试点。

缓解科技型企业融资难是一项系统性工程，需政府、金融机构、资本市场多方协同。短期应聚焦信贷产品创新与风险分担机制建设，中期需完善多层次资本市场与创投生态，长期则须推动制度性改革与国际合作。通过优化创业投资生态、创新银行服务模式、强化资本治理效能，我国有望构建适配科技创新的金融支持体系，最终实现"科技－产业－金融"的良性循环，为高质量发展注入新动能。

三十二、做好绿色金融大文章　促进经济社会可持续发展

"绿水青山就是金山银山"，建设生态文明，推动绿色发展是人民的共同期盼，生态环境是我国可持续发展最为重要的基础。高质量发展是全面建设社会主义现代化国家的首要任务，绿色则是高质量发展的底色。党的十八大以来，党中央高度重视社会主义生态文明建设，将其纳入中国特色社会主义事业"五位一体"总体布局，"人与自然和谐共生"的可持续发展理念愈发深入人心。在国家战略背景下，金融如何更好地助力绿色发展、发力推动高质量发展，值得关注。

（一）绿色金融发展的现状与成效

绿色金融在推动我国经济绿色高质量发展过程中发挥着重要的作用。当前我国已经初步形成了完整的绿色金融立体发展体系。第一，政策支持不断跟进，发展机制逐步完善。我国政府对绿色金融高度重视，是全球首批建立系统性绿色金融政策框架的国家之一，是世界绿色金融的重要推动者和践行者。早在2016年，中国人民银行、财政部、发展改革委、环境保护部、证

本文作者为中央财经大学金融学院副院长彭俞超教授，原载于《金融时报》2023年7月17日。收入本书时数据有更新。

监会等七部委联合发布了《关于构建绿色金融体系的指导意见》，并定义绿色金融是指为支持环境改善、应对气候变化和资源节约高效利用的经济活动，即对环保、节能、清洁能源、绿色交通、绿色建筑等领域的项目投融资、项目运营、风险管理等所提供的金融服务。习近平总书记在党的二十大报告中指出，要"加快发展方式绿色转型"并"完善支持绿色发展的财税、金融、投资、价格政策和标准体系"，并在2020年第七十五届联合国大会上郑重承诺，中国将在2030年前实现碳达峰，2060年前实现碳中和。"十四五"规划不仅将绿色列为五大新发展理念中的一环，文中还总计提到"绿色"50次，足以体现国家对绿色发展的高度重视。2021年初的中国人民银行工作会议提出，"落实碳达峰碳中和重大决策部署，完善绿色金融政策框架和激励机制"，并将绿色金融列为2021年和"十四五"时期的重点工作之一。为实现碳达峰、碳中和目标，中国人民银行初步确立了"三大功能""五大支柱"的绿色金融发展政策思路。其中，"三大功能"分别指金融支持绿色发展的资源配置、风险管理和市场定价功能；"五大支柱"分别指完善绿色金融标准体系、强化金融机构监管和信息披露要求、逐步完善激励约束机制、不断丰富绿色金融产品和市场体系、积极拓展绿色金融国际合作空间。2021年，中国人民银行创设推出两个新的结构性货币政策工具，分别是碳减排支持工具和支持煤炭清洁高效利用专项再贷款，坚持"先立后破"，鼓励"两条腿"走路，在发展清洁能源的同时支持煤炭煤电清洁高效利用。有为政府的高度引领和全力支持，是我国绿色发展持续推进的最大优势。

第二，绿色金融市场扩大，金融机构积极参加。我国绿色金融市场规模不断扩大，在银行领域，随着绿色信贷政策的不断完善，绿色信贷规模不断增长。中国人民银行2024年四季度末发布数据显示，我国本外币绿色贷款余额36.6万亿元，同比增长21.7%，高于各项贷款增速14.5个百分点，全年增加 6.52 万亿元。2021 年 11 月 8 日，央行联合国家发展改革委、生态环境部创设碳减排支持工具。根据央行最新披露数据，截至 2024 年 6 月末，碳减排支持工具余额 5478 亿元，累计支持金融机构发放碳减排贷款超 1.1 万亿元。2024 年 7 月中共中央、国务院印发《关于加快经济社会发展全面绿色转型的意见》，延长碳减排支持工具实施年限至 2027 年末。在绿色债券领域，在绿色债券市场快速发展下，我国成为全球最大的绿色债券发行国家。中国证券登记结算有限责任公司 2024 年 11 月发布的《中国绿色债券白皮书》显示，2016—2023 年，中国绿色债券发行规模从 2018 亿元增长至 8448 亿元，截至 2023 年底，中国绿色债券存续 1815 只，债券余额合计 2.1 万亿元。

在绿色基金领域，据 WIND 数据统计，截至 2023 年底绿色基金数量为 292 只，规模为 1037.15 亿元。在绿色保险领域，地方环境污染责任保险规模持续扩大，中国保险行业协会数据显示，2018—2020 年累计为全社会提供了 45.03 万亿元保额的绿色保险，支付赔偿 533.77 亿元，用于绿色投资的余额从 2018 年的 3954 亿元增加到 2020 年的 5615 亿元。2023 年，绿色保险业务保费收入 2298 亿元，占行业保费 4.5%，共计提供保险保障 709 万亿元。绿色金融市场的不断扩大，为绿色产业的发展提供了融资支持，同时也推动了金融机构的转型升级，促进了金融业的可持续发展。

具体而言，在绿色信贷方面，截至 2023 年底，国有六大行的绿色信贷余额达 17.9 万亿元，相较于 2021 年底 8.68 万亿元增长了 106.2%，其中工商银行、建设银行、农业银行和中国银行的绿色信贷余额超过 3 万亿元，最高的是工商银行，2023 年末绿色信贷余额达到了 5.4 万亿元，建设银行和农业银行均超过了 3.5 万亿元，分别为 3.88 万亿元和 4.05 万亿元，中国银行为 3.11 万亿元。交通银行和邮储银行的绿色信贷余额分别为 0.82 万亿元和 0.64 万亿元。在股份制商业银行方面，截至2023年底，其中9家股份制商业银行的绿色信贷余额达3.43万亿元，相较于2021年底的1.84万亿元增长了86.16%，其中在0.3万亿元规模以上的有5家银行，分别是兴业银行、浦发银行、招商银行、中信银行和光大银行，分别为0.81万亿元、0.52万亿元、0.45万亿元、0.46万亿元和0.31万亿元。在绿色债券方面，2023年中国银行承销境内外绿色债券发行规模5554亿元，为国有六大行之首；工商银行承销境内绿色、可持续发展和社会责任等ESG债券近100只，债券发行规模超4500亿元；交通银行总行在银行间市场发行300亿元绿色金融债券。

随着政府政策支持和绿色金融市场的不断扩大，越来越多的金融机构开始积极投身于绿色金融领域。国有银行、商业银行、保险公司等金融机构纷纷开展绿色金融业务，推出绿色债券、绿色信贷、绿色基金等产品，同时也积极参与绿色投资。例如，中国建设银行为降碳效益显著的企业优先提供更便利的金融服务与更优惠的融资成本，有力支持碳减排技术、煤炭清洁利用等领域项目建设，中国银行加大绿色服务、绿色贸易以及绿色消费领域的融资支持；中国平安、中国太保等保险公司也在绿色投资领域取得了积极成果。交易所也为金融机构参与并服务绿色发展提供支持，在构建与国际接轨的规则体系，研讨与国际保持一致的绿色金融标准，联合机构开展投资者教培上持续加大投入。这些金融机构在绿色金融领域的参与，为绿色产业的发展提供了融资支持，同时也推动了市场标准、运行模式的建立与金融机构的转型升级，促进了金融业的可持续发展。

第三，绿色生产不断推进，绿色转型有序开展。随着科技进步，中国绿色金融市场规模不断扩大，绿色信贷、债券、基金规模增长，绿色专利增多。金融机构在识别气候风险、审核贷款资格、流程管理等方面的应用场景日益频繁，对信息的全面性、真实性、时效性和透明度要求提高。区块链、

六大行绿色信贷数据来源：上市公司披露的ESG报告或社会责任报告。

图32-1　2021—2023年六大行绿色信贷余额

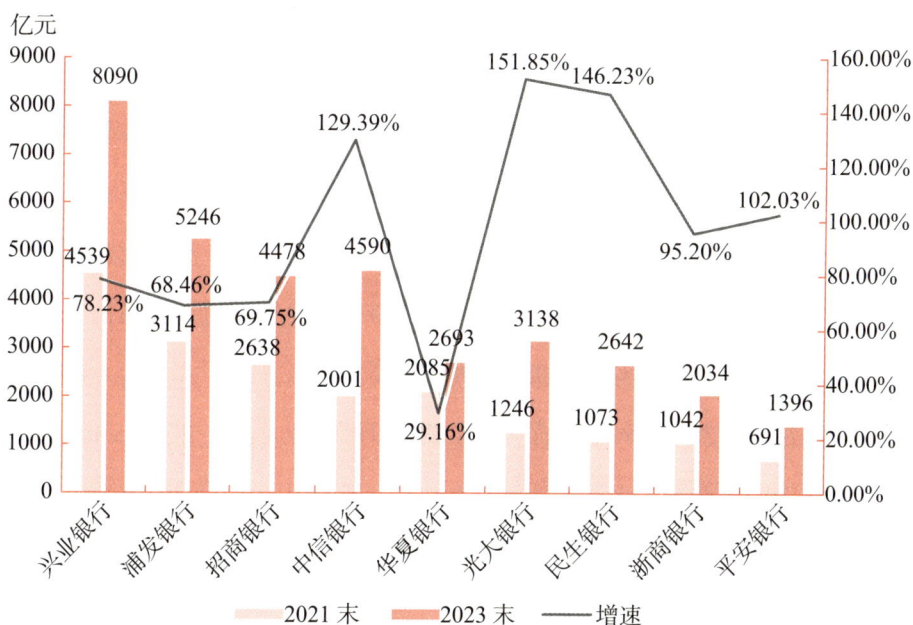

股份行绿色信贷数据来源：上市公司披露的ESG报告或社会责任报告。

图32-2　2021—2023年股份行绿色信贷余额

大数据、人工智能等新技术的应用，提升了绿色金融的效率和可信度，推动其发展。其中，区块链技术可溯源绿色债券，提升信息透明度，加强信贷审核与监督；大数据和卫星遥感技术则助力金融机构授信，优化绿色项目的风险评估和价值判断。在推动工业绿色发展中，重视清洁生产与数字化升级，重点领域的数字化研发设计工具普及率由2012年的48.8%提升至2024年的84.1%。此外，绿色金融领域还涌现出许多新的技术创新，如可持续金融评估、碳交易等，为绿色金融的发展提供了新的动力和支持。截至2023年底，我国已在国家层面建成了绿色工厂5095家，产值占制造业总产值的比重超过17%，2023年度新认定绿色工业园区104家，比2022年增加57家；新认定绿色供应链管理企业205家，比2022年增加93家。

（二）绿色金融发展的挑战与机遇

绿色金融的发展之路并非一帆风顺，诸多挑战横亘于前，但挑战与机遇总是并肩而行，这些难题也恰恰孕育着无限的机遇。就其中的挑战而言，第一，环境信息披露的强制制度有待丰富。在环境保护方面，企业与监管和企业与投资者之间存在信息不对称问题，真实准确且全面的企业环境信息披露能够减弱这种信息不对称，是实现政策传导、绿色发展的关键[1][2]。近年来，发达国家在气候规则、环境披露方面的探索仍然较为前沿。2020年4月，欧盟在企业的绿色披露方面发布低碳基准法规，英国从2022年4月起要求大型

---

[1]　胡天杨，谌仁俊，涂正革.环境信息披露评价与市场价值：第三方机构的影响研究［J］.世界经济，2022（11）：150-176.

[2]　常莹莹，曾泉.环境信息透明度与企业信用评级——基于债券评级市场的经验证据［J］.金融研究，2019（05）：132-151.

企业和有限责任合伙公司（LLPS）引入强制性气候变化报告规则，取代之前采用的自愿制度，以确保这些企业考虑气候变化所带来的风险和机遇，是第一个强制要求大型企业披露其气候相关风险和机遇的二十国集团（G20）国家。我国也进行了类似实践，但目前的条例与准则还存在覆盖范围不够大、披露内容不够全、披露力度不够强的问题。

第二，政策力度与落实方式仍需协调相配。绿色金融政策往往具备减排效应，这种效应发挥作用的机制在不同规模的企业间存在差异：大公司通过绿色投资，采取生产线改进、污染处理升级等减排技术的提升来降低排放强度，而小公司则通过减少生产实现减排[1]。在2021年，有些地区实行"运动式"减碳，对待"双碳"战略存在"喊口号""急转弯"等问题，对中央决策不学习、不研究、不落实，导致"平时不用功，到时一刀切"的现象，为了完成减排指标拉闸限电，影响短期经济增长与就业，危及当地绿色发展，还有的地方存在冲高峰问题，在碳达峰前集中建设一批高能耗、高排放的"两高"项目，以期争取更多碳排放指标，全国9个省（区）上半年能耗强度不降反升，减碳目标达标率低。所以，处理好绿色发展与经济发展的协同，引导企业绿色转型，引导绿色技术进步，对"双碳"目标实现非常重要。

第三，绿色金融标准体系仍需完善统一。随着绿色金融的不断发展，绿色金融标准体系也逐渐形成。目前我国的绿色金融标准体系的标准化程度还不够高，仍有许多地方需要改善。首先，绿色金融标准体系尚未形成一套完整的、普遍适用的标准体系。各部门之间也存在标准不一致、分类不够细

---

[1]　Fan H., Peng Y., Wang H., et al. Greening through finance? ［J］. Journal of Development Economics, 2021, 152: 102683.

致清晰、责任划分不够明确的问题，标准体系的制定和实施也存在一定的难度。其次，绿色金融标准体系的可操作性还有待提高。绿色金融标准体系的制定需要考虑到实际操作的可行性。目前一些绿色金融标准难以落地实施，主要原因是标准体系的制定过于理论化，缺乏实际操作的考虑。

但正是这些挑战，为绿色金融带来了诸多机遇：第一，建立健全绿色金融体系，协调统一多方政策法规。建立健全绿色金融体系是实现可持续发展的关键，能够整合各方资源，提高绿色发展效率。具体而言：首先，协调多方政策法规。建立一致性和透明性的绿色金融标准，降低金融机构和企业的合规成本，提高信息透明度，吸引更多资金流入绿色金融领域，推动可持续项目发展。其次，降低风险。通过一致的监管政策，有效监督金融机构的绿色投资，减少不当行为和潜在风险，增强金融体系的稳定性，构建健康的绿色金融生态系统。再次，促进国际合作。在全球范围内建立共同的绿色金融标准和规则，推动跨境绿色投资，促进国际间合作与交流，助力全球可持续发展目标的实现，同时为我国新能源等企业发展创造包容开放的环境。

第二，推动央地融合优势互补携手共赢，促进有效市场与有为政府相结合。推动央地融合和有效市场与有为政府相结合，是实现均衡可持续发展和绿色发展的重要路径。央地合作不仅是政府间的协同，更是各方力量的深度融合，旨在发挥各自优势，推动全局繁荣。其核心是优势互补。中央政府具有宏观视角和资源调配能力，地方政府则熟悉本地情况。通过整合资源和经验，能够高效应对经济社会挑战，推动协同发展。市场机制能够激发社会创造力，而政府则在提供公共服务、规范市场秩序、保障社会公平等方面发挥重要作用。二者结合可解决市场失灵和社会不公问题。

第三，创新丰富金融产品服务，引导资金助力绿色转型。创新金融产品与服务是推动绿色转型的关键，能够满足企业绿色发展需求，助力可持续经济。具体体现在：首先，提高融资效率。金融机构通过创新设计绿色债券、可再生能源融资、碳交易等多样化金融工具，满足绿色企业不同阶段的资金需求，降低融资成本。其次，引导资金流向。制定与环保和可持续发展相关的金融激励政策，引导资金流向绿色产业，为符合环保标准的企业提供优惠融资条件，激发投资者参与绿色经济。再次，提升金融体系可持续性。引入环保金融创新，帮助金融机构应对气候变化和环境风险，增强金融系统抗风险能力，构建稳定、安全的金融环境，为长期经济繁荣奠定基础。

第四，提高各方绿色发展意识与能力，推动绿色发展自觉性与主动性。提高全社会绿色发展意识与能力是实现可持续发展的关键，关乎个体、企业及全球环境的未来。为推动绿色发展，我国需从多层面采取措施：首先，提升意识。通过宣传教育，增强政府、企业和个人对绿色发展的紧迫性和必要性的认识，建立绿色发展价值观，激发行动动力。其次，增强能力。政府需制定支持绿色技术创新的政策，奖励企业绿色转型，同时培养绿色专业人才，提升技术水平。企业应积极投资绿色技术研发，提高环保水平。再次，加强合作。建立政府、企业、学术机构和社会组织的多方合作机制，通过经验分享和联合创新，形成全社会参与绿色发展合力。

（三）绿色金融的发展趋势与支持措施

随着绿色金融市场不断壮大，其发展趋势呈现出多维度的特点，而这一过程中存在一些需要关注的支点。第一，应秉持循序渐进的发展步调。习近平总书记在主持中共十九届中央政治局第二十九次集体学习时强调，

"生态环境保护和经济发展是辩证统一、相辅相成的"。绿色发展是一个循序渐进的过程，实现"双碳"目标需要渐进的发展过程，不可一蹴而就，切忌忽略我国的现实发展情况，盲目追求"毕其功于一役"的效果，搞"运动式减碳"。绿色发展需与经济发展进程相适应，在经济、社会和环境三个方面实现协调发展，需要考虑到各种因素的影响，寻求最佳的平衡点。目前中国仍处于快速工业化进程中，与发达国家相比，经济将在未来较长的一段时间中保持高速增长，对于绿色发展应当在科学部署的框架中稳步推进，不是为了一时之快，以牺牲经济增长速度、牺牲就业、国民财富积累和人民的生活水平为代价，而是应在"1+N"，即在《中共中央国务院关于完整准确全面贯彻新发展理念做好碳达峰碳中和工作的意见》和包括《2030年前碳达峰行动方案》以及十大重点领域和行业的政策措施与行动一同构成的政策体系下，在碳减排的约束框架内，积极响应号召，主动钻研文件，科学设计政策，充分引导产业，向着绿色生产、绿色转型稳步迈进。

第二，应完善绿色标准建设，加强信息披露质量。绿色标准建设是指制定和实施符合环境保护要求的产品和服务的标准体系。随着全球环境问题的不断加剧，绿色标准建设已经成为各国政府和企业必须重视的问题，为了更好地引导金融资源流向绿色产业，进一步完善绿色标准建设，加强信息披露质量显得尤为重要。首先，政府应该制定更加严格的绿色标准。绿色标准是指符合环境保护要求的产品和服务的标准体系。在标准制定过程中，政府应该充分考虑环境保护和可持续发展的要求，制定更加严格和科学的标准。例如，应该制定更加严格的废水、废气排放标准，推广绿色产品和技术，以减少污染和资源浪费。其次，加强绿色标准的执行力度。制定标准只是第一步，更重要的是要确保标准的执行。政府应该建立完善的监督和检查机制，对企业的环保行为进行监督和检查，对不符合标准要求的企业进行处罚和惩罚，以强化企业的环保意识和责任感。再次，加强绿色标准的信息披露。信息披露是指企业向公众、投资者和政府等披露有关环境保护和社会责任等方面的信息。信息披露是企业向外界传递信号的重要途径，反映了企业对社会责任的承担。其质量直接影响公众对企业的信任和认可度，进而关系到企业声誉和企业融资约束①，这对企业本身也是有利的。同时，有关机构也应该加强绿色标准信息的披露，要求企业公开环保数据和报告，及时向公众披露环保情况，增强企业的透明度和公信力，督促企业绿色环保等社会责任承担。最后，政府应该对企业的绿色评估和认证提供支持，譬如新加坡金融管理局于2021年1月1日起实行的绿色和可持续性贷款授予计划（GSLS），通过聘用独立第三方顾问公司来审核公司提供的绿色和可持续性贷款项目，我国也可以采取类似的方式，帮助企业取得客观的外部评估，确保其中涉及的绿色标准符合国家以及国际标准，并对企业在获得外部审查和形成报告时产生的费用予以抵消和减免，加大对中小企业的支持力度。

第三，应丰富创新绿色金融产品服务，引导更多资金助力绿色发展。随着我国与国际社会愈发重视绿色金融这个新市场，与绿色金融相关的产品和服务的研发将愈来愈重要。目前中国市场上绿色金融产品形式包括信贷、存款、公募基金、债券等多种类型，金融机构可以根据市场需求，研发出创新性的绿色金融产品，进一步推动我国多层次绿色金融产品和市场体系的建设，为投资者提供新型投资渠道的同时，加快整合区域碳金融市场，动员更多资金流向低碳、环保、可再生能源等领域，支持绿色发展。此外，进一步

---

① El Ghoul S., Guedhami O., Kwok C. C. Y., et al. Does corporate social responsibility affect the cost of capital？［J］. Journal of banking & finance，2011，35（9）：2388-2406.

加强碳交易市场的开拓，丰富碳市场交易工具、碳市场融资工具和碳市场支持工具的研发设计，从而助力企业降低绿色转型中承担与面临的风险，引导产业升级，促进绿色创新，推动能源结构、产业结构、绿色技术等领域的变革，实现碳达峰、碳中和的软着陆。